U0369805

CHINENSIS

Visions of The Celestial Empire: China's Image in Western Cartography
Massimo Quaini – Michele Castelnovi

Simplified Chinese edition published by agreement with Centro Studi Martino Martini
中国简体字版由卫匡国研究中心授权出版发行

本书地图经国家测绘地理信息局地图技术审查中心审查［图审字（2015）第0974号］
本书插图系原书插图

天朝大国的景象

西方地图中的中国

【意】曼斯缪·奎尼　米歇尔·卡斯特诺威◎著
（Massimo Quaini）（Michele Castelnovi）
安金辉　苏卫国◎译　汪前进◎校

华东师范大学出版社

图 1　威廉姆・杨森・布洛,《新地图集》。亚洲地图,琼・布洛编

]姆斯特丹，1645—1650 年。水彩版画，热那亚，海洋博物馆

出版说明

本书由意大利学者曼斯缪·奎尼(Massimo Quaini)和他的学生米歇尔·卡斯特诺威(Michele Castelnovi)编写,深入细致地考察了西方地图制图史上中国版图形象的演变情况。在讨论欧洲地学对“中国”(居中之国)认识发展的研究领域中,其著作堪称考据繁密。书中收集了大量相关的数据资料、新闻报道和奇闻轶事,其间还配有极为出色的图解。作者提供了丰富的细节史料及相关的参考文献以重现西方与中国之间相互了解的最初阶段,一直回溯到早至广阔的欧亚大陆被两个伟大的帝国——西方的罗马帝国和东方的中华帝国所统治的时代。

作者的评述兼顾了欧洲和亚洲两地的情势,由此也就勾勒出一幅有关中国的地理描述全景图;运用的材料涵盖了对当地资料的搜罗、实地的地形测量考察材料,以及传教士和旅行者搜集的间接见闻等诸多方面。作者评述的时间跨度很大,初起于文艺复兴时期地图集里零星散见的、基于猜想的错误百出的地图,止于17—18世纪描述较为精准的地图。“那时出现了两位从科学和哲学层面上解决这一问题的领军人物——卫匡国(Martino Martini)和杜赫德(Jean-Baptiste du Halde),两人同为耶稣会士”,呈现了这一背景下人们对天朝之国的描述。

本书的特点在于:它不仅在中国传播欧洲的地理学知识,而且让欧洲了解中国的真实形态,包括人口、法律、风俗和习惯。作者搜集了较为丰富的地图材料,从西方地图绘制的历史演变来看西方人眼中的中国形象的变化,从中探讨了西方与中国关系的历史性转变过程;其间对于沟通中西之间交流的历史人物,亦分别进行了叙说。

本书视角独特,颇有学术深度和学术价值。从译文内容上看,译者长期致力于这一领域的研究,翻译较为准确,语言明白晓畅。本书存在的问题是:书中的地图属于历史史料,由于当时的地理学知识发展不完善,测绘手段和测绘工具不完备,加上西方人对中国史地的认识存在欠缺或不全面之处,有些地图带有绘制者的主观猜测或想象的因素,故而仅供参考。

2014年10月20日

目　录

序　言

描述中国的地理学：一部悠久而迷人的历史

费德里科·马西尼
(Federico Masini)

继《地图之神话：近代史上的西方绘图学》一书出版后，曼斯缪·奎尼(Massimo Quaini)及其弟子米歇尔·卡斯特诺威(Michele Castelnovi)又有新作发表。该书被收入《小熊星座》丛书系列，深入细致地考察了西方地图制图史上中国版图形象的演变情况。在讨论欧洲地学对"中国"(居中之国)认识发展的研究领域中，其著作堪称考据繁密。文中收集了大量相关的数据资料、新闻报道和奇闻轶事，更棒的是其间还配有极为出色的图解。书中的内容固然有些艰深，不过，从第一页起，这些古地图的历史以及对那个广袤的东方帝国的恰当定位的历史可以成为对读者非常有吸引力的故事。因此，其著作也就俨然成了一部历史小说。

随着故事的展开，作者们提供了丰富的细节史料及相关参考文献以重现西方与中国之间相互了解的最初阶段，一直回溯到早至广阔的欧亚大陆被两个伟大的帝国——西方的罗马帝国和东方的中华帝国所统治的时代。在这两个帝国之间有着一连串或定居或游牧的民族，他们既是两大文明交流的媒介，又是阻碍交通的反面角色。欧亚大陆这片广袤的土地，尽管在古地图中有很多说明，描述了古典时代所谓居住区的这块广袤大陆另一端的情形；事实却是，两个帝国之间从未有过正面的接触。由此，我们能得出的印象就是：这个由汉廷统治的帝国是唯一能与我们的古典世界全面争霸的军事、政治、经济与文化强国。

至中世纪，神话时代已逐渐远去，取而代之的是首批到中国的西方旅行者的地理以及文化探索。然而，正如作者们所述，他们是“沉默寡言的旅行者”，因为他们并无兴趣讲述其经历和故事。他们之中只有一个人曾被迫讲出了其介于现实与虚构之间的精彩冒险，这个人就是我们一直在称道的马可·波罗(Marco Polo)。可能并非出于本意，不过他成了推动西方认识中国的领军人物，贡献远甚于其他任何旅行者。

16 世纪初，双方开始了直接的接触。对此，葡萄牙航海者们功不可没，是他们率先抵达了中国海岸，长久定居下来并蒙天朝特许，获得了一小块领地，即澳门。当然，首屈一指的还是耶稣会士们，他们采用一套“科学的”方法来研究中国的现实，并把各自地理知识的传播看作其使命必不可少的一部分。这样，两种完全不同的地理学概念相遇了：一方面是基于地图绘图的描绘方式，致力于新地域的探索，以此服务于宗教或商业意义上的征服；另一方面则是中国特色的描绘方式，以管理为宗旨，专门服务于对这样一个庞大帝国的统治。由此，下述事实也就不会令人感到惊讶了：最早向中国人揭示地球为球形的，居然是来华致力于文化“调停”工作的意大利耶稣会的传教士们；而此时的中国人仍然坚守地方之说，认为世界止于其国土之四疆。

耶稣会士们所编写的著作在数百年间一直被看作是中国认识西方的基础。事实上，直至 19 世纪末，一位访问罗马的中国旅行者所携带的城市介绍还是由 17 世纪的一位意大利传教士以中文发行的一部地理学著作。

然而，这些耶稣会士并不仅是在中国传播欧洲的地理学知识，他们也在努力让欧洲了解中国的真实形态、人口、法律、风俗和习惯。这样，他们也为中国神话的创造添上了浓重的一笔，中国被当作在民间和政治上具有诸多优点的典范，这个神话在欧洲启蒙时代传播得非常广泛。

两位作者的评述兼顾了欧洲和亚洲两地的情势，由此勾勒出一幅所有有关中国的地理描述问题的全景图，运用的材料涵盖了对本地资料的搜罗、实地的地形测量考察材料，以及传教士和旅行者搜集的间接见闻等方面。评述的时间跨度也很大，始于文艺复兴时期地图集里零星散见的、基于猜想且又错误百出的地图，止于 17、18 世纪描述较为精准的地图[那时出现了两位从科学和哲学层面上解决这一问题的领军人物——卫匡国(Martino Martini)和杜赫德(Jean-Baptiste du Halde)，两人同为耶稣会士]。在近代史最初的几百年间，地理大发现是这个时代的最强音，曼斯缪・奎尼（Mansimiu Queenie）和米歇尔・卡斯特诺威（Michelle Custer）呈现了这一背景下人们对天朝之国的描述。地理学，尤其是其中的地图绘图，在这里演绎了一段纯粹人性故事的迷人主题：对未知世界的发现最初是令人恐惧的，但它一旦为人所知，就越来越统合到其所归属的全球背景之中。尽管这个故事看起来十分遥远，但我们仍然能够从其中受益良多。

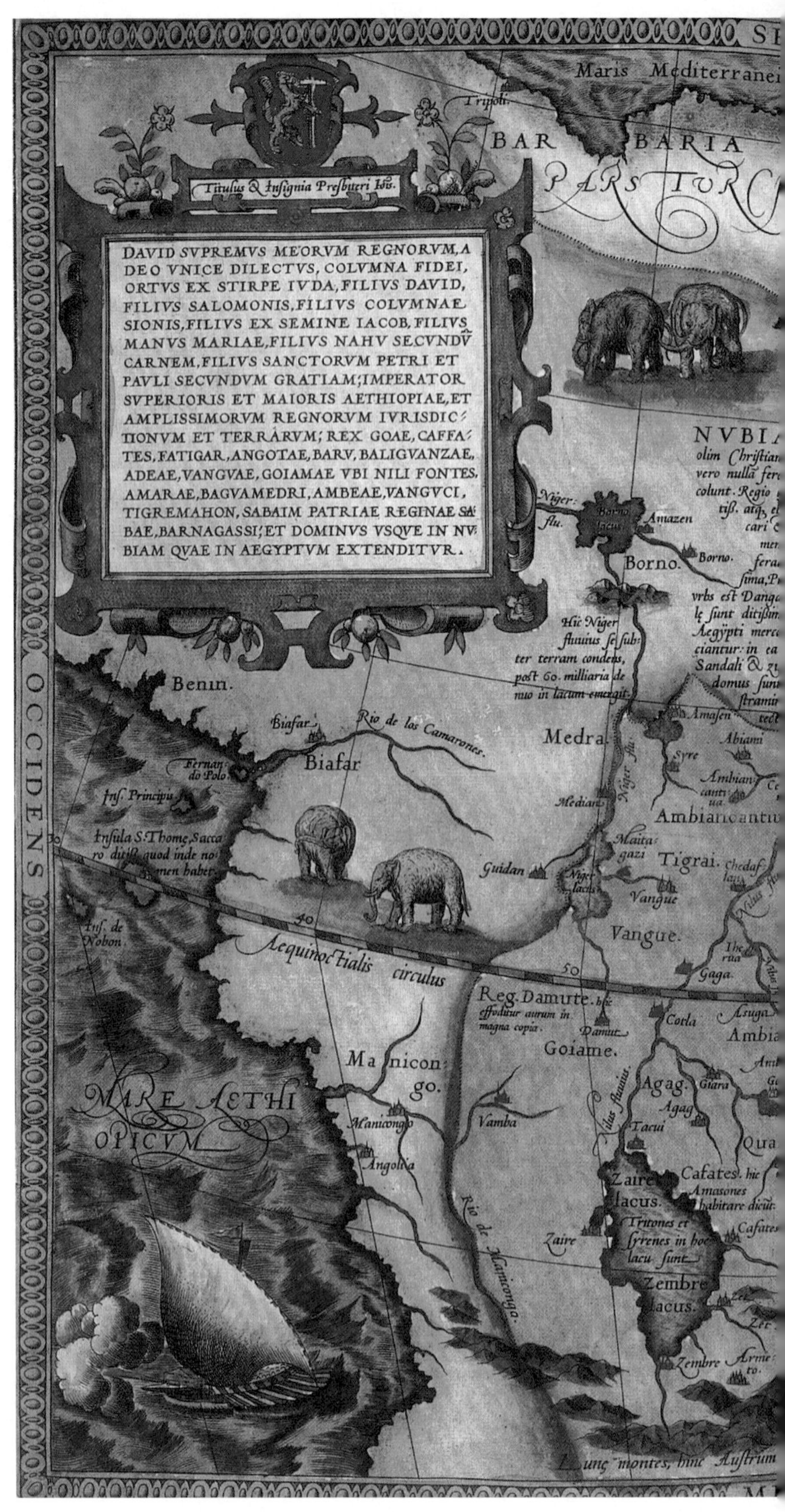

图 2　亚伯拉罕・奥特琉斯,《寰宇概观》。约翰长老帝国地图

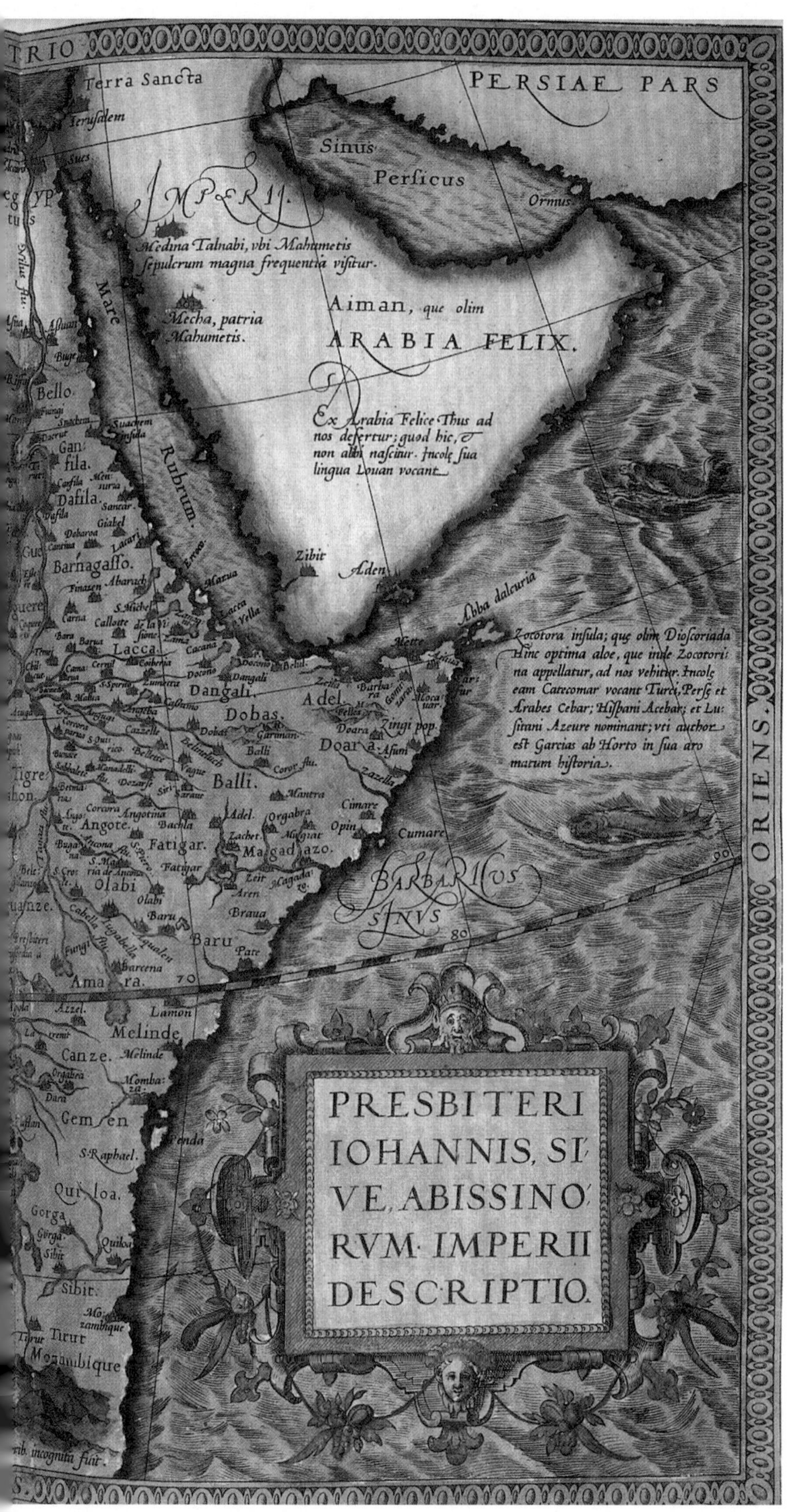

安特卫普,1573 年,水彩版画,伦敦,苏富比公司

第一章　中国之镜

从欧洲到中国：从神话到神话

在约翰长老的宫殿门口，爬上一百二十五级台阶之后，就会来到一座巨大的镜子之前。这镜子被置于一根圆柱之上，这根圆柱又被置于两根圆柱之上，依次而下，四根，八根，十六根，直至底座为止。柱子、柱脚和台阶用最贵重的宝石制成。然而，约翰长老那无与伦比的镜子的奇妙之处并不止于此，而且还在于它"法力超凡，能使监督者看到并巨细靡遗地掌握在我们周边的隶属省份中发生的所有阴谋、所有有利和不利于我们的事情"。

在约翰长老王国这个乌托邦的幻象中，映射出的是中世纪欧洲安定感的缺乏，并因此寄希望于它正在探索的远隔数千里的遥远疆土。约翰长老是一个拥有七十多个属国的辽阔帝国的教皇。他的帝国成为当时四分五裂的基督教世界心目中的一个模范。在这个国度中，纯洁和正义占据着统治地位，自然缔造着奇迹并演绎出令人惊奇之极的进步，不管是人文的还是技术的。约翰长老给君士坦丁堡皇帝的信可能是在 1150 年左右，由红胡子腓特烈一世(Frederick I Barbarossa)宫廷里一位佚名的教士所写，并在下一世纪里被译成法语。从那时起至 16 世纪，这封信札被传抄、转译，改编成英语、德语、意大利语、爱尔兰语、俄语、塞尔维亚语和希伯来语等各种版本。"这函信札成功地把零散的幻像编缀成一部首尾一贯的小说，其真实性令人无从怀疑"[保罗·祖姆托(Paul Zumthor)，1993]。

因此，教皇亚历山大三世(Alexander III)把菲利普医生派往约翰长老那里，并带去了迄今仍留存于世的对来函的答复。然而菲利普却一去不复返。这一结果并未使人怀疑约翰长老这个人物的真实存在，却使其变得更加神秘。于是，凡路过亚洲的旅行者都禁不住要打探一下：他住在哪里？他的王国到底有多大？马可·波罗也谈到了菲利普的使团，并且发现菲利普是一个在一场战争中被成吉思汗打败并取而代之的历史人物。

15 世纪末，葡萄牙人陆续开始了寻找这个神秘王国的探险旅程。1520 至 1526 年间，渺茫的探索终于由弗朗西斯科·奥维斯(Francisco Alvares)的使团打破了僵局，他们勉强给"约翰长老的帝国"拟定了一个真实世界中的地域，认定它就是尼加斯(Negus)统治下的埃塞俄比亚。其最终的位置被记录在由亚伯拉罕·奥特琉斯(Abraham Ortelius)所著的已知世界的第一部近代地图集中。1573年,他在其著作《寰宇概观》(*Theatrum Orbis Terrarum*)中插入了一幅题为《约翰长老的帝国或阿比西尼亚帝国的描绘》的地图,在1588年利维奥·萨努托(Livio Sanuto)的第一部非洲地图集里也有记录。持续的探险之念直至塞万提斯《唐吉诃德》一书的问世方告终结。在这部书中,约翰长老的领土已失去了旧日的神秘,成了"既不曾被托勒密描述过,也不曾被马可·波罗看见过"的骑士传奇中不着边际的虚幻之物。

然而,正如我们所见,在人们把这个神话国度与东非联系起来之前,它一直被想象成传闻中的中国(Cathay),后来又被认定为蒙古大汗,正如保罗·祖姆托所建言的那样,它可以是"其他任何地方的伟大君主,一个了不起的人物"。既然政治乌托邦的高尚主题会因价值取向的改变而不断更新,既然世界范围的经济波动往往会带来诸国国力的此消彼长,那么,这个神话就不会一成不变,因此也就从来不会完全消失。事实上,可以说,欧洲对中国的认识一直带有这个神话的特点,从一个神话转到另一个神话。今天仍然可以观察到这一点,当代的"马可·波罗"们从北京发稿描述中国"经济奇迹"的惊人速度时,在西方人的印象中同样引起了很大的忧虑。

作为"乌托邦式地理学"产物的约翰长老的信札,一般被看成是一个类似于孟德斯鸠《波斯人信札》的虚构的文学作品,其目的在于借助一些虚构的波斯旅行者的航海印象来改变欧洲。在中国神话诸多的近代变种中,最近的也最有影响的例子可以在伊塔洛·卡尔维诺(Italo Calvino)的小说《看不见的城市》中绝妙的当代地理学手册中找到。其中,马可·波罗再次成了主角。这并非出于偶然,正如最著名的中世纪欧洲史学家罗伯特·S·洛佩兹(Roberto S. Lopez)所说:

> 马可·波罗,这位有史以来最为"妇孺皆知的的人物",在从其商贸之旅归来时,带回了比上等中国丝绸还要贵重得多的文化宝藏。其游记取材于实境身临的冒险历程,并极具预言性地将之题献给了"皇帝、国王、公爵和其他所有的人",因此也就注定会取代克雷蒂安·德·特罗亚(Chretien de Troyes)的小说,成为欧洲各地读者最多的世俗读物(洛佩兹,1966)。

从西方地图绘图对远东的描述这一角度来看,马可·波罗的影响甚至到18世纪都没有完全消失。欧洲一流的制图家们对其航行的重要性有着十分清晰的认识,他们时常会在所绘地图上重现马可・波罗的旅程,甚至把他画在地图上。比如,绘于威尼斯公爵宫殿屏蔽室中的东亚、南亚及北美地图,就是我们可以细细斟酌的一例。这幅地图目前仅存有 18 世纪弗朗西斯科・格利赛里尼(Francesco Griselini)所绘制的摹本,其母本可能是由伟大的皮埃蒙特宇宙学家吉亚科摩・加斯托迪(Giacomo Gastaldi)所绘。其标题本身就是对马可・波罗地理学知识的致敬:"印度、西徐亚(Scythia)及中华帝国的地理图,兼及新地理发现及 13 世纪威尼斯贵族马可・波罗游历路线的描述,亦包括以上地区的风俗。"奥特琉斯在其著名的远东地图中,尤其在涉及北部地区时,也承认受益于马可・波罗,因为他是"唯一探索过亚洲北部地区的人"。几位制图家们甚至画出马可・波罗的船向着爪哇岛进发。甚至耶稣会士阿塔纳斯・基歇尔(Athanasius Kircher),仍对这位伟大的威尼斯旅行家敬意不减。

另一方面,自 16 世纪以来,形成了这样一个固有的观念,认为马可・波罗从东方不仅带回了丝绸和珠宝,而且带回了对西方世界同样珍贵的地图,这些地图成为大制图家们绘制地图的主要参考来源之一。乔瓦尼・毕亚契达・赖麦锡(Giovanni Battista Ramusio)在其著作《航海与旅行》(威尼斯,1559)中谈及弗拉・毛罗(Friar Mauro)著名的平面球形图时,也曾提及这一点。在弗拉・毛罗曾工作过的修道院任院长的佛罗伦萨宇宙学家保罗・奥兰迪诺(Paolo Orlandino)声称,其世界地图"照抄自一幅精妙的古代航海图和一幅由伟大的马可・波罗及其父亲从中国带回的世界地图(原文如此)"。

在李约瑟(Joseph Needham)先生的研究成果(我们将在后面进行讨论)发表之后,我们对上述事实已不会再感到惊讶了,正如其著作已经充分论述的那样,当西方的科学制图在托勒密之后长期中断的同时,中国在这方面却并未停步,并在欧洲漫长的中世纪里达到了其发展的巅峰。

威尼斯的地图绘图师们并不是仅有的追随马可・波罗爵士的人,在所谓的热那亚世界地图中,即落款为 1457 年并题为《宇宙学家的真实描述,与海员相参校、并略去各色细枝末节的传闻》的平面球形图中,作者设法除去了那些不确定和"琐碎"的故事,这同样归功于马可・波罗的游记和航海图。在这幅亚洲向东延伸得相当远而非洲却明显小于实际大小的地图上,中国被标注了两次,同时还有这样的描述:"汗八里(Khanbaliq)之王,即大汗。"过去有些人相信这就是托斯卡内利

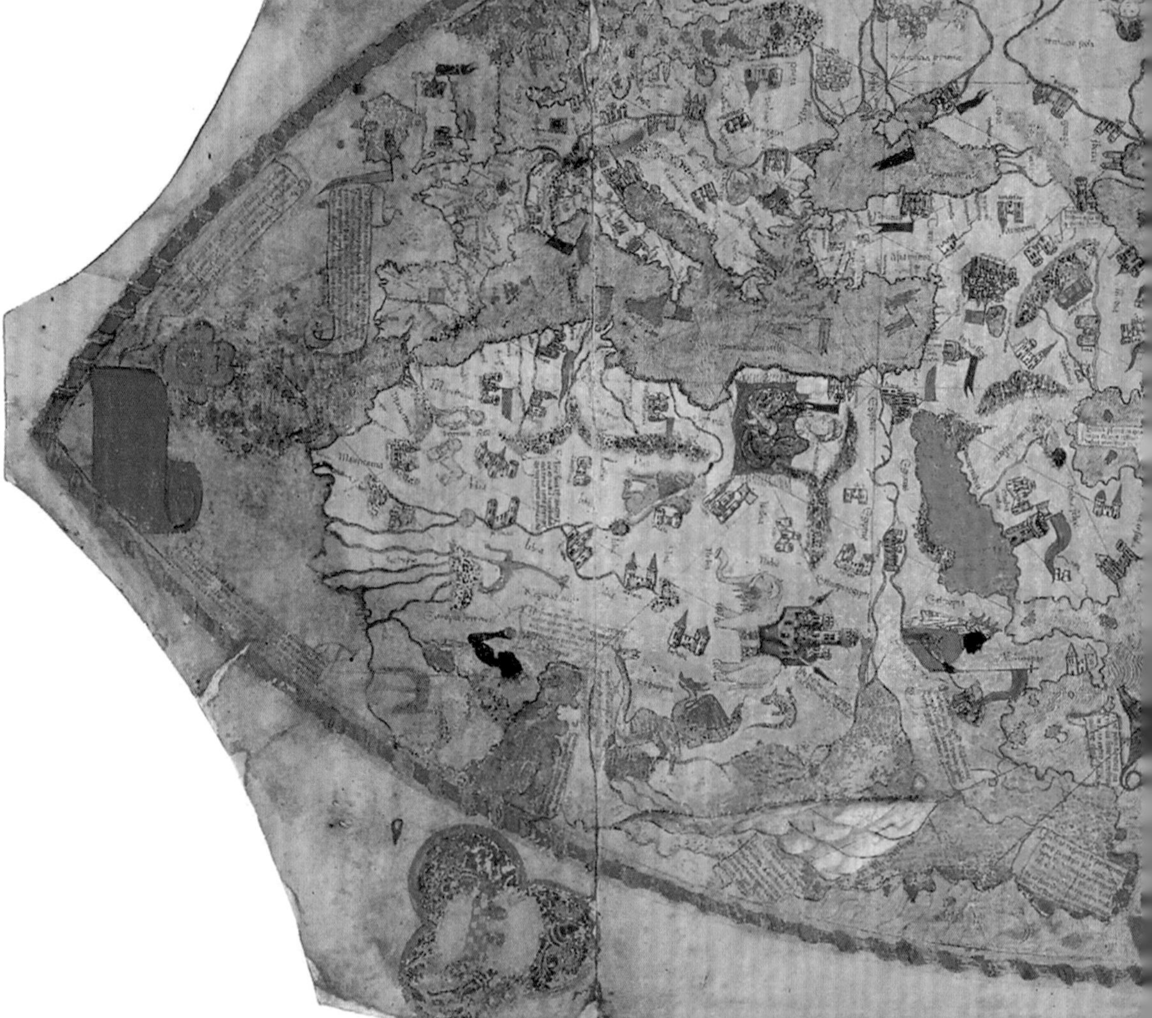

图 3 《热那亚世界地图》,1457 年,羊皮纸小画卷

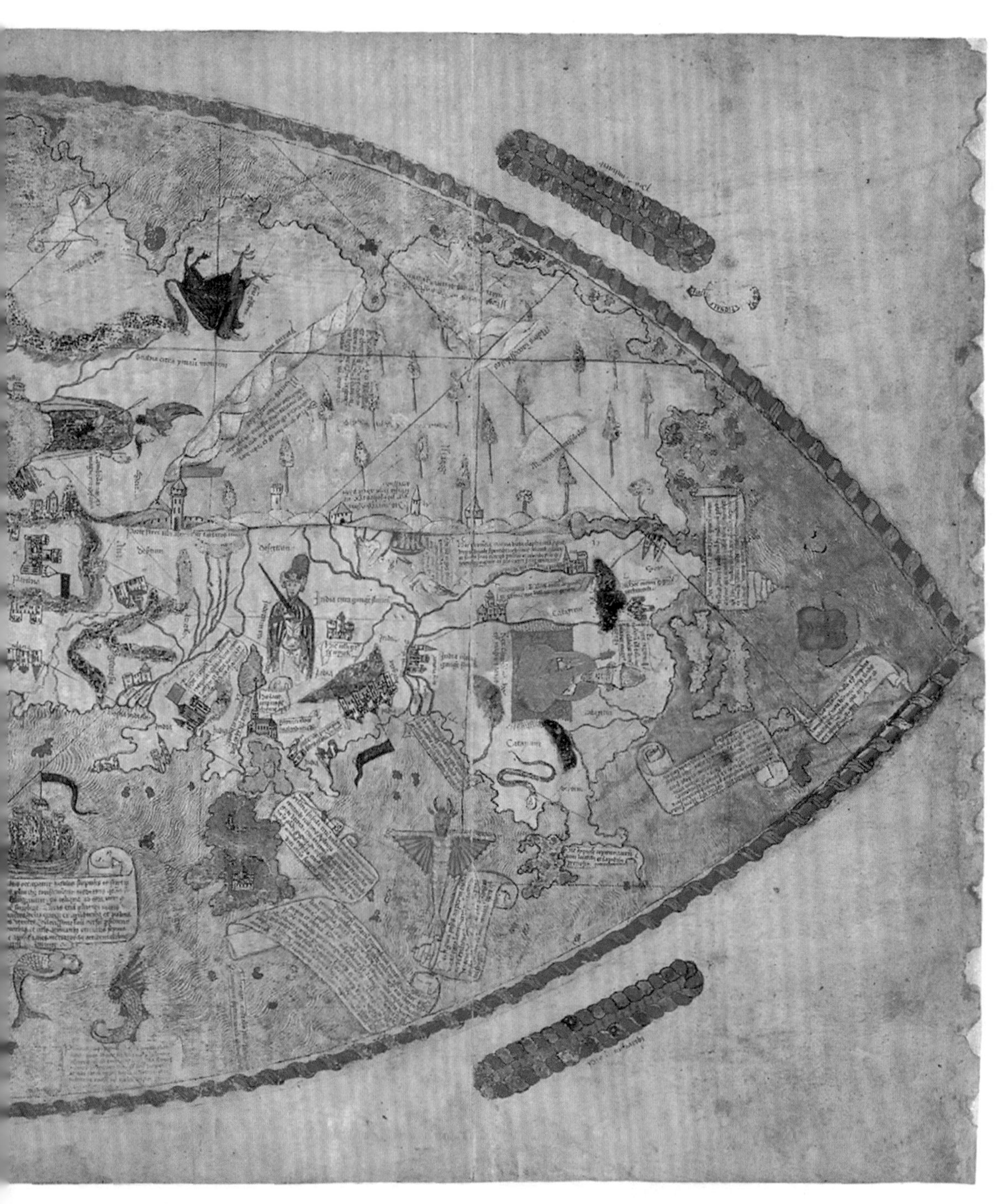

弗罗伦萨，意大利国家图书馆

(Paolo del Pozzo Toscanelli)的地图,哥伦布用它来规划自己驶向新世界的旅程。而今,这种说法已经过时了。然而,考虑该图与哥伦布想法的密切关联,加之该图与热那亚的密切渊源,这一说法也并非空穴来风。正如伊拉里亚·卡拉奇(Ilaria Caraci)所承认的,哥伦布脑海中的东亚来自于一幅类似的地图,在这幅地图中,由马可·波罗和尼可罗·达·孔蒂(Niccolò de' Conti)的旅行经历推导出的知识在一种特定的逻辑下与托勒密地理学原理并置起来,这一逻辑恰与哥伦布十分推崇的埃尼亚·西尔维奥·皮科罗米尼(教皇庇护二世,Enea Silvio Piccolomini, Pope Pio II)的逻辑十分接近。神秘的托斯卡内利地图也是描述欧洲现代化进程的文献,它和约翰长老的信札以及马可·波罗满是传奇的游记一样,都具有神奇的力量。

今天,当我们从宽泛的意义上讨论现代性文化根源时,总会涉及为何那些文件如此具有专题上的魅力的深层原因,这些文件此前曾饱受中世纪文化的责难。哥伦布的计划也说明了这一点,其精神与约翰长老的信件或马可·波罗商业探险的精神同出一辙。随着后现代思潮的兴起,面临欧几里得或伽利略空间的解释能力技穷的困境,西方文学重新向中世纪文明典型的对话式的、诗体的以及重心灵体验的倾向回归。除了马可·波罗这一人物(即通过直接观察进行探索的地理学家的原型)之外,我们还把"初萌的西方实验科学",即镜子或光学的中世纪概念恢复原貌并赋予其新生。

在12至16世纪期间,几乎在所有西方语言中,诸如"speculum"、"spiegel"、"miroir"等一些与镜子相关的词汇常常被那些教导性、启发性的著作作为标题使用,随后第一部地图集也采用了此类词汇作标题。这些词汇所表达的含义统统指向全面的知识或可取法的典范,如此紧密的关联实非巧合。镜子破除了空间不可压缩的特性,把远方物体的真实形象置于人们的手中,因此航海图和各式地图也就成了一面镜子,就像约翰长老的镜子及另一个置于亚历山大里亚灯塔中的魔镜(牛顿望远镜的前身)映射出的图像一样。

这就是卡尔维诺的《看不见的城市》中所发生的事情,其中大汗的地图集里包含了"所有城市的地图:那些城墙建筑在坚固地基之上的城市、那些已经倾颓并逐渐被流沙吞没的城市、还有那些眼下只有兔子挖的地洞但在将来却会存在的城市"。卡尔维诺补充道,这个地图集中"还有别的地图,绘制的是尚未被人发现而只在想象中见过的福地:新亚特兰大、乌托邦、太阳城、大洋城……"。至于人类的命运将向何处去这个问题，马可·波罗只能在其知识的限度之内回答："我无法在地图上画出通往这些港口的航线，我也无法给出停泊的日期……。如果我告诉你，我要去的城市在时空中都是不连续的，有时分散有时稠密，你可不能相信从此就应该停止追寻这个城市。当我们正在谈话之时，也许它正在你的帝国版图之内升起……"

正如我们即将看到的那样，今天，中国不仅是我们的一面镜子，更是判定我们是否具备建设更加富有人性的城市的"总体"能力的最具决定性的检验场。因此，《看不见的城市》增强了令我们深思这个城市和这个世界即整个人类命运的力量。如果在大汗的地图集中还有"另一些绘着在噩梦和咒诅中吓人的城市的地图：艾诺克、巴比伦、耶胡兰……"，这并不意味着我们注定会被这些环绕于周围的地狱之城所吞没，因为马可·波罗在卡尔维诺的著作中又说道：

> 活人的地狱不一定会出现；要是真有的话，它就是我们如今每日在其中生活的地狱，它是由于我们结集在一起而形成的。我们有两种避免受苦的办法，对于许多人，第一种比较容易，接受地狱并且成为它的一部分，这样就不必看见它。第二种有些风险，而且需要不断的关注和学习：在地狱里找出非地狱的人和物，帮助他们存续下去，给他们空间。

标识出活人的非地狱空间并确保其延续与发展，是近代地理学家为实现古典时代乌托邦梦想的确切目标，这一地理学梦想在中世纪和地理大发现时代让人们为之心潮难平。正如以"希望的原理"驰名的哲学家恩斯特·布洛赫(Ernst Bloch)在150多年以前所写的那样，我们必须让"地理拓展的清醒认识"活跃起来：

> 看上去所有远方的事物都已被发现。尚未达到过的可居住(和不可居住)的土地已寥寥无几，但蓝花[①]也随之消逝了。古代形式的地理学梦想几乎荡

① "蓝花"的典故源自18世纪德国诗人诺瓦利斯的长篇小说《海因里希·封·奥夫特丁根》。该作品出版之后，"蓝花"就被当成是喜爱虚无缥缈事物的浪漫主义者追求幻想的意象的象征而被广泛运用。——译者

101. MARCO POLO IN TARTARIA.

Missier Marco Polo, ricchissimo Veneziano, Figliuolo di Nicolò, fù nella gran Tartaria per il corso di ventisei anni, cioè dal 1269. sino al 1295. Il viaggio di Lui, del Padre, e del Zio seguì in sì lontane parti a tempi di orribili Guerre fra quei Nazionali. Questo Gentiluomo però ebbe i primi Carichi in quella Corte, perche avea appresi quattro difficili Linguaggi, e ben profittato della grazia di Cublay Can. Quindi egli, e li suoi furono adoperati in seriose spedizioni di Mare, e di Terra, onde potè con fondamento scriverle in un Libro chiamato Milione, nel quale pure ragionò molto della Potenza, e Signoria di quei Principati. Morì il nostro Polo in Patria, e fù sepolto sotto l'Angiporto della Chiesa di S. Lorenzo, secondo che riflette Francesco Sansovino nel primo Libro della sua Venezia illustrata, e Carpino Francescano, e Guglielmo de Bonlinqui, se bene differenti nella stessa opinione. La Casa di Marco qui era nella Contrada di S. Giovan Grisostomo, dove in oggi sta fabbricato l'incomparabile Teatro Grimani; sopra le cui Scene nella nostra età, per estro poetico del Conte Gasparo Gozi vedessimo rappresentate alcune di Lui saggie gesta, e superate varie superstiziose persecuzioni, non che accreditata altrove la Veneta Nazione.

Al Mlto: Rndo: Pad.e Guglielmo Nicolai Agostiniano di Lucca, il di cui sublime Carattere, e propensione verso gli Amici, non fù mai scarsa, vantiamo regalare le azzioni del surriferito Patrizio.

图 4 乔凡尼·格雷沃姆布罗克,《威尼斯服装》。《在鞑靼的马可

<罗》,威尼斯,1754 年,水彩画,威尼斯,科雷尔博物馆

然无存。然而,我们仍未了解整个地球,在时空的意义上我们仍未搜寻过整个地球。我们只是在已知的拓展范围内探索过地球,而在深度方向以及可以作探索的延伸线上则寸功未建。这条线是通过人与地球之间的彼此协调、相互促动而画出来的,这是一项永无止境的交易(布洛赫,1953)。

如今有些人已经对这种故弄玄虚的慰藉之词完全漠然了,同时还带有一种接近于京特·安德斯(Günther Anders)所表述的"绝望原则"的感受,这位哲学家曾把针对人类一味依赖技术的批评发挥到了极致。不过,这部分人总归还能承认这一点:甚至在"哥白尼革命已经胜利,已经从'还未曾'的概念进入到'再不用'的概念的时代"(即当处于弥赛亚的未来世界所有希望都已完成之时),我们应对巨大的技治主义—丰产—消费者机制所带来的破坏性影响(这在当代中国表现得非常充分)的唯一可选择的办法,就是发展地理学想象的能力。换言之,只有人与地球之间的密切关联与互动作为真理的工具,才能把人类社会从技术极权主义所导致的智力上的单调乏味中拯救出来。

介于现实与虚构之间的中国版图的地理学图景

"在中世纪晚期,同时也包括18世纪晚期,对寥寥几位了解中国的欧洲人来说,这个东方国家是实实在在可以为之狂热的对象。这些西方人置稍有了解的近东于不顾,既不愿意考察、更不屑去理解,反而当他们面对完全未知的远东时,却充满了对相关知识及深入了解的渴求,这成了真正的科学进步的发酵剂。"罗伯特·S·洛佩兹用上面的一段话描述了那个年代人们对东土中国的热望,这得归功于那些在蒙古和平①世纪(指欧亚大陆的绝大部分臣服于成吉思汗后人的那一段时间)中不懈旅行的传教士和商人们,正是他们搜集了大量信息,使我们对当时印

① 英国学者G·F·赫德逊在《欧洲与中国》中有这样的叙述:"大约在公元14世纪中叶,我们从一个商人的笔记中获悉,'据亲自走过它的商人说,从(顿河河口)的塔纳(Tana)到中国,无论白天或黑夜一路上都平安无事'。在这本具体指导商人的书中,这一评论中就用一句话概括了野蛮的蒙古帝国的历史意义:在鞑靼人统治下的和平(Pax Tatarica)。"(参见中译本第107页,中华书局2004年版)——译者

度和中国的了解比很多其他国家乃至欧洲国家的了解要多。

作为反衬欧洲自身特征的一面镜子，这些知识再次以这种方式体现出其重要性。儒尔丹·德·赛维拉克[①](Jordan de Sévérac)带回欧洲的奇妙的印度预言并非空穴来风，预言云："终有一天，欧洲人将征服全世界。"从中世纪晚期起，热那亚和威尼斯的商人就开始了对世界的经济征服，将其稠密的商业网络从伦敦和布拉格延伸到北京和泉州[即马可·波罗的"刺桐城(Zaiton)"，与台湾隔岸相对]。甚至在最远的中国城市都有意大利的小块殖民地，那里由多明我或圣方济会的修士们管理着。

这些旅行者们几乎连只言片语的记录都没有留下，在这种背景下，尚有13世纪极为罕见的探险者有幸留下了记录：1291年，早于哥伦布两个世纪，热那亚兄弟乌果里诺·维瓦尔第(Ugolino Vivaldi)和瓦迪诺·维瓦尔第(Vadino Vivaldi)开始了他们的冒险之旅，从热那亚出发到直布罗陀，驶向"印度，抱着能运回有用物品之念而远跨大洋"。这项事业并未成功，但他们确实在尽力连接着中世纪地理学神话的两极：其中一极渊源久远，是亚历山大大帝曾叱咤风云、建功立业于斯的神奇的东方；另外一极则是晚近的认识，它当时被映射在位于大西洋中的岛屿之上。正如洛佩兹所写，这勇敢的两兄弟并没有白白失踪："如果但丁确实是把圣岛布兰丹(Brendan)的神话(在大洋之中受上帝祝福之人的庇护所)和维瓦尔第的探险事实混合在一起，以理解尤利西斯(Ulysses)的最后一次探险，那么对于我们中世纪的世俗科学来说也确实是尽了最大努力来解释世界。"这一努力的目的在于探索尚未知晓的土地，以及如我们所见，从最久远的古代传至当世的那些地理学神话的藏身之所。

在近代之初，这一努力先是使意大利人和伊比利亚人联合在一起，后来又有其他的欧洲航海力量加入。1580年，著名的佛兰德宇宙学家基哈德斯·墨卡托(Gerard Mercator)写信给理查德·哈库伊德(Richard Hakluyt)，表达了他对英国人放弃探索通往中国北路的惊讶。墨卡托认为这条路线"很显然可行而且近便"，并且认为从俄国流向新地岛(Novaja Zemlja)海湾的河流可以通航大船直至大陆的腹地，提供了"一个在契丹省(Cathay)、蛮子省(Mangi)、缅国(Mien)或其他相邻土国与英国之间适合于任何货物的极好的交通路线"。因此，墨卡托用他的知识鼓励英国人继续他们被冰

---

① 14世纪法国教士，曾游历波斯、印度等地。

雪中断的探险。目标总是一样的:"……了解并与大汗建立友谊,这位世界上最有权势的帝王,由于所辖土地和交通都延伸甚广,是众王之上的帝王。"

与此同时,中国再次向耶稣会士的传教团敞开大门,随后也就有了耶稣会士带回的新鲜图景,有关对世界未来以及历史发展应负有的政治责任问题再度开始热议,还是在这个时代,对已知区域的扩张已经让所有陈旧的确定性发生了动摇。随着中世纪末"强大的奥斯曼土耳其"威胁的出现,这些确定性又再度加强,同时,这也强化了亚里士多德关于欧洲与亚洲之间对比的概念[马基雅维利(Macchiavelli)也有类似表述]:"一方面是欧洲人,他们心智活跃,是自由的保护人和倡导者。另一方面是可憎的、虚弱无力的、奴性的东方人,容易接受专制统治和统一集权的暴君式体制[祖里(Zoli),1973]。"又一次,东方扮演了近代曙光乍现之际所有焦虑的"充满政治色彩的放大器和激发积极性的折射因子"的角色。

地理学家们并没有避开这种争论。事实上,他们积极地参与了大体上自方济各·沙勿略(Francis Xavier)病故之后发端的耶稣会士的传教事业。1552年,沙勿略死在去中国门户广州的路上,就在离广东海岸不远的上川岛(Sancian, Shangchuan)上。从利玛窦(Matteo Ricci)到卫匡国(Martino Martini),这些传教士们自身就是作为宇宙学家和制图家活动的,其首要任务就是建立起中国版图更为明确的新画面,承袭《马可·波罗游记》中的认识,继续努力将实际的中国与契丹(Cathay)的称谓区分开来。

"把契丹,即可以沿着老的丝绸之路从陆路抵达的、北部的和蒙古的中国,与蛮子省(即可从海上抵达的南中国)相区别对待"(祖里,1973)这种地理学表述习惯在人们的头脑中根深蒂固,甚至敏锐、博闻如托斯卡内利和哥伦布的地理学头脑也没能将其摆脱,乃至在葡萄牙人的航行之后也是如此。事实上,哥伦布梦想中的全新航海计划,竟是以中世纪地理学神话(从天堂到传说中的大汗帝国)作为其核心的宇宙学理论基础,这实在是有些令人匪夷所思。托斯卡内利的向着"香料之地"出航的倡议让大汗以及所统治地区的神话再度复活,那里"人口稠密、物产富庶,属下有众多省份、王国和数不清的城市,臣服于一个叫做大汗的帝王,其统域处于契丹省……"。除了旧有的神话,托斯卡内利之说还有其他来源。据他自己讲,他从出使诸省的一位使臣那里收集到了相关信息。托斯卡内利谈到了契丹,谈到了那个"极为高贵和宏伟的行在城",谈到了那个"离契丹不远的蛮子省",不过他也承认"可能很多事情都需要厘清。然而,聪明人能靠自己弄明白其余的事情"。

图 5　基哈德斯·墨卡托,《地图集或宇宙志沉思录》。北极地图,鲁莫尔德·墨卡托编辑,杜伊斯堡,1595 年,水彩版画,伦敦,苏富比公司

为了弄清事实真相,托斯卡内利提及的聪明人需要用一次旅行来实地检验一下。果然,1596 年,利玛窦第一个意识到了“契丹属于中国,这个伟大的君主就是中国的国君”。他也是第一个证实这一论题的人。这一事实的澄清,加之“搜集自与中国人打交道的摩尔人的信息”,以及葡萄牙人鄂本笃(Bento de Góis)所作的牺牲,革新了远东的地图绘图。1607 年,鄂本笃教士在穿越兴都库什山脉和帕米尔高原后,病逝于中国国门。①

① 鄂本笃行程的终点在肃州(今甘肃酒泉),作者之所以用“国门”一词,大约是由于以下的事实:按照明朝制度,鄂本笃必须在肃州长时间地住下来,获得朝廷恩准后,才能以外国使节的身份前往北京。——译者

图 6　亚伯拉罕·奥特琉斯，《寰宇概观》。中国地图，安特卫普

584 年,水彩版画,伦敦,苏富比公司

葡萄牙的制图家们也做出了很大贡献，尤其是在中国传教多年的路易斯·若泽·德·巴布达(Luis Jorge de Barbuda)，他叙述了自己在这个国家的经历，并提供了一幅题为《对原来称为秦尼地区——中国的新描述》的第一幅单独的中国地图。奥特琉斯在其著名的地图集1584年的版本中，将之收录于其中。这幅地图将西方置于上位，似乎只有在赋予这条文化线特权的条件下，那些远离国土身处异乡的欧洲人才能如此容易地为自己定位。这种定位并非出于偶然，我们可以清晰地看到，巴布达在其地图中，以这样的定位原则把用作资料来源的中国人绘制的地图进行了旋转。这幅作为来源的地图收录在享有"中国地图绘图史上的主要人物"之誉(李约瑟，1986)的朱思本(1273—1337)所著的《广舆图》中，这幅图因大约在16世纪中期罗洪先(1504—1564)修订的印刷版得以传世，也即利玛窦所见的版本。两幅地图都描绘了中国的长城，并在中国的西部边界画了一个虚构的巨大湖泊。

文献中的文字叙述也传播着一些有关中国的消息。其中一部很有趣的著作就是乔万尼·波特若(Giovanni Botero)的《普遍关系》。按照塞乔·祖里(Sergio Zoli)的说法，乔万尼·波特若是最早把中国对于欧洲的政治意义加以神秘化的作者之一，这是在与马基雅维利的争论中提出来的，因为当时的欧洲成了政治剧变和无休止的宗教战争的舞台，这些变故使得任何正常的共处都是奢望。在这部文学作品中，由于欧洲的困难局势，中国遥远而未知的地区被描述成为"和平与幸福之地，是安全的避难所，是对急躁不满的精神状态的一种精神安慰"：

> 作为一个庞大广阔的统一王国，人口和省份众多、财富丰裕，中国一定会被看作是有史以来最伟大的帝国之一……。就其组织结构而言，中国的唯一目的就是和平以及国家的存续。因此，正义得到伸张，带来了和平以及法律和产业的典范政策。无论是古代还是近代，从未有哪个王国或领地统治得比中国更好……。中国的人民无论是在市民的还是政治的事务中都主要寄希望于自身，把这些事务处理得非常好。因此，他们说他们有两只眼睛，欧洲人有一只眼睛，而其他人则没有眼睛(波特若，1601)。

正如我们所见，在中世纪，人们对约翰长老的神秘王国和锡耶纳的圣伯纳德

(St. Bernard)在布道中所说的道德上极为完美的伊甸园般的遥远国土也持同样的文化态度。这些描述在很多年轻的意大利耶稣会士中激起一种“对印度的渴望”，尽管在他们的文件记录中表现了这种渴望，但只有少数几个人(略多于5%)设法实现了这一愿望。在众多未能如愿的传教士中，只有少数几个人满足于在欧洲“发现印度”，即他们意识到：其实，印度就在欧洲，他们在欧洲的使命同样有必要。这表明，他们主要是被一种永不停息的冒险精神、好奇心以及在地理大发现找到的这些国家旅行的热望所驱使，尽管这种愿望是以宗教语言或殉道来表达的。就像年轻的见习修士朱利奥·奥西尼(Giulio Orsini)在17世纪初写给大神父的不止一封信中说道，“圣劳伦斯[①]罹难的火焰该是多么甜蜜和愉快”。此外，他还说，如果大神父不把他派往印度，那么，他将注定会死去和毁灭。

大神父们非常明白，如果这种宗教热忱和探险精神的结合能得到训练的话，从地理学的观点来看，将会产生非同寻常的结果。正如努玛·布洛克(Numa Broc)注意到的那样，这项事业发展之快令人瞠目结舌——仅仅在利玛窦和卫匡国绘制的地图之后，发生在从1707年到1717年短短几年之中，而且主要是依赖于中国的制图力量，这段时间内即使在欧洲也是无法相比的。耶稣会士确实受益于最有利的环境和康熙皇帝的宠幸，他把所有省份的档案提供给传教士们，并命令高官和学者们与他们合作。然而，必须记住的是：从六百个天文学上确定的位置出发，耶稣会士们能够获得比很多欧洲地图更高的精确性。

这一事实起了主要作用：从整个帝国的一端到另一端，“一小队显然要比一群世俗工程师们更加训练有素的教会成员”，通过观察由巴黎天文观测台和伟大的科学家吉安·多美尼科·卡西尼(Gian Domenico Cassini)详细描述的木星卫星来应用三角测量法和经度计算法。这项工作，用李约瑟的话说，“不仅产生了亚洲有史以来绘制最好的地图，也是最确实和准确的一幅”。它如此值得推崇，甚至得到了伏尔泰(Voltaire)的赞许。他在其《哲学词典》的“地理学”词条中谈到，“中国是亚洲唯一有已知地理学手段的国家，因为康熙皇帝任用耶稣会的天文学家们来绘制精确的地图，而这是耶稣会士们所做的最好的一件事。如果他们将自己局限于测量地球的话，就不会在地球上遭到放逐了”。

---

① 圣劳伦斯原是在教皇西克斯图二世身边担任祭司的罗马人，公元258年殉教。他生于罗马皇帝瓦勒利安统治下对基督教徒迫害最为激烈的时期。——译者

图7　柯奈利斯・德・裘德,《世界之鉴》。阿尼安海峡地图,安特卫普,1593年,水彩版画,伦敦,苏富比公司

然而，有时这同一种宗教热忱可能会扼杀制图记录所需的真实性，以致可能将远东的国土沉埋在最不可信的虚构的雾霭之中。例如，1704 年伦敦出版的一部非常成功的文学作品就发生了这样的情况，这本书很快就被译成各种主要的欧洲语言：萨满那撒尔(Psalmanazar)所著的《台湾的地理及历史描述》。其描述无论是从该岛的历史还是从人类地理学的角度来看都是不可能的：那臆想的日本人的征服以一个新的特洛伊木马开始，并且具有吃人的风俗习惯(据说是每年有 18 000 个人作为牺牲)，其根据音标写出的语言以及作为这部文学作品附录的货币、宫殿的图画都完全是虚构的。作者在临终前终于承认，他从未去过中国，也从未去过台湾，他杜撰了整个故事。然而他在几十年中都有着很好的声望，得到那些最好的沙龙的邀请，甚至还在英国皇家学会做过一些演讲。其故事的可靠性主要是由于当时所获得的极其可怜的关于台湾所属的中国的知识，以及在英国国教教会与天主教会，尤其是耶稣会士的论战中由主要人物所进行的可怜的探险这一事实。其实，不幸的萨满那撒尔的邪恶导师就是一位耶稣会士。

知识的产生与积累：
我们与他们之间的“巨大障碍”是怎样发展起来的

18 世纪下半叶，依然是在曾见证了冒牌的福尔摩沙岛居民的令人惊讶的事业的伦敦，依然是在皇家学会，依然是在“镇静的人道主义者的”政府[如乔治·福斯特(Georg Forster)所说]帮助下，一种截然相反的文化态度发展起来了。

步意大利和葡萄牙商人、欧洲的传教士尤其是耶稣会士之后尘，到 18 世纪，由欧洲各主要强国及其主要科学机构支持的规模宏大的海上探险，如詹姆斯·库克(James Cook)的探险向欧洲人揭示了中国的真实疆界以及广袤未知的太平洋。其运行机制是众所周知的。在过去的几个世纪里，在最具活力的欧洲地区所产生的政治和经济增长，试图填满世界地图上所有的空白地区。为了解航海路线并确保安全、熟悉原材料的来源及制成品市场，所有必要的信息都要在伦敦、阿姆斯特丹和巴黎汇总。因此，轮船被装备起来，并在海员之外配备了很多科学家，如天文学家、地图绘图师、植物学家、动物学家、医生等等。

图 8 让-弗朗索瓦・德・拉彼鲁兹,《航行》。朗格湾居民的装束,路易斯

:托万・德斯多夫编，巴黎，1797 年，版画，热那亚，博罗尼亚大学

野心勃勃的国家和君主，如英格兰、法兰西、俄国、西班牙，他们具有最强烈的启蒙精神，因此在最后的世界探险中居于前列。意大利人和德国人仅占着旁观的席位，他们最多只是加入到其他海上强国的探险之中。例如，意大利人亚历山德罗·马拉斯比纳(Alessandro Malaspina)加入了西班牙人的队伍，德国人乔治·福斯特(Georg Forster)与其父亲参加了库克的第二次探险。福斯特是亚历山大·冯·洪堡(Alexander von Humboldt)的老师，探险归来后，他的研究工作把海岸以及内地的分析性勘察方法推进到一个新的发展阶段，同时也推动了地理科学及环境科学的发展。

当然，中国的形象在此阶段以前就已完整地出现在18世纪地图集的航海图中，这得益于对海上疆界的不断探索。至此，尚存的仍未解开的谜团就主要集中于令墨卡托着迷的、处于最高纬的东北通道，还有其他的谜一样的西北通道，再加上哈德逊湾、想象中的阿尼安(Anian)海峡。即使库克与白令的探险之旅也并没有彻底扫荡美洲与亚洲之间的北部海域。而从加利福尼亚(一直被认为是一个岛屿)到堪察加半岛直到日本海岸线的走向，也仍旧保持着神秘色彩。这说明了为什么拉彼鲁兹(Lapérouse)的探险所要解决的主要谜题之一就是位于所谓的鞑靼海峡的北海道岛(虾夷岛，Yeso)之谜，鞑靼海峡位于日本群岛最靠北的岛屿和中国鞑靼之间。

要理解拉彼鲁兹的水手们所完成的工作，我们必须记住这次探险的两个主要目标：第一个是政治及经济目标，在于促进法国的贸易、调查中国开放以及进入皮毛市场的可能性；第二个是科学目标，目的在于调查拉彼鲁兹的轮船访问过的每个地方的坐标，校正所访海岸及岛屿的地图，研究每处的土壤、气候、天然物产及当地居民的着装、工具、武器、风俗等。为了这两个目的，尤其是后一个，交给拉彼鲁兹的一大本指示超过了500页。正是这种百科全书式的抱负，拉彼鲁兹的探险十分典型地折射出了启蒙时代的精神。

拉彼鲁兹的航行记录使我们能够理解他们是怎样着手解决最后的地理学难题的。没有任何精确的地图，轮船沿着鞑靼海岸前进，到达了北纬47°，几乎是盲目地航行，只是猜测着他们并不是在库页岛的海峡之中，但“可能是在北海道岛与亚洲的那个部分所形成的海湾之中”。然而，为了发现这个岛屿是不是如堪察加半岛一样的半岛，或是一个岛屿，海员们认为最好的办法不是依赖在未知的海中航行，而是停下来试着从岛上的居民中搜集一些信息。在离海岸较为安全的距离抛锚之后，海员们乘坐救生艇登岸去会见当地人。小村庄看上去很荒凉，正当船员们要回到船上时，他们看见一艘独木舟，里面坐着七个人，这几个人毫不惊慌，坐在草席之上。然后，他们开始了一场描述和询问以相互理解，尽管他们之间的语言完全不同而且互不了解。第一次相遇建立起了初步的了解，每个环节都被看作是对整理地理学知识非常有用的线索，即对未知民族的起源和文化的理解。

> 在他们当中有两个老人，留着长长的白胡须，身上裹着树皮织的衣物。七个人当中有两个人穿着用填料的蓝本色布制成的衣服，类似于中式服装，其他人穿着系腰带的长袍，上面有几颗小扣子，没有裤子。……他们脚上都穿着狼鱼皮的靴子，其足部都根据中国的式样进行了很艺术的加工。他们的武器有弓、矛、带铁尖的箭……。他们的风度严肃、高贵而且很亲切。

第二天的相互了解更为深入，信息交换也比通常的礼物交换有趣得多：

> 指着西方，他们向我们展示了他们当中一些人穿的蓝色棉布、小珍珠和明火枪，这些都来自满洲国，他们对这个名称的发音和我们完全一样。然后，看到我们手里都拿着一些纸和一支铅笔，要编一部他们语言的词典，他们猜出了我们的意图，预料到了我们的问题，指着几个物体，很好心地把这个国家的名字重复了四五遍，直到他们确信我们已经充分理解为止。他们能够非常迅速地理解我们的意图，这使我认为他们是懂得书写的。此外，我们又看见他们当中的一个人画了一幅他们国家的地图，他拿铅笔的姿势就像中国人拿毛笔一样。

这次探险的绘图员画了一幅绘制地图的画（参见图 8）：在一群当地土人（他们的着装都画得很精确）和一群欧洲官员中，拉彼鲁兹坐在一小块草席上，光着头没戴帽子，两个老人在一幅地图前谈话。这幅画象征性地总结了在报告的结论中更为精确和复杂的一道程序：

> 最后，我们设法使他们明白我们想让他们画一幅他们国家和满洲国的地图。然后一位老人站了起来，用他的矛尖在沙地上画出了鞑靼从北到南的西

图 9 让-弗朗索瓦·德·拉彼鲁兹,《航行》。卡斯特里海湾地图,路易斯

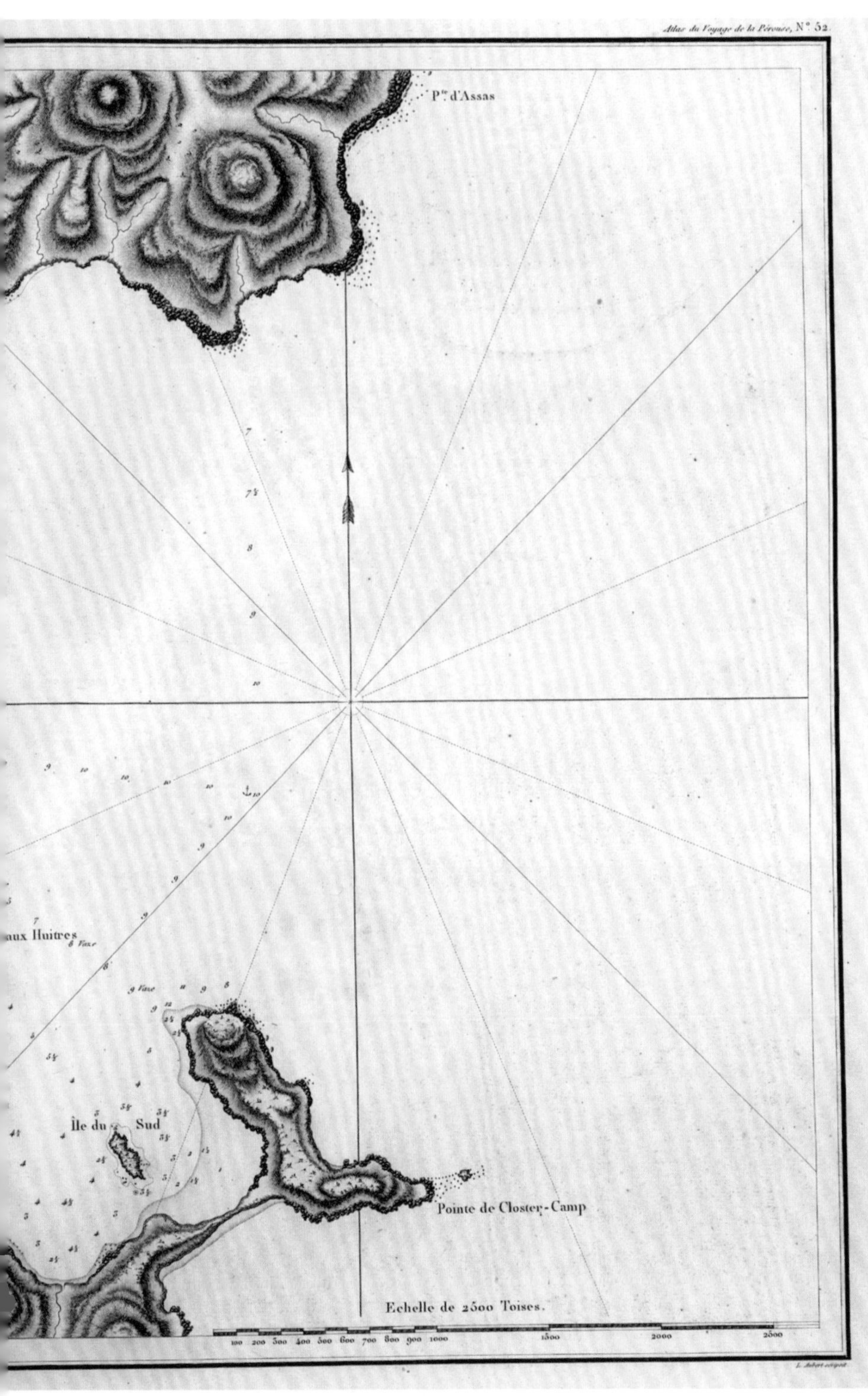

:托万・德斯多夫编，巴黎，1797 年，版画，热那亚，博罗尼亚大学

海岸。在这前面，在鞑靼的东边及同一方向，他画出了这个岛屿，并且摸着自己的胸膛向我们表示这是他的国家。在鞑靼和这个岛屿之间，他留出了一道海峡，然后朝着我们那些从岸上就能看见的海船，向我们表示说那里有一条通道……他猜测我们问题时的精明是很了不起的，但还不及另一位30岁左右的岛民。他看见画在沙地上的图消失了，就拿起我们的一支铅笔和一些纸画上了他的岛屿，管它叫Tchoka。然后，他画出了我们正在其岸边站着的小河，表示它占据了整个岛屿从南到北长度的三分之二。然后他又画出了满洲人的领土，像那位老人一样，在漏斗的底部留出了一条海峡。令我们大为吃惊的是：他加上了Segalien河（译注：即阿穆尔河），他们的发音和我们的完全相同。然后，这个年轻人在这个岛屿北部的前面画出了这条河的河口，并用七条线表示从我们当时所处的地方乘独木舟到达Segalien河河口所需的天数。

乍看之下，这似乎是一次很平等的相遇：土著人也能展示他们的描述能力和知识，尽管他们运用更为简单的工具和无需外部辅助的地理学记忆。到此为止，文明的欧洲人要依赖于“野蛮人”。事实上，所发生的是科学社会学家布鲁诺·拉图尔（Bruno Latour）所定义的在我们与他们之间形成“巨大障碍”的一个过程。差异不仅存在，而且在所涉及主题的发展方向及尺度上，已经非常显著。中国人从远古时代起就住在这些地区，而法国舰队为了在夏季结束之前抵达俄国，只在这里停留几天。那时，法国人从俄国派了一位船员让-巴蒂斯特·德·勒塞普[Jean-Baptiste de Lesseps，是更为著名的建造了苏伊士运河的菲迪南（Ferdinand）的叔叔]去巴黎，带去了到那时为止搜集到的最宝贵的信息。尽管逗留很短暂，拉彼鲁兹试图从沿岸的人们那里了解尽可能多的情况，描述他们的文化、他们的政治经济组织，并把自然学家派到森林里去搜集有用的东西以及每一种事物的观察资料。

“为什么每个人都如此匆忙？”我们的科学社会学家感到很奇怪：“如果他们对这个岛屿感兴趣，为什么不停留得更久一点？不，这些旅行家们对这个岛本身并不感兴趣，而是想把它随身带走，先带到船上、再带到凡尔赛宫去。”更确切地说，“为什么把日记、纪念品和战利品带回法国还不够？为什么他们不放松下来享受阳光和那么容易钓到的鲑鱼，在海滩上烧烤细嫩的鲑鱼肉？”（拉图尔，1998）

了解了所搜集的信息之后，这个问题的答案就显而易见了：

因为派他们到这些地区的上司们，对他们的返回并不像对派往其他地区的船只那样感兴趣。如果拉彼鲁兹的使命是成功的，那么下一支探险队在看见陆地之前就会知道库页岛是岛屿还是半岛，海峡有多深，主要的风向以及土著人的风俗、资源和文化如何。在1787年7月17日，拉彼鲁兹要比给他提供信息的土著人弱小：他不知道疆土的形状，也不知道该去哪里，因此他是由他的向导来摆布的。十年之后，1797年11月5日，驶入同一个海湾的英国船“海神号”就要比土著人强大得多：在船上，他们就有地图、文字描述、船只测程仪、航海信息等，这样就使得他们知道这就是那“同一个”海湾。第一次进入这个海湾的航海家们将会第二次看到这片疆土的主要特点，他们第一次是在伦敦看到的，读着拉彼鲁兹的日记，分析着拉彼鲁兹带回凡尔赛宫的、在合作基础上绘制的地图（拉图尔，1998）。

正是以这种方式建成了我们与他们之间的巨大障碍。尽管开始时在法国航海家和中国人之间能力上的差距很小，如我们已经看到的那样，这个差距注定是要扩大的，这是由于拉彼鲁兹在网络建造上的功勋，这一网络使得他们能够在欧洲积累起对太平洋的地理学和人种学知识。只有在那时，在“立足本土的”中国地理学家和“游走天下的”欧洲地理学家之间的不对称才慢慢开始发展起来。此外，只有在那时，这些差异才产生了对世界面貌中巨大历史变化的预示性效果。

从中国到欧洲，即“巨大的障碍”是怎样消解的

假如委托年轻的德·勒塞普（De Lesseps，他花了一年的时间穿越俄国并抵达了圣彼得堡）转交的拉彼鲁兹的日记和地图并未被送到巴黎，那么中国人“将会维持旧有的荒蛮而不为人知的状态（从欧洲人的角度来看），因此他们的实力也就和‘海神号’的水手们是势均力敌的……”。反之，如果这些日记和地图到达了它们的目的地，那么“海神号”就注定会征服中国人：因为英国舰船上的船员们在开口之前就已经对他们疆土的文化、语言、资源无所不知了。在科学史家们的眼中，再重复以上的假设似乎有些夸大其辞了。

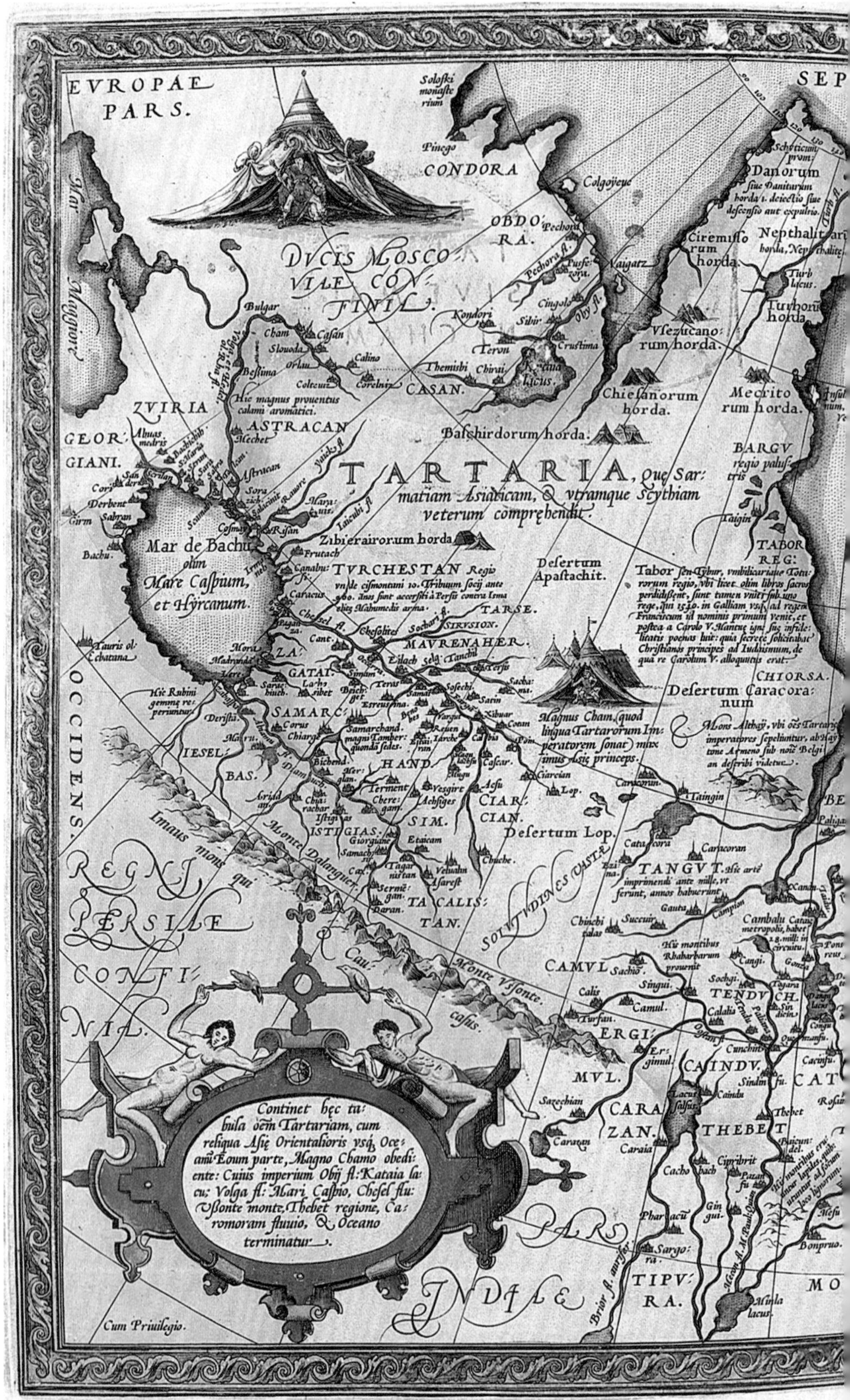

图 10　亚伯拉罕・奥特琉斯,《寰宇概观》。鞑靼或大汗统辖

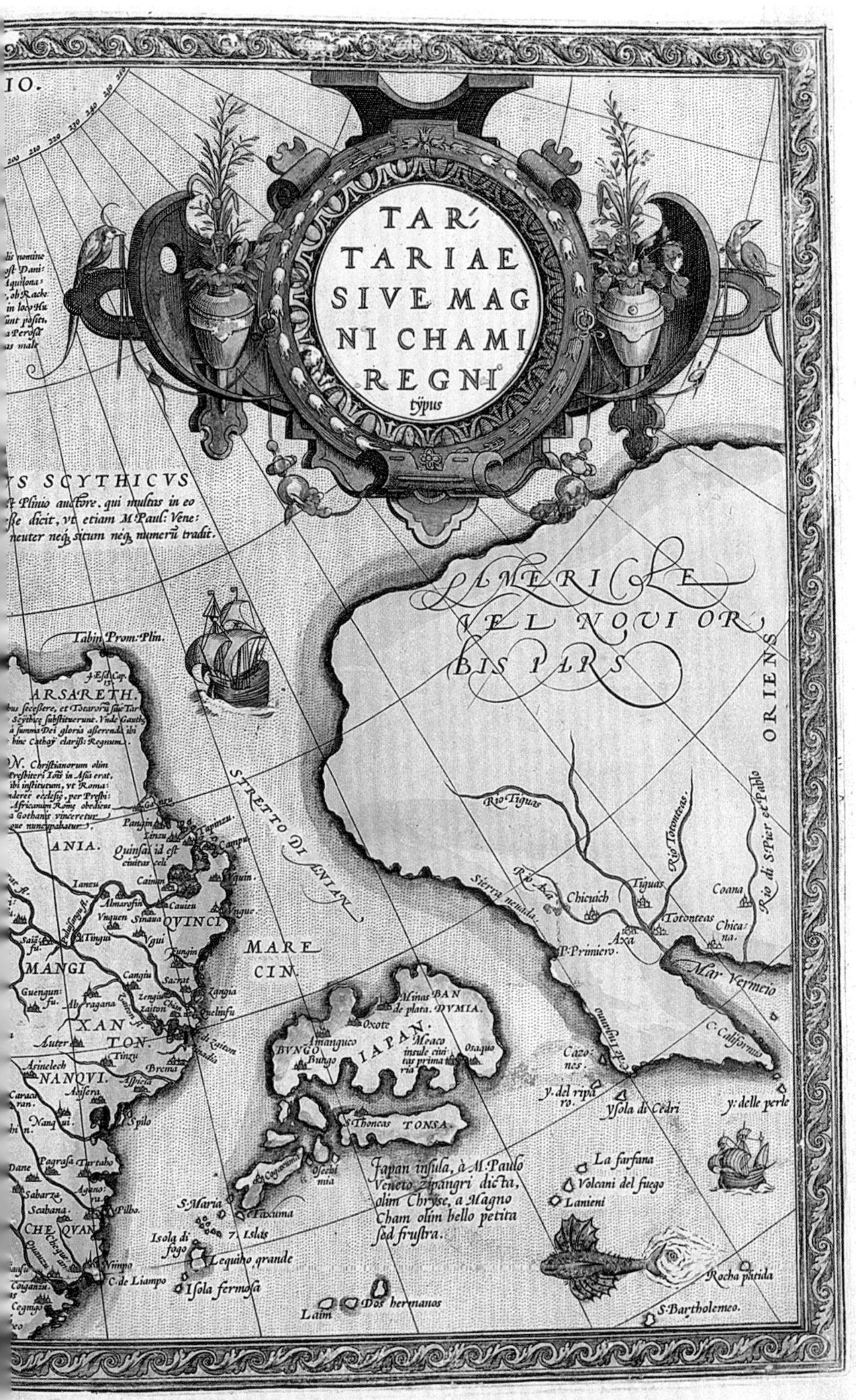

图,安特卫普,1570 年,水彩版画,热那亚,海洋博物馆

不过，这一理论不仅有助于我们理解欧洲在至少两百年间逐步积累起来的、日益精确的地理学知识所具有的战略意义，也更加有助于我们体会那些小巧精细的技术设备能让人“预见”荒蛮未识之地的巨大力量。这些设备还划分出了欧洲人所遭遇的各民族的野蛮与文明等级。与太平洋各民族的初次相遇以及随后对他们所做的等级区分，成为日后战争发动的一个必要前提，当下的例子就是强迫中国开放口岸的“鸦片战争”。

如果这一判断看上去有些夸大其辞的话，那么原因并非一个：首先，所有历史道路都要比我们的简单化叙述曲折得多。事实上，关于库页岛是岛屿还是半岛的问题很长时间都没有解决，因为当时水太浅，拉彼鲁兹并没有到达海峡尽头。因此，人们相信这个岛屿是由一个沙质的地峡与鞑靼相连的。甚至后来英国航海家的观测都是不充分的，但这个使命由俄国探险家完成了，安东·契诃夫①（Anton Cekhov）在他《库页岛》（1895）的旅行笔记里记录了这些情况。

库页岛是半岛的这个观念影响力如此之大，正如契诃夫记得的那样，当1849年涅维尔斯科依（Nevel'skoj）向圣彼得堡报告他对海峡的发现时，“没人相信他，他的举止被认为是不敬的、应遭到起诉的”。契诃夫也带着赞赏之情谈起了涅维尔斯科依夫人，她向那些袭击过法国官员的土著人致辞，“言语关切有加，就连那些粗野的野蛮人也对她留下了很深的印象”。

契诃夫的调查对我们来说非常重要，因为它表明了地理学的真相从来未能彻底地、绝对无条件地建立起来。在其对这个岛屿被发现过程的历史性描述的结尾，根据个人经验，契诃夫写道：

> 很长时间以来，我们就计划对鞑靼海岸和库页岛沿岸进行一次新的、更为精确的探索。目前的地图是不精确的，因为我们甚至可以从远比报纸报道多得多的搁浅在礁石上的战舰和商船上看到这点。由于这些糟糕的地图，船长们非常小心、不安和焦虑。“贝加尔号”（Bajkal）的船长根本就不相信官方地图，他在航海中按照他自己绘制和校正的个人地图行进。

① 安东·契诃夫（1860—1904）俄国小说家、戏剧家。1890年4月至12月，体弱的契诃夫不辞长途跋涉，去沙皇政府安置苦役犯和流刑犯的库页岛游历，对那里的所有居民、“近万名囚徒和移民”逐一进行调查。写出了《库页岛》（1893—1894）和《在流放中》（1892）等作品。——译者

契诃夫的调查对我们来说非常有趣，特别是由于他用一个伟大作家所具有的象征主义手法描述了在一块处于中国、日本和俄国之间的疆土上由一个主权国家所进行的必要的文化再建；在此例中，这个国家就是欧洲。这个调查利用了一项由契诃夫自己设计和实行的普查，他登记了岛上人口中的每个人。只有这时，他们才能说库页岛上的地理学和人种学已经再无秘密可言了。

换言之，只有当地理学知识在居住于该版图内的社团中得到检验和实践时，这个巨大障碍才能瓦解，才能为最具灵感的18世纪哲学家们预言的全球化世界打下基础。这些哲学家中有一位是赫尔德(Herder)，在其著作《又一人类教育历史哲学》(1773)中写道："任何一个国家，哪怕只是要捡起一根羽毛，也只能处于其他国家的众目睽睽之下，并且会因最遥不可及的原因就在每块大陆上都引起广泛的骚动。这样的世界是多么美丽和伟大啊……"

回到布鲁诺·拉图尔的观点，我们必须说它看上去有些夸大，不仅是由于其地理学含义，也由于其文化含义。事实上，在18世纪的欧洲文化中弥漫着一种真正的"中国热"，这体现在建筑(如洛可可式的中式建筑风格)和哲学、政治经济学中，尽管随船旅行的地理学家的事业和知识都进一步证明了欧洲文明的优越性。正如塞乔·祖里和其他人评价的那样，欧洲人对天朝之国的真实状况及其文明水平的解释是非常矛盾的。一方面，看着中国，伏尔泰劝诫说："羡慕和惭愧，但首要的是模仿"，像弗朗索瓦·魁奈(François Quesnay)和亚当·弗格森(Adam Ferguson)这样的经济学家也强调模仿中国的必要性。例如，弗格森就断言："对于一个致力于一般政府改良的体系来说，中国政治是最完美的模范"，并且"这个帝国的臣民懂得如何将平常的智识与国家的福祉及崇高相结合，其技艺十分高超"。

另一方面，卢梭(Rousseau)却认为"中国是一个因科学与艺术进步而导致道德沦丧和文明衰退的可悲原型"。此外，腓特烈(Frederick)大帝，一位皇帝，也是一位哲学家，像乾隆皇帝(伏尔泰在1770年给他写了一封颂扬的信)一样有权势；他要求伏尔泰更为现实一些，还要求那些从未见过中国或北京的人们戒除那些没有意义的赞美之辞。在更为现实的英国，萨缪尔·约翰逊(Samuel Johnson)和吉乌塞佩·巴尔提(Giuseppe Baretti)并不需要这个建议，因为他们已经开始推翻了关于天朝之国的幻想。当詹姆斯·博斯韦尔(James Boswel)评论说中国人并非野蛮人时，约翰逊很快地回答说："他们仅有的一样东西就是瓷器。"

中国的神话是一种文学美化(为更具效果，也会采用游记的形式)，用以使西方

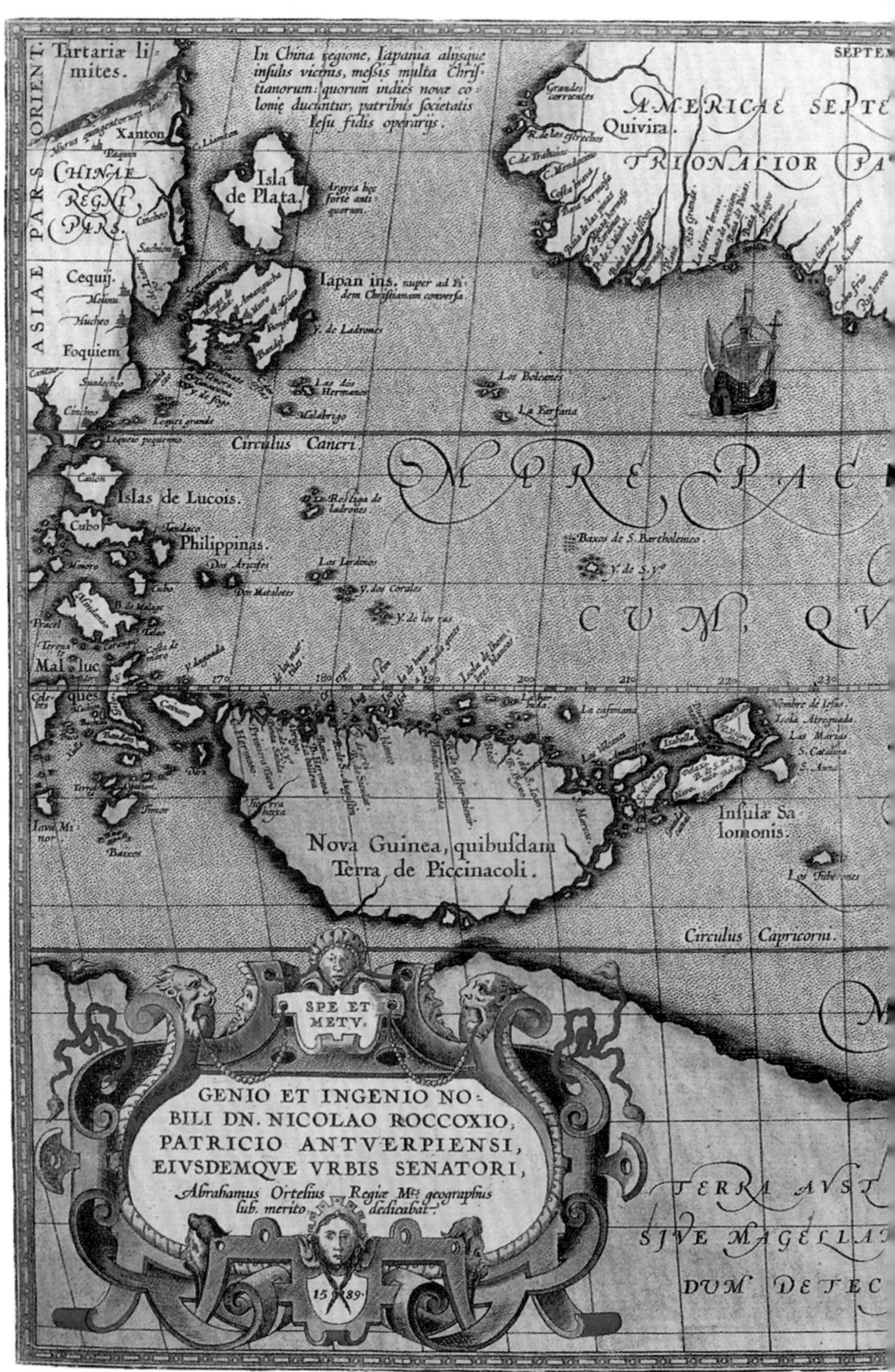

图 11　亚伯拉罕・奥特琉斯,《寰宇概观》。太平洋地图

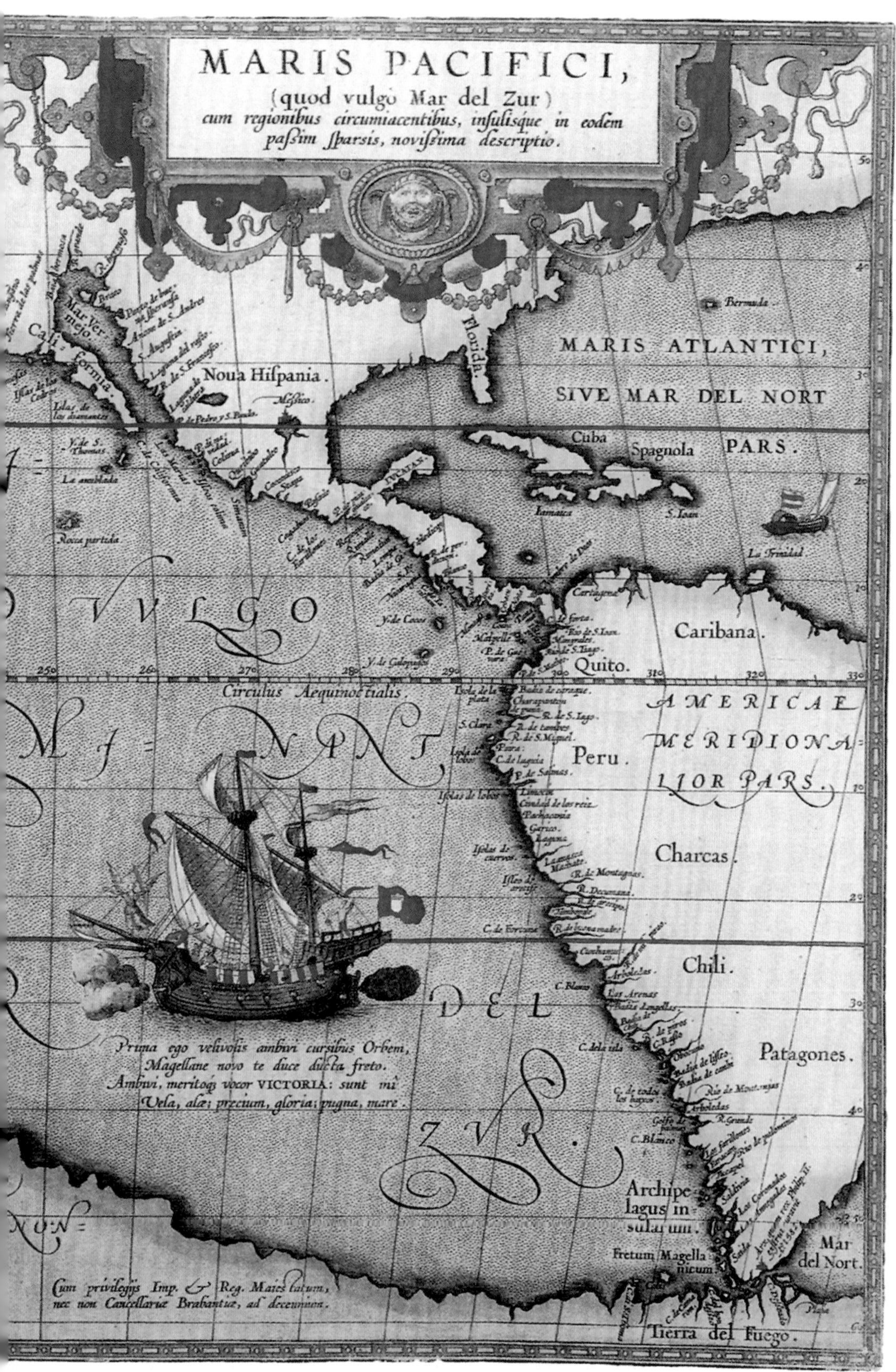

特卫普，1589 年，水彩版画，伦敦，苏富比公司

和欧洲从中受益，其中一例就是由让-巴蒂斯特·德柏耶(Jean-Baptiste de Boyer d'Argens)所写的《中国通信或一位中国旅行家和他在中国的通信人之间的哲学、历史和评论性通信》。如祖里所评，在这些信中，我们可以找到很多理由来吹嘘欧洲生活的优越性，与东方妇女相比欧洲妇女的自由，与荒凉的北京相比巴黎富有活力的生活，还有与中国不变的保守主义相比生机勃勃的法国文明。只有孔教看上去要比正统天主教宽容和人性得多。

因此，很显然，沟通东方与西方间精神联系的外来主义与世界主义“产生于对欧洲的正义观念的追索和个性化，这意味着，在欧洲文明与中国文明作为不同的道德和政治实体的这一观念前提下，欧洲从其他大陆中分化出来”。这一观念是启蒙运动所取得的成就，徘徊于文学赞颂与因应用地理学方法进行的真实而非虚构的航海所引起的失望之间，神话最终被带回到现世的真实当中。想一想理查德·沃尔特教士(Richard Walter)吧，那位安森(George Anson)船长探险时的随船传教士，当他 1742 年到达广州，亲眼看见中国并不是他读过的那些在欧洲广泛流传的编年史中所说的“家庭中处处是温情且秩序井然，其中仅有的争论就是怎样才能得到更为礼貌和仁爱的殊荣”那样时，十分失望。

在接下来的一个世纪里，在整个世界上，欧洲的征服者们投射下千姿百态的征服图景，其表现形式各异，英国对中国市场的征服尤其如此。不久，列强的征服渐渐摒弃了幻想，并且越来越集中于经济之上。卡尔·马克思(Karl Marx)是头脑最为清醒地解释这场征服的人物之一，他在《纽约每日论坛报》的专栏中报道了“在世界舞台上拥有一席之地的欧洲大国的商业战争”的诸个阶段。马克思对中国港口被迫向英国货物开放和鸦片战争特别感兴趣，这场战争(因鸦片这种催眠剂)非常自相矛盾地迎来了一个全新的国际画面，在 1848 年革命的骚乱之后，这一国际画面彻底地稳定下来。

1850 年 1 月底，在《新莱茵报》上，马克思对由于加利福尼亚和澳大利亚的开发而引起的自欧洲向美国、自大西洋向太平洋的商业轴心转移作了非常精辟的分析，并汇报了“有名的德国传教士居茨拉夫(Gutzlaff)从中国回来后宣传的一件值得注意的新奇事情”。当居茨拉夫先生阔别二十年后又回到欧洲的时候，他听到人们在谈论社会主义，于是问道：“这是什么意思?”别人向他解释以后，他便惊叫起来：“这么说来，我岂不到哪儿也躲不开这个害人的学说了吗？这正是中国许多草民近几年所宣传的那一套啊!”马克思的评论非常有趣：

> 可能中国的社会主义之于欧洲的社会主义，就像中国哲学之于黑格尔哲学一样。但是有一点仍旧非常有趣，即世界上最古老最巩固的帝国八年来在英国中产阶级的印花布影响之下，已经处于社会变革的前夕，而这次变革必将给我们的文明带来极其重要的结果。如果我们欧洲的反动分子在不久的将来逃奔亚洲，最后到达万里长城，到达最反动最保守的堡垒的大门，那么，他们说不定就会看见这样的字眼：中华共和国——自由、平等、博爱。①

在新的环境下，马克思无法分享赫尔德的乐观主义；后者在不到一百年前曾写道，感谢欧洲启蒙主义的普遍主义精神，只有"迅速的、人性的战争和公正的、人性的、正义的谈判"。在《纽约每日论坛报》的专栏中，一天接一天，直到 1860 年，马克思怀着极大的愤慨，追踪着英国人在中国的血腥侵略以及中国人民同样暴烈的反击的编年史，并且与"骑士般的英国新闻界"发生了争论。"我们不该去斥责中国人可怕的残暴行为，最好承认这是为了保卫社稷和家园的战争，这是为了保存中华民族的人民战争。虽然你可以说，这个战争带有这个民族一切傲慢的偏见、蠢笨的行动、饱学的愚昧和迂腐的蛮气，可它终究是人民战争。而对于起义民族在人民战争中所采取的手段，不应当根据公认的正规作战方法或者任何别的抽象标准来衡量，而应当根据这个起义民族所已达到的文明程度来衡量。"②

我们并不想追踪马克思曾作过的饶有兴致的尝试——通过"亚细亚生产方式"的概念来解释源于传统的中国社会经济结构的反抗(要比印度强烈得多)。与此不同，我们将试图转回到东西方之间的文化联系这一主题上，从而理解中国人是怎样逐渐走进西方文化的。安基·高德(Ange Goudar)有一本非常有名的著作，标题为《中国间谍；或，来自北京皇宫的密使，受命调查欧洲当下的情况》(1764 年)。本书除虚构了一个中国旅行者(更像是一个启蒙主义的追随者而非儒教的信徒)之外，还创制了如标题所示的一个人物；以这样的方式，18 世纪欧洲文化已经预见到中国走进西方这一现象。这位多产的作家，既是一位探险家，又是一位百科全书式的人物。他想象自己在某个中东港口遇到了一个中国使团，他们要他带领着"去一个朝廷要他们拜访的欧洲村庄，以了解地球上第四个部分当前的情况"。由于他们

---

① 这段引文见 1850 年 1 月 31 日至 2 月底马克思、恩格斯合写的《国际述评(一)》，原载马克思主编的《新莱茵报·政治经济评论》，1854 年，第 2 期。——译者

② 此段引文见恩格斯《波斯和中国》一文，载于 1857 年 6 月 5 日《纽约每日论坛报》。——译者

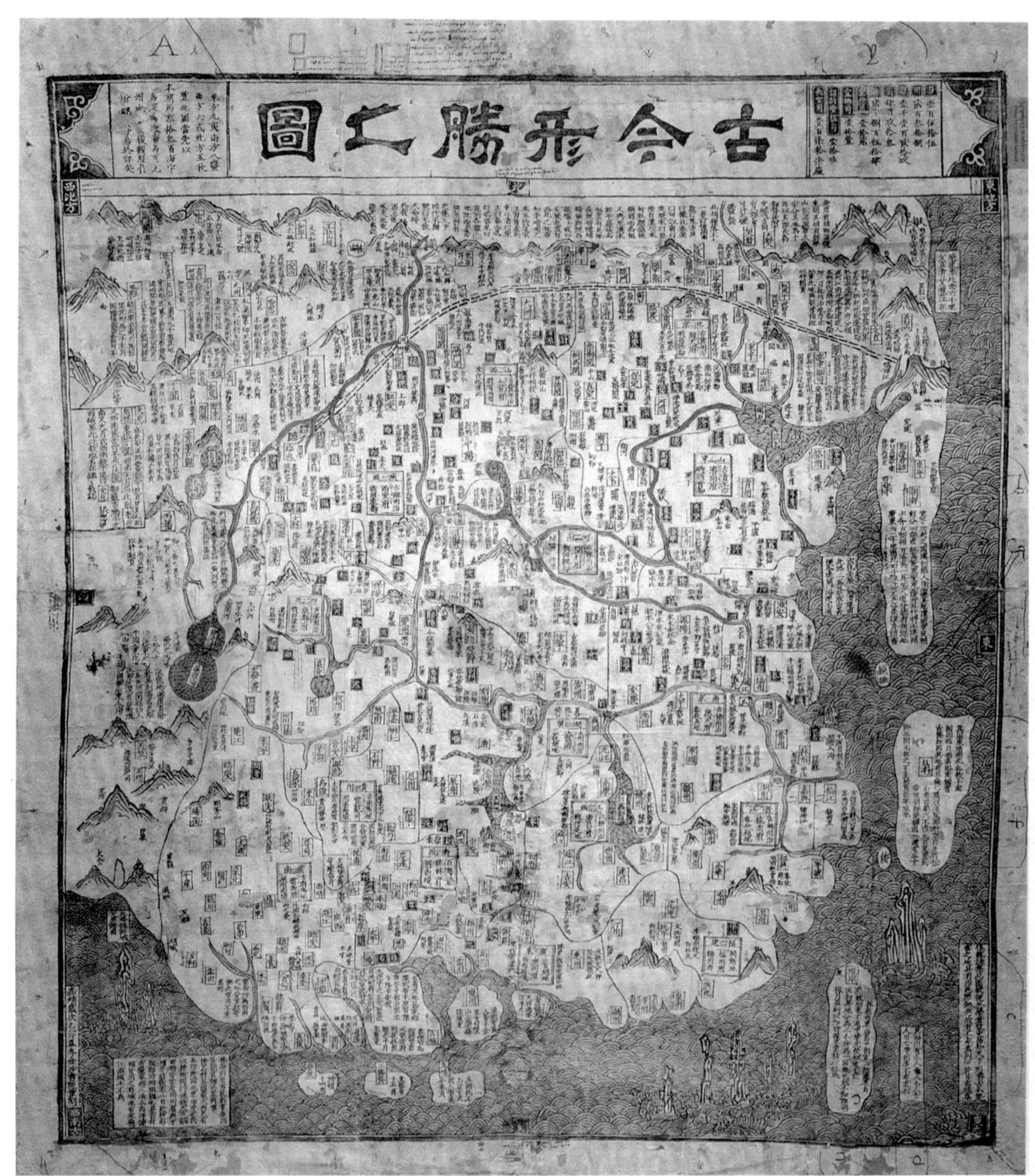

图 12　中国学派，中国地图，古今形胜之图 1555 年，水彩画，西班牙塞维利亚，印度总档案馆

在"掌握法律、风俗和政治"方面毫无疑问的古老文明，能发现那些欧洲人所不能掌握的事情；这些高官们向祖国发送信件报告情况。

然而，直到下个世纪，在1866年到1876年，中国才开始向西方派遣官方使团。在18世纪，曾经有过一些中国旅行者的记录的孤立例子，但他们并未在中国引起大的轰动，因为这些中国旅行者改宗信仰了天主教。例如樊守义（他还访问了意大利）所写的《身见录》；又如用法语所写的一些日记，如在路易十四图书馆工作的黄（Huang）的《巴黎小记》。在中国学者中仅有的一个相关例子是谢清高（1765—1821），一位中国式的马可·波罗，他乘坐西方的船只在全世界周游了很长时间，后来双目失明回到了家乡。在那里，他把自己的回忆讲述给一位同乡听，后者后来以《海录》为题将之刊行。就像《马可·波罗游记》一样，这本书中除了地理位置、经济资料和各民族风俗习惯以外，还包含了很多幻想和显而易见的错误："美洲被描述成大洋当中一个遥远的小岛，法国被说成在西班牙的西北，而英格兰则在法国的西南"[马斯（Masci），1989]。

就像中世纪的欧洲人一样，19世纪初的中国人对西方也只有非常模糊的地理概念，尽管他们很自豪地拥有可以回溯至公元前几世纪的从未中断的地图绘图传统。大约五十年前，伟大的汉学家李约瑟证明了随着罗马帝国的衰落和中世纪漫长的中断，"希腊的科学绘图从欧洲的舞台上消失了"，"这同一门科学，以不同的形式在中国人中得到了发展"，遵循"一个直到耶稣会士来临及此后从未中断过的传统"。正如我们已经说过的那样，耶稣会士的出色事业利用了这一悠久传统和帝国的儒家官僚机构的连续性，其完整性自周朝以来就一直世代延续，从一个时期到另一个时期、从一个朝代到另一个朝代，就如《周礼》所证明的那样：

> 地方长官负责帝国的地图，在这些地图的基础上，他们监督着不同的地区。朝廷的地理学家负责各省巡查的地图，当皇帝巡察时，他就骑马陪在王驾左右，负责说明当地的特色和产品。在这种场合下，还有朝廷的古董商人，他们带着历史地理学的笔记，以便对那些有趣的考古学遗址给出说明。还有边界巡查官，记下所有诸侯国和领土的边界。他们也参考一些专门的地图，例如矿产监督者的地图，在类似军事地图的图上勘查金属矿产的矿藏并表明它们的位置。[①]

---

① 《周礼》原文中未见此段文字。作者可能将散于各处的数句拼接而成。"大司徒之职，掌建邦之土地之图与其人民之数，以佐王安扰邦国。以天下土地之图，周知九州之地域广轮之数，辨其山林、川泽、丘陵、坟衍、原隰之名物。"见《周礼·地官司徒第二》。——译者

被认为“中国科学制图之父”的裴秀也属于这个遥远的历史时期，他在晋武帝时曾任司空一职[①]。他对地图构图中的计里画方及设比例尺的方法进行了理论化。然而，还有一个小小的历史之最可以追溯到这个时期：一位中国女绘图师，其才能就连18世纪不受束缚的巴黎沙龙里的妇女也会嫉妒。王嘉在其著作《拾遗记》(公元3世纪晚期[②])中记载：“吴国的第一位皇帝孙权，正在寻觅一位专门的画师，来绘出山川及用于军事目的的所有自然特征。因此，人们把宰相的妹妹带到他面前，于是皇帝让她绘出九州的山川湖泊。因为画的颜色会逐渐褪色，所以她建议用刺绣来做地图，于是人们依此而行……”这兴起了将地图刺绣于丝绸之上的传统，这在很多个世纪之后，即18和19世纪之间才在欧洲传播开来。然而，这不禁使我们想到，在马可·波罗和很多其他欧洲旅行家带回意大利的那么多丝绸当中会不会也有一些中国地图呢？这将可以解释在中世纪晚期知识毋庸置疑地迅速增长。

如果认为发生在18世纪，随着最重要的航海发现而引起的地理知识的发展肇始于带回欧洲的中国女人刺绣的地图，这无疑将引起轰动。事实上，中国女人对地理学非常感兴趣，我们可以从一个古代事件中看出这点：当军官们从在帝国西部边界之外的探险返回以后(他们在那里遇到了一队罗马军团)，他们“向皇宫中的贵妇们”展示了这些地图。

欧洲作为中国颠倒的镜子

在中国人于19世纪开创的文化进程中，欧洲成了中国的上下颠倒的镜子。建造这面镜子所用的技巧就是把马可·波罗家族最初的商业旅行中欧洲人所运用的、后来由拉彼鲁兹等人的海上探险进一步加以完善的技巧(为我们)再颠倒过来。就像最早的一位官方旅行家所写的那样，目标和手段都是一样的：保留一本日记“以详细记载所访问地区的地形轮廓及风俗习惯，把附有说明的地图带回中国以丰

① 原文作“the Minister of Public Works for the first Emperor of the Qin dynasty”，此处的“Qin”似应作“Jin”。——译者

② “公元3世纪晚期”当指下面所述《拾遗记》中故事的时代。——译者

富我们的文件”。现在,这些中国人,即天朝之国的官员们,反倒扮演起了那些需要搜集这些宝贵的地理制图信息以发展新的、现代世界知识档案的角色。

就像拉彼鲁兹的例子一样,中国旅行家们对这些地方本身的兴趣比不上要把它们带回去的兴趣。他们已然明了,这些是人们决定世界历史的地方,不仅是由于其各自的地理位置或文化差异,而且主要是由于那些技术设备,使欧洲变得不可战胜。换言之,这些中国人想要扫清道路以拆除这一巨大障碍。事实上,为了不再让这个不均衡继续发展下去,中国人需要成为网络的一部分,欧洲就是通过这个网络搜集了有关太平洋和整个世界的地理学和人类学知识。此外,在“立足本土的”中国地理学家和“游走天下的”欧洲地理学家之间也不应该再存在更多的差异。

这也是耶稣会士们所执行的计划,莱布尼茨对此也理解得非常充分。先于伏尔泰,在其著作《中国近事》中,他赞扬了利玛窦和康熙皇帝——这位帝王绘图师。莱布尼茨考虑“往欧洲派遣中国传教士来向我们传授自然神学的用法和实践……”。莱布尼茨别无他策,因为他以形成一个统一的交流体系为目的、建立在几何学和笛卡尔精神基础上的统一语言或文字的计划在当时是利用地图绘图来表达的。此外,尽管莱布尼茨的统一和完美语言的梦想依旧只是个梦想,我们必须牢记:中国的《易经》(变化之书)的发现和研究,导致莱布尼茨预见到了一个半世纪之后乔治·布尔的数理逻辑……,以及真正的计算机语言……,程序员们用它向计算机发送信息,计算机用它来“思考”,尽管它并不“知道”这些指令的意义,而仅仅是处理二进位的项(Eco, 1993)。

如果历史是这几个世纪期间产生并践行的突然迸发的直觉知识的结果,如果这些直觉主要是由于不同文明之间接触和碰撞产生的文化短路所引发的,那么我们可能就会问,何处才是历史的深层隐匿之所?而今天正创造着我们共同未来的基石的诸多事件又是什么?从哥伦布时代的地理学范畴来看,它包括了整个远东,而最重要的情节很显然都关涉到与东印度的关系,这是一个极为动荡的世界。

至于那些生活在马可·波罗时代与拉彼鲁兹时代之间的欧洲旅行家以及那些最初的中国旅行家们,他们不得不在更短的时间内确保由于他们的报道,“下一批旅行家们可以带着更为明确的知识出发,使得他们能够专心处理外交事务。然而,这却会剥夺东西方在航行中的发现精神,使它变成重复性的”[马斯(Masci),1989]。

可以说,当中国旅行家们“用牡蛎壳来丈量大洋”时,即他们意识到了此前对他们来说一直未知的“世界是多么的宽广多样和惊人”时，是曾经有过的最初的浪漫阶段。此外，玛丽亚·丽塔·马斯(Maria Rita Masci)继续介绍道，他们还意识到这个世界充满了“能自己移动的房间、没有腿的椅子、数十个捆在一起立在金属轮子上的衣柜、鱼形的船只、复杂的皮带齿轮组和火轮、能传送声音的管道和河流下的街道”。利用这些比喻，中国文化解释了在欧洲街道上观察到的主要创新和差异：大蒸汽轮船、火车、地下铁道、摄影术、报纸、工厂、邮递服务、建筑、国会等等，乃至精神病院和一些有关性生活的细节，如避孕套。

所有这些报告都显示了他们这种具有显著特征的能力：他们依照中国的历史和文化理念来记录和理解现实中的每种现象和每个方面。既然欧洲好似一个颠倒的世界，它也就被判定为“颠倒过来的中国世界”，这也有地理学上的解释，如刘锡鸿所写：

> 英人无事不与中国相反。论国政则由民以及君，论家规则尊妻而卑夫，论生育则重女而轻男，论宴会则贵主而贱客，论饮食则先饭而后酒。盖其国居于地轴下，所戴者地下之天，故风俗制度咸颠而倒之也。昼夜亦然，其晚也，乃吾中国之午也，其晓也，乃吾中国之夕也。①

依照这位非常热衷于保留传统生活原则的官员所说，建立在技术和历史动力基础上的西方模式是不值得照抄照搬的。他特别坚持认为，中国在其领土之内必须反对建造铁路和开矿。这种反对，从在汉代精心描述的完美的帝国官僚机构的理想图画所依托的深刻哲学根基中汲取了力量：

> 我中国历代圣君贤相，才智非逊于西洋，而卒无有刳天剖地，妄矜巧力，与造化争能，以图富强者；盖见理深而虑祸远，非如英人之徒知计利，一往而不复返顾也。②

今天，当天空(也是以前天朝之国的天空)被工厂的烟雾和喷气机持续不断的

① 见《英轺私记·英国民数》，文辞略有删减。——译者
② 见《英轺私记·始论铁路》。——译者

图 13　尼古拉斯·安德烈,《路易十六对拉彼鲁兹的环球之旅进行指导》,1817 年,油画,凡尔赛宫,城堡博物馆

飞行彻底湮没时,当中国的国土正在经历"刳天剖地"式的宏大基础建设来"图富强"时,这些话似乎有些预言的意味。还有,这位很有才气的满清官吏从上海出发时曾坚信,只要西方国家了解了儒家宗旨,就会意识到他们的错误,然而最后他的想法似乎并未能如愿。这位官员离去时带着与三个世纪前基督教传教士同样的热情,想把中国人带回到正确的道路上。这一次,中国传教士向西方国家提出了他们的道路(道)。他们认为,西方人被超额利润以及百无一用的对快速、诀窍、设备的追求蒙蔽了双眼,却不知道这不仅会破坏自然而且会导致混乱。根据刘锡鸿的说法,欧洲人没有意识到"猛进之过,即是退机"、"花过繁则树易枯"[①]这样的事实。

我们可以说,在与欧洲世界接触之际,古老中国智慧发挥的是其见长的辩证推理原理(即认为每种局面都包含其对立面的种子的原则),卡尔·马克思正是在同一年、也恰恰是在中国旅行家所拜访的伦敦,用同样的原理来解释生产过剩的危机和最有效的财富生产体系导致贫困的机制。正如我们所见,马克思的观察得出了与刘锡鸿完全不同的政治结论,后者认为那些羡慕西方的人是"羡慕肥羊的蚂蚁"。

① 见《英轺私记·始论铁路》。——译者

图 14　基哈德斯·墨卡托,《托勒密地图》。古代世界平

形图，科隆，1578 年，水彩版画，伦敦，苏富比公司

历史把他们两个人都击败了。那些认为开放世界市场以及随后的西化(至少在技术层面上的西化)完全不可避免的一方胜利了。赢家是同一个使团中的郭嵩焘,他以一种会得到马克思赞赏的现实主义(及讲话中包含的丰富比喻)来解释当时的形势:

> 而俄罗斯……英吉利……比地度力,足称二霸。而环中国逼处以相窥伺,高掌远蹠,鹰扬虎视,以日廓其富强之基……。此岂中国高谈阔论,虚骄以自张大时哉? ……而西洋立国自有本末,诚得其道,则相辅以致富强,由此而保国千年可也。不得其道,其祸亦反是。①

对欧洲环境进行分析,得出了不同的解释,这两种解释分别由刘锡鸿和郭嵩焘在不同的立场上阐释:"禁止使用那些奇怪的设备以避免混乱,同时提倡作为政府基础的人性和公正,因为道统是不能改变的,即便外国人认为这是无用的"。另一方面,他们提倡在上海创办 Bbezi 学校。根据儒家的学说,并不教授"大科学",而是教授西方的道,即支持这些机器的科学,而非"用于修正我们的心灵、栽培我们的作物、统治我们的国家来给世界带来和平"。

事情是怎样进展的,我们已全然知晓:中国越来越确信利润的优越性,而且把断言"事实上,无用之物最有用"的原则放到了一边。今天,很多欧洲人和西方人已经厌倦了两个半世纪以来日益走向其反面的增长和发展,正在重新发现这一原则。然而,这不会是中国与欧洲两千多年前就已经开始的、持续频繁的文化和经济交流不同寻常的最后结果。

① 见《使西纪程》,光绪二年十二月初六日。——译者

第二章　古典时代的地学观念：中国是居住区的一部分

古代的居住区观念：远东

“居住区”(Ecumene)是一个希腊词，意指“地球上有人居住的地方”。这个词曾被用来表示属于欧洲、亚洲和非洲这三块大陆所有的土地(在美洲被发现之后，这些地方被称为“旧世界”)。欧洲一直把中国当作居住区的一部分，因为它从未怀疑过有人居住的土地一直延伸到欧亚大陆最远的东部边界。甚至在中世纪早期最黑暗的世纪里，当恐惧和无知似乎压倒了任何形式的理性知识时(见下一章)，人们仍以符号的形式来表示居住区，并且从未排除过亚洲，尽管有时准确性很差。

相反，美洲被遗漏在欧洲—地中海居住区之外长达数个世纪。事实上，在旧世界与美洲之间的大洋阻止了任何形式的持续关系(除了假想的腓尼基人与维京人的早期发现)。然而，中国和远东总的说来，一直(尽管有时很少)有旅行者和商人存在，将它们与欧洲联系起来，并分享和交流人员、货物和思想。

中国和欧洲有着同样的气候、纬度和可耕种的土地。这使得它们可以在数个世纪中分享很多发现和发明，同样可驯化的动物物种、植物和同样的商业关系，正如世界畅销书《枪支、细菌和钢铁：人类社会的命运》的赢得 1998 年普利策奖的北美学者杰拉德·戴蒙德(Jared Diamond)所评论的那样：尽管有些例外，如一些中国特有的发明(指南针、纸、印刷术、火药和蚕的繁育)和要求热带气候的植物(这些植物在中世纪通常被称为“香料”)，以及除了为适应当地条件所产生的进化上的微小调适变化以外，我们在各地都发现了同样的马、猪、牛。除此以外，我们还发现了同样的桃子、苹果、柑桔、稻米和谷物。

除了几个极少见且非常有名的欧洲旅行家直接抵达中国的例子以外，这些交流通常都是通过介于这两大文明之间的民族发生的。这些货物由骡子或骆驼驮着，穿过艰苦的中亚商队路线，手递手地交接，一直运往西方。每次交易后，其价值都会增长，等到最终消费者手中时价格已经非常高了。土耳其、蒙古、阿富汗、波斯和亚美尼亚王国都曾先后垄断过丝绸之路的一部分，其繁荣昌盛主要就建立在能够确保他们获得巨额利润的居间服务上。相反，海上航线一直牢牢地掌握在阿拉伯海员的手中，他们熟知季风规律的所有秘密，知道怎样利用它们来到达东南亚的港口和中国。

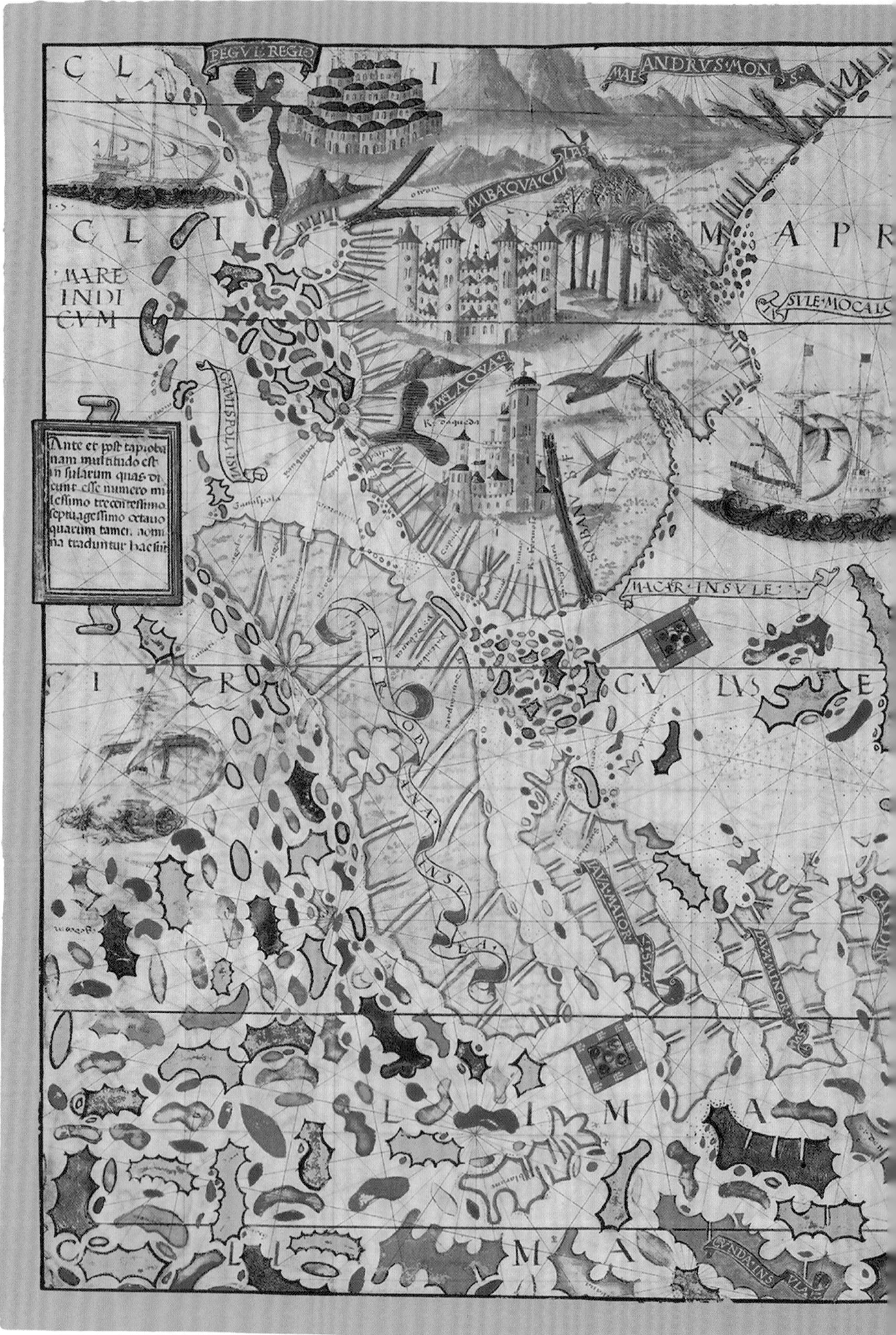

图 15　罗伯·欧蒙和乔治·雷尼尔,《米勒地图集》。东印度群

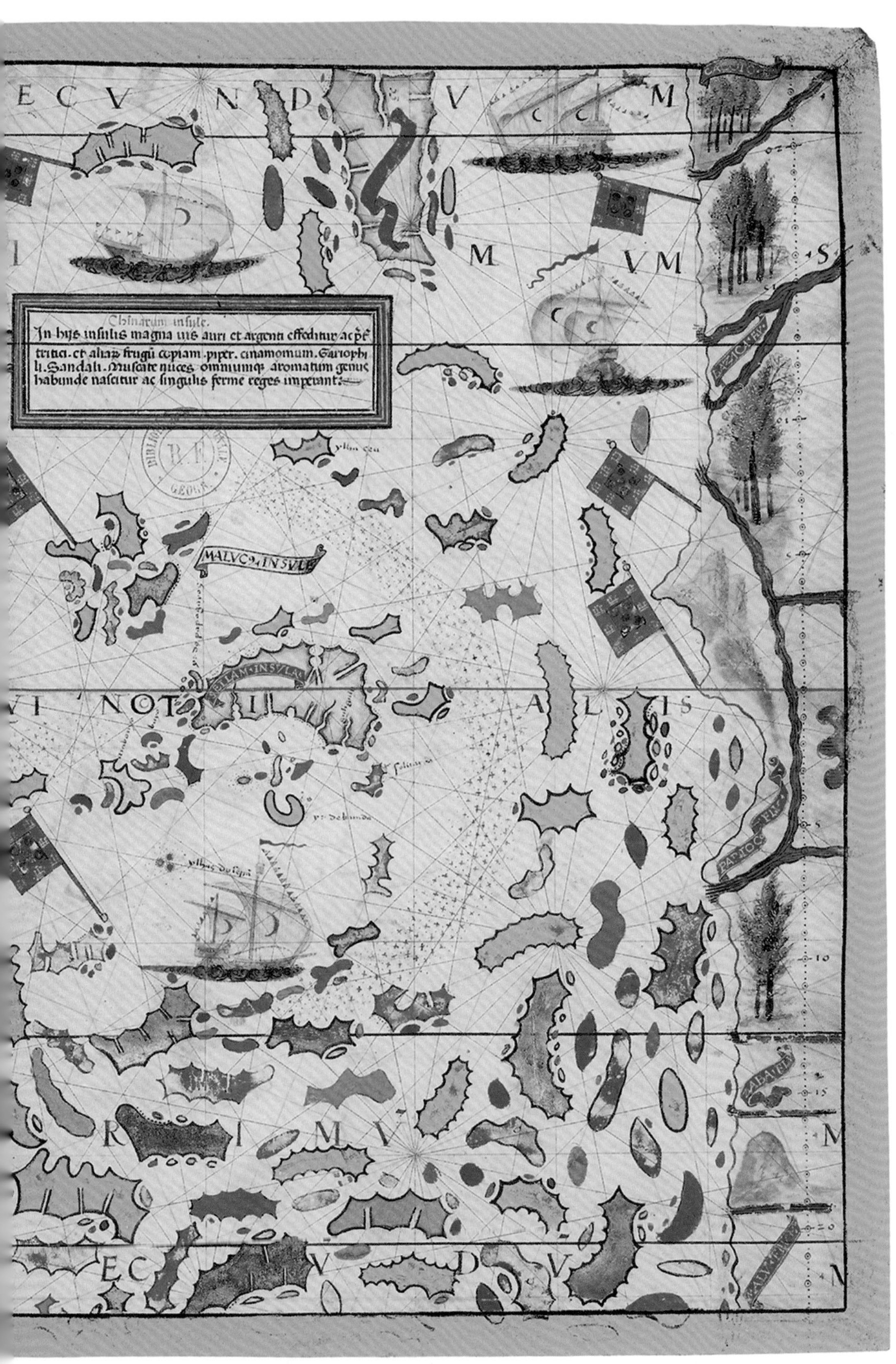

图，里斯本，约 1519 年，羊皮纸小画卷，巴黎，法国国家图书馆

印度洋自古就是已知的和探索过的居住区的一部分。在流入波斯湾、最终进入印度洋的底格里斯河和幼发拉底河之间的美索不达米亚平原上,先后兴起过苏美尔王国、亚述王国和巴比伦王国。波斯帝国从主要沙漠商队路线汇聚的中亚一直扩展到印度和中东之间的交易地点——阿拉伯海沿岸。它也延伸到了地中海沿岸,带上了在大山后面那个精彩世界的一些消息。

古埃及与红海[公元前 7 世纪尼科二世(Pharaon Nekao II)曾计划在尼罗河和红海之间建造一条可以通航的运河]和印度有着频繁的商业往来。由哈特谢普苏特(Hatshepsut)女王[十八王朝图特摩斯一世(Pharaon Thutmosis I)的女儿]下令对蓬特之地(Land of Punt,可能是索马里)进行的探险,被刻在得尔拜赫里(Deir el-Bahari)神庙的半浮雕上,这是对海外疆土的兴趣的实际证据。

类似地,古希腊哲学家似乎也从印度行者那里得到了一些暗示。此外,众所周知,亚历山大大帝的扩张止步于大洋岸边。亚历山大大帝后来被评论家们誉为古代最主要的地理学家之一,尽管他的目的显然并非出于科学。据罗马地理学家彭波尼乌斯·梅拉(Pomponius Mela)所说,亚洲为三个海洋所环绕:南边是印度洋,东边是日出之海,北边是赛西亚海。这些名字在近代制图中常被引用。不间断的海洋的观念意味着至少在理论上可以直接通过海路抵达中国,正如几个世纪以后葡萄牙海员们所证明的那样。

气候理论的连续性

在成文于 14 世纪上半叶的一篇西班牙语论文——《有关世界上所有王国、土地和主权的知识之书》中断言,“中国”与伊比利亚半岛处于同一纬度[阿斯滕戈(Astengo),2000]。这个简单的观察包含着几个重要的含义:同样的气候意味着同样的发展机遇,而住得过于偏南和偏北的民族则不会拥有此等机遇。

根据各地区与赤道的距离将地球表面划分为五个或七个气候区的气候理论,对于古代地理学思想是非常重要的。甚至在中世纪早期,它也没有完全被置之不理。由于世界人口的大多数看起来集中在最为温和的地区,所以人们认为,由于气候恶劣,向南或向北迁移太远意味着走出了宜居地区而来到完全荒凉的、被遗弃的贫瘠土地和海洋。这导致人们对未知世界的恐惧，从而也使人们更不愿向最高纬或最低纬地区探索。

对地球表面气候区的划分，一直持续到16世纪晚期。例如，它是所谓《米勒地图集》(*Miller Atlas*)的基本概念，受葡萄牙国王曼纽尔一世(Manuel I)之命，该地图集被当作礼物送给法国国王弗朗西斯一世(Francis I)。1519年，葡萄牙为此动议召集了一批本国最著名的绘图师，如佩德罗·雷尼尔(Pedro Reinel)、他的儿子乔治(Jorge)，特别是以航海制图而闻名的罗伯·欧蒙(Lopo Homem，1497—1572)，还有格利戈奥·洛佩斯(Gregorio Lopes)，一位小型画像画家。与那些具有实际目标的生产相反，这种奢侈的制图主要具有美学的目的。其目的并不在于精确地描述空间，而在于实现一个杂糅的作品，把制图的技巧和绘画及小型画像这种造型艺术风格上的要素结合在一起。

这并不意味着这本地图集完全没有借鉴葡萄牙地理学知识的实际进步。相反，有关非洲、美洲(尤其是巴西)和东南亚的图片都富含着非常宝贵的信息，而且更新得很及时。在"勃固"(Pegu)和马六甲半岛(中国产品和印度尼西亚香料的这个大商业中心于1511年被葡萄牙人占领时，他们建立了一个堡垒并骄傲地称之为"著名的堡垒")的东边，海岸线向一个巨大的海湾内弯曲。这个海湾西部围绕着印度洋的东边和南边，与新世界的南海岸会聚。它就是托勒密定位于黄金半岛(应该就是马来半岛)东边的"大海湾"(Sinus Magnus，即暹罗湾)，据他所说，这个海湾被一片未知的土地所环绕，这块土地把中国和非洲连在了一起。

葡萄牙人在好望角的探险，使人们认为这个海湾是存在的，但它并未与非洲相连，而是与美洲相连。所有的陆地都以某种方式连在一起的想法，与一块孤立未知的、住着亚当夏娃后代(但他们从未在圣经中被提及、也未接受过基督的圣言)的新大陆概念相比，前者更易被人接受。麦哲伦还没有发现以他的名字命名的海峡，然而这样一个海峡，与欧洲和非洲之间有一个名叫赫克勒斯石柱(直布罗陀)的小海峡的观点并不矛盾。

地图集的作者们把葡萄牙人拜访过的土地放到葡萄牙舰船(只有两艘)和穆斯林舰船(多达五艘)穿行过的东部海洋所包括的范围之中，试图确认马可·波罗在14世纪时提到的一些"近代的"地方与罗马时代托勒密所提到的地方相一致。这些地方包括马六甲、苏门答腊(Taprobana Insula)，不能被误认为是托勒密所说的"塔普罗巴连"(Taprobane)，后者可以被看作锡兰、爪哇、婆罗洲、摩鹿加群岛(香

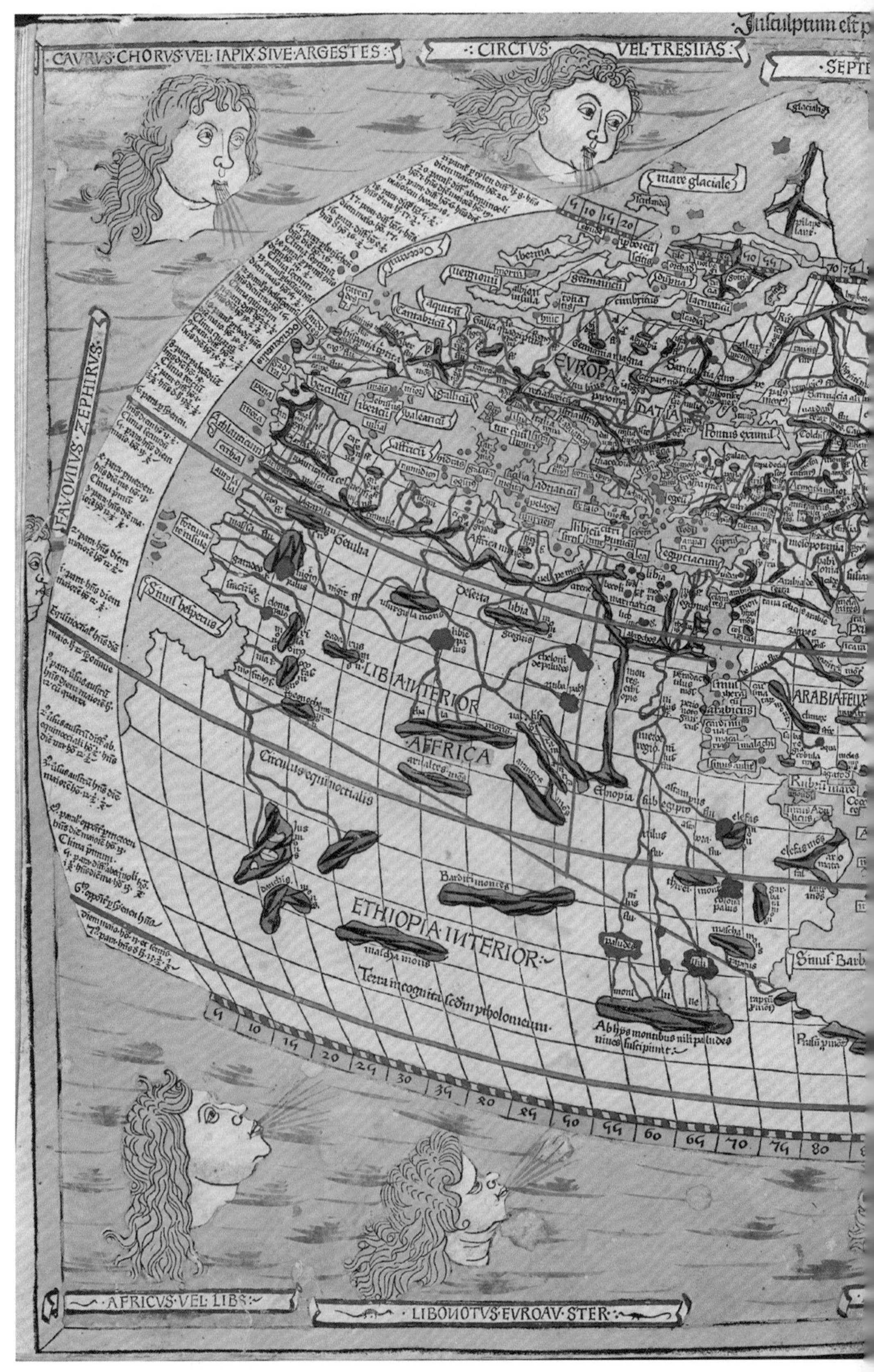

图 16　克劳迪亚斯・托勒密,《宇宙志》。球形投影的世界地图

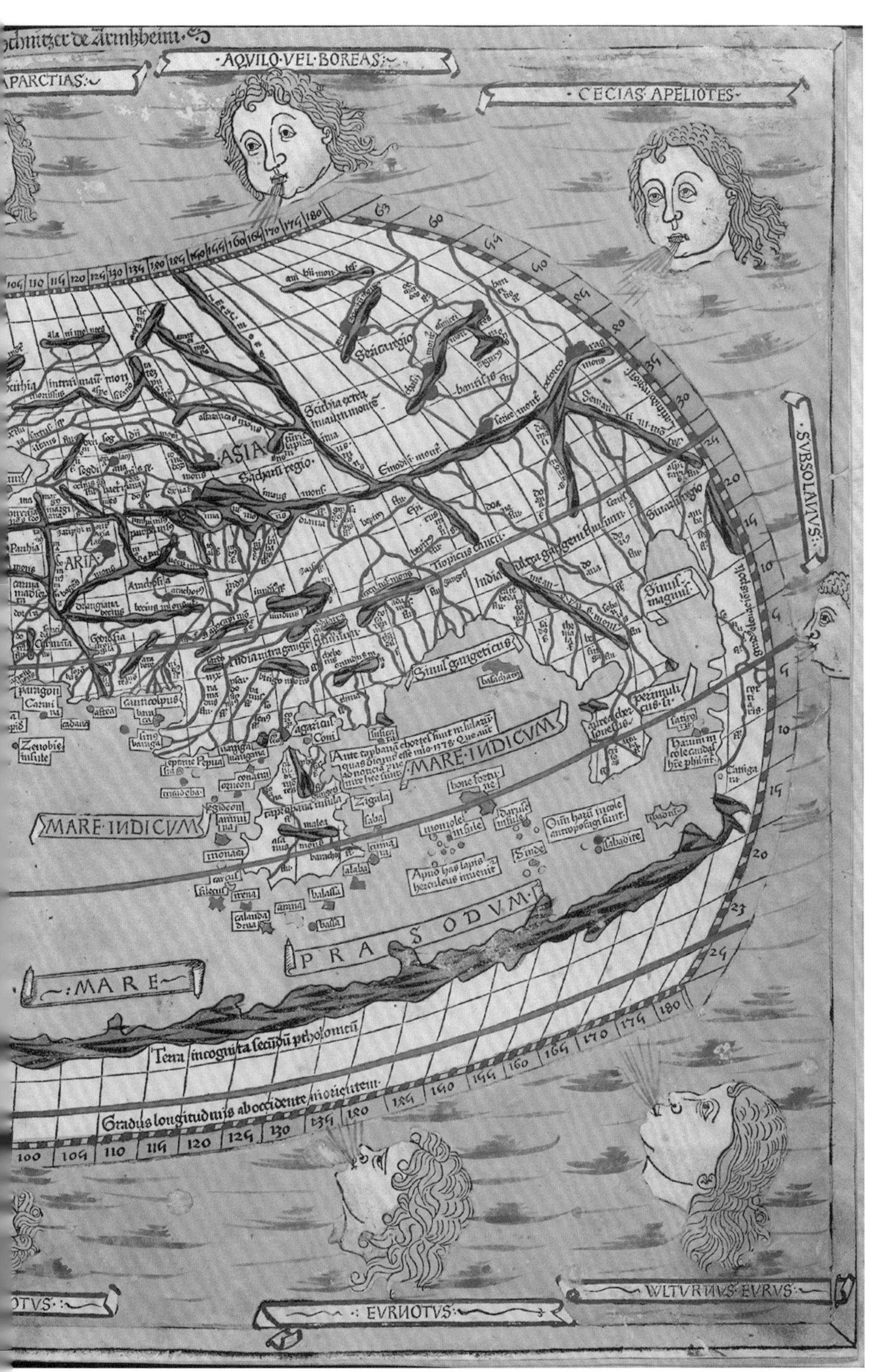

约翰・雷格编，乌尔姆，1486 年，水彩版画，热那亚，博罗尼亚大学

料群岛）和马可·波罗提到过的众多岛屿。在西边有很多绘有新月的旗帜，这意味着很多穆斯林商人曾在东印度群岛的港口旅行过。

至于中国，《米勒地图集》也考虑到了非常晚近的航海、如1516年间的那一次，葡萄牙海员费尔南·佩雷兹·德·安德拉德（Fernão Perez d'Andrade）最先抵达广州湾，在里斯本和中国之间开通了直接的海上联系。然而，如我们所见，有关太平洋的总体图景还是没有依据的，它更多地基于整幅图画的对称与审美和谐，而不是坐标与地理位置的实际对应关系。

1554年，在罗伯·欧蒙所著的一个著名的平面球形图中，气候区得到了再次应用。该图保存在佛罗伦萨的科学史研究所与博物馆中。然而却只有五个气候带（"寒冷的北极"、"温带"、"热带"、"温带"、"寒带"）。在中间有如下的描述："这里有大中国海，布满了大岛，在岛上各种各样的货物和珍宝都有出售。"事实上，这并不是对中国的描述，而是对安乐乡（Cockaigne）的描述，在那里人人都能享有各种财富。有了这些幻想的画面，欧洲到达了对东方梦幻的顶点：理想的城市、奇特的动物、外来的植物、不同寻常的人们，还有龙、狮身鹰首兽、凤凰等等。这些事物并未形成一门真实的"地理学"，但它们表达了对尘世幸福种种需求的满足。这又是西方文明史上定期重现的有关天堂的神话。

托勒密所描述的亚洲

为了理解欧洲文化分配给中国的角色（不仅仅是地理学的），我们就不能忽视一位伟大的古希腊科学家的著作，他的影响超越了古代的界限，一直持续到16世纪晚期。当然，我们正在谈论的是克劳迪厄斯·托勒密（Claudius Ptolemy），生活在公元2世纪的亚历山大里亚的数学家（其卒年被定在公元178年左右）。身为天文学家和地理学家、古代科学学派最后的伟大代表，其著作承袭希帕恰斯（Hipparchus）和泰尔的马里努斯（Marinus of Tyre）的传统，并且概念上的抽象愈加精准。

从数学的观点来看，托勒密从地球的球形观念出发［早在公元前2世纪，如埃拉托色尼（Eratosthenes）那样的学者们就已经证明了这一点］，建议用水平和垂直的线（纬线和经线）来划分地球表面并以之来定位，用“度”来测量每个相对重要的地名（纬度和经度）。此外，他还提出了一系列的投影体系，使得他能够在一个平面上来表示地球的弯曲表面，因此能够在地理学的层次上获得相对精确的地图。意识到已知居住区都分布在北半球这一事实，托勒密命人把地图都做成北方在上的样子。他这么做并非是出于在不同民族可能有所不同的象征意义或宗教意义一类理论上的原因，而是出于一个非常实际的原因：这样包含在居住区内（依据气候理论）可以供人居住的地方就能够用最好的方式加以表示了。

事实上，古代制图的一些画面看上去很显然是荒谬的，这更确证了托勒密绘图的精确性。例如，设想根据一幅 T-O 图（见下一节）对居住区所划分的描述，西塞罗在其著作《斯齐皮奥之梦》中，从玛洛斯的克剌忒斯（Crates of Mallos）那里摘录了这幅图；后来在公元 390 年左右，又因马克罗比乌斯（Macrobious）缩编的评注而广为流传。我们还可以设想一下（生活在公元前 135 年至公元前 51 年左右）希腊哲学家波希多尼（Posidonius）所作的陈述，他认为居住区的形状就像投石器一样。17 世纪的制图家们如佛兰德人皮特·波特（Pieter Bert，他用拉丁名字 Petrus Bertius 署名），颇具嘲弄意味地印上了这幅图。

我们没有直接由托勒密绘制的绘图文稿。在其著作中，长长的坐标清单并不是由绘图来支持的。托勒密只是给那些愿意在他提供的信息基础上绘图的人提供数据而已。这样，托勒密与他的所有读者就能克服在印刷时代之前作为知识传播的巨大障碍，即对文本中的插图进行精确复制时所固有的困难。绘制地图要求通过长期的、昂贵的学习，才能获得特别的能力和专业技能；与之相反，一个坐标清单可以仅仅由抄写员来抄写和传播，甚至可以通过口授笔录（一种为促进手稿传播而广为流传的办法）。

我们无意详细探查有关托勒密的绘图是否真实存在的问题，只是想确认这一点，按照事情的条理，托勒密想象着让读者绘制 27 幅地图：一幅是总的平面球形图，10 幅描绘欧洲，4 幅描绘非洲（尽管只是北非），12 幅描绘亚洲。这部著作已经把绘在图 23 中的“丝绸地区”与绘在图 26 中的“秦尼地区”（中国地区）区分开来，前者多山，被放在北纬，与法国的纬度大致相同；后者与恒河之外的印度地区绘制在一起，俯瞰大海，被放在南纬（大致与红海差不多）。在 1513 年由马丁·维尔德西姆勒（Martin Waldseemüller）发行的一本著作中，我们发现，地名“丝绸地区”和“秦地”都在大陆之中，并且与海洋没有任何联系。

图 17 《波奇亚地图》,或维勒特里地图,约 1430 年,铜版画,罗马,梵蒂冈教皇图书馆

人们通常有一种把所有的美德都归于“丝国”(Seres,赛里斯[①])的倾向。萨莫萨塔的路齐安(Lucian of Samosata)记录了他们的镇定和长寿,很显然是由于他们所喝的“水”,尽管有些评论家认为这实际上暗指茶。事实上,在中国使用茶叶的最早消息可以追溯到非常古老的时代,很显然早于公元 3 世纪。马可·波罗没有在其书中提及此事激起了诸多猜想,而这些猜想可能有些夸大了。从古代时期起,草药茶、浸剂和煎剂在地中海地区就是众所周知的,尽管只是为了医疗目的。在中世

① Seres,源自希腊语“丝”(ser),即“丝之国”的意思。这是公元 5 世纪欧洲国家对中国的称呼。

纪晚期，欧洲人更喜欢其他饮料，如葡萄酒和啤酒，因为能够提供充满活力的力量并被认为比水更有益于健康。此外，马可·波罗接触到的主要是蒙古人以及为蒙古人效力的外族官员，他们更偏好饮用发酵牛奶制作的饮料（酸奶）。

罗马人眼中的东方：丝绸地区，黄金与白银之岛

所谓的波奇亚（Borgia）世界地图[或叫维勒特里（Velletri）地图，1430 年，藏于罗马梵蒂冈教皇图书馆]中声称："最遥远的丝国人从树上采集丝绸。"这个概念与罗马人中广为流传的丝绸是一种植物产品、中国人以一种神秘方式从植物上获取而来这个信念有关。

例如，维吉尔（Virgil）写道："我该不该描写丝国人怎样梳理薄薄的树叶呢？"老普林尼写道，"在那里首先遇到的是丝国人，他们以其树木中出产的羊毛而名闻遐迩"，他们"借助水从树叶上抽出丝棉，这些半成品被输入到这里，然后交由地中海的妇女来进行梳理和纺织"。令罗马的道学家们无法容忍的是所有这些劳作的最终目的："从这么遥远的国家进口这种产品，只是让罗马的贵妇们身着透明薄纱展示其魅力。"

然而，远东并不仅仅是丝绸产地，也是各种珍稀名贵宝石、珍珠和贵重金属的原产地。例如，我们可以考察一下两个虚构的岛屿在地图绘制史中的际遇。公元 1 世纪，罗马地理学家彭波尼乌斯·梅拉（Pomponius Mela）写道：在远东，在"琐里"（Colis）岬和"塔穆斯"（Tamus）的领土之间，有两个名字非常有趣的岛屿："金洲"（Chrise）和"银城"（Argyro）。这两个希腊词的意思分别是"黄金"和"白银"，因此可以把它们翻译成"黄金岛"和"白银岛"。

在古代地理学中经常出现这种非常有特点的情形，贫乏的文献不足以让我们了解这两个岛屿的实际位置。事实上，古代地理学很少运用绘图，而是几乎完全建立在所谓的"道路学"描述的基础上，即一个所有地名的连续清单，按照一个假想的旅行者能够碰到这些地名的顺序来排列。

这种方法在中世纪也流传得非常广泛，在神学家们的百科全书和领航员的书中都是如此。例如，在公元 6 世纪，塞维利亚大主教伊西多尔（Isidore）以下述文字开始了讨论世界的章节："本书以篇幅不大的图表形式，讲述了天空现象、陆地分

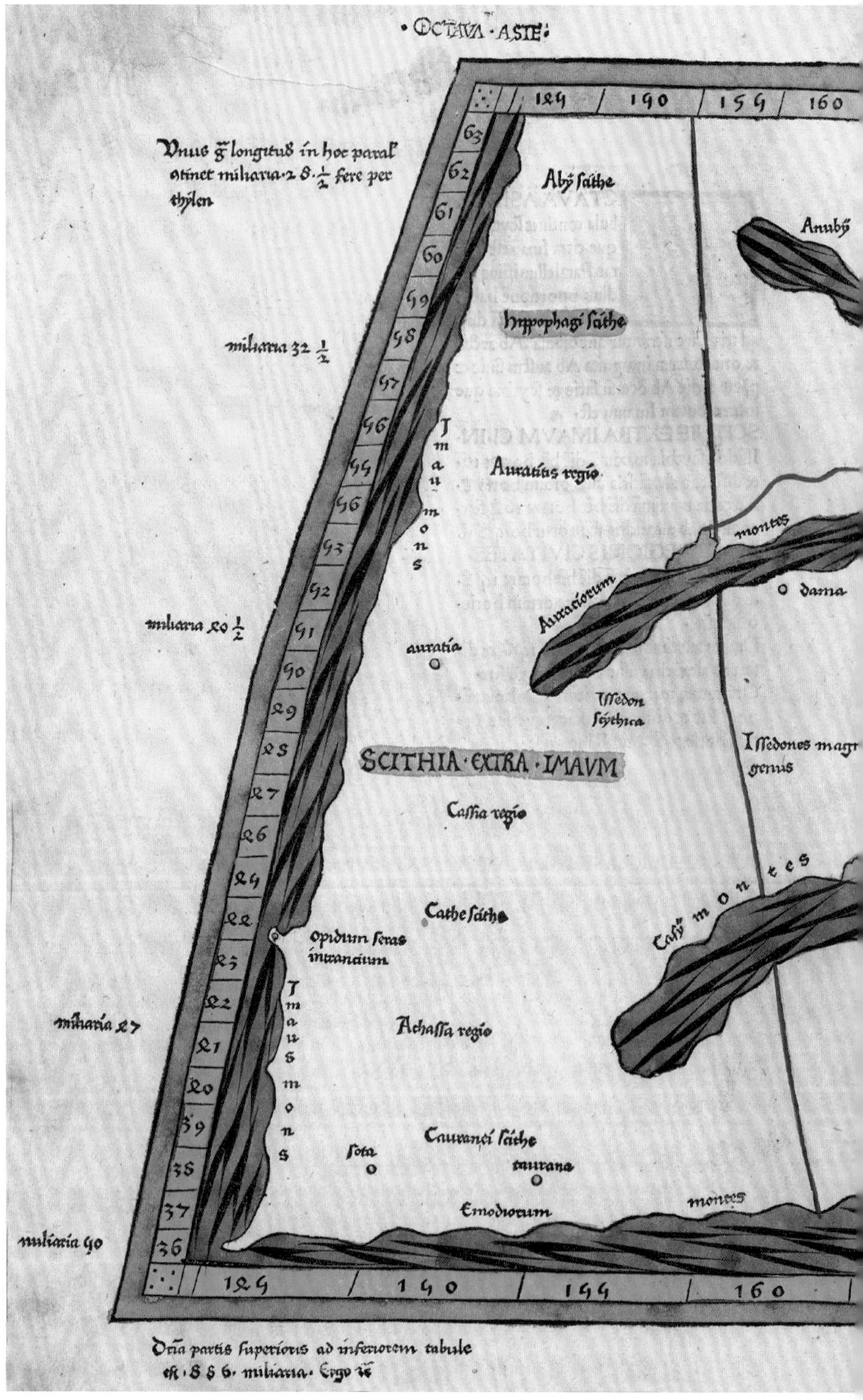

图 18　克劳迪亚斯・托勒密,《宇宙志》。中亚地图,约翰

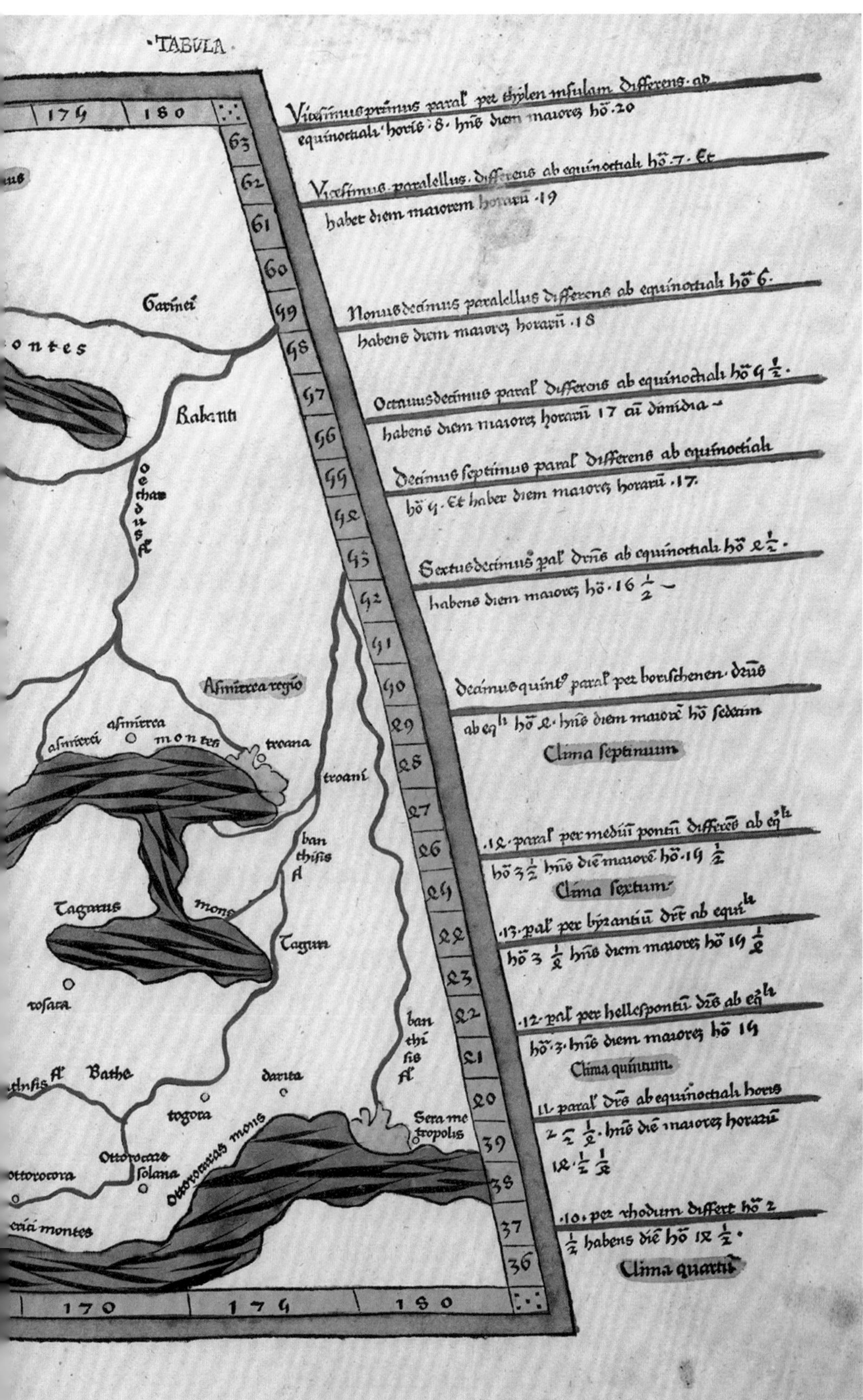

格编，乌尔姆，1486 年，水彩版画，热那亚，博罗尼亚大学

布、海洋面积及其成因，这样便于读者在图表中快速阅读，简要了解其成因和名字的由来。”（伊西多尔，《语源》，第 13 章）

关键在于使读者能够仔细斟酌所提出的行程。那么，作者的目的就在于使读者有机会在实地和心里重复所叙述的同一行程，而不是不同的一个。在这种地理学中，每段旅程都被置于两个参照点之间。然而，在这个例子中，“琐里”（Colis）和“塔穆斯”（Tamus）这两个参照点在哪里呢？根据近代学者们的研究，最可靠的解释就是：“琐里”是亚洲大陆东南端的名字，而“塔穆斯”（Tamus）是用来指代中国的几个名字之一。因此，黄金岛和白银岛可能位于越南海岸和中国海岸之间，靠近现在的海南岛。

关于这两个岛屿的另一个可靠来源是公元 79 年死于庞培城维苏威火山爆发的老普林尼。他所写的一部科学著作在很多个世纪中都被认为是可靠的。《自然史》对欧洲文化的影响是超乎寻常的：哥伦布就有一本，还写了很多笔记，还找到很多有趣的信息支持他的通往亚洲的西部路线理论。公元 3 世纪，索林诺斯（Solinus）在其著作《奇妙事物大全》一书中总结了普林尼的著作，极大地促进了它的传播。

这两个虚构的岛屿在地图绘制史中的命运要比我们所确信的长得多，甚至经受住了所谓的“科学革命”。奥特琉斯（见第五章）一再把日本认作是黄金岛（Chryse），显然他受了马可·波罗谈论有黄金屋顶的房子时梦一般的描述的影响。日本确实出产很多贵金属（葡萄牙人和荷兰人用它们来支付在中国购买的货物），但其产量很显然还没高到能满足中世纪绘图师们梦想的程度。更不寻常的是，奥特琉斯还试图在日本北部加上一个“银岛”（来代替北海道），指出“这可能是古代的银岛（Argyra）”。

葡萄牙语“银矿”的题名被用在雅各布·弗洛里斯·冯·朗伦（Jacob Floris van Langren）1596 年的亚洲地图上，挨着日本的最北端，朝向朝鲜。1639 年，荷兰的东印度总督安东·旺·迪麦（Anton van Diemen）派出了一支探险队，由马迪斯·克瓦斯特（Matthias Quast）领导，阿培尔·塔斯曼（Abel Tasman）随船，以寻找神秘的、被认为应当在日本东边的“金银之岛”。在航行中，荷兰航海家们探索了菲律宾群岛的东海岸。他们绘制了一幅博宁（Bonin）群岛的地图，从日本航行了数百英里之远，穿行了整个太平洋。然而，他们在秋天回到了台湾，并未找到传说中的岛屿。

此外，在 1720 年日本绘图家原目贞清（Harame Sadakiyo）绘制的一幅平面球形图中，“金岛”和“银岛”被放在日本旁边，无视任何真实性和可靠性的标准。1655年，卫匡国神父在其著作《新编中国地图》中，似乎没有意识到根据希腊地名，想象中的金岛（根据被卫匡国驳斥过的一些作者的说法，应该在日本的东边）就是神秘的“黄金之岛”。卫匡国写道：“日本也被叫做金岛，但我不理解这个名字。可能这是鞑靼人所用的名字，他们称中国为契丹（Cathay）。”

皮尤廷厄地图中的中国

我们可以通过检视皮尤廷厄地图（Peutinger Table）来尝试重构罗马帝国晚期时远东的形象。这幅地图是从公元4世纪时的原始稿本通过中世纪的副本而流传下来的、对古代世界最为古老的图画性描写。这幅地图是以康拉德·皮尤廷厄（Konrad Peutinger）的名字来命名的。他是奥格斯堡的大臣及16世纪一位著名学者。他在1508年，从奥地利皇帝马克西米利安一世（Maximilian I）的图书馆员康拉德·凯尔特（Konrad Celtes）那里得到了这张作为礼物的地图。它原本是一幅单卷轴地图，可能有7米长、34厘米宽。后来，它被分割成十二幅图，但是绘有西班牙和不列颠的第一幅图被遗失了。

这是一份独一无二的珍本。当亚伯拉罕·奥特琉斯为了凸显当代地图稿本的优越性，决定发表一部分图作为以往年代地图绘制状况的一种“历史发现”时，从那一刻起，它声名远扬了。不列颠南岸（伦敦）是图的起始点，其描绘方式更像是一份陆上旅程的图解而非正规的航海图。因此，常常有人将其与铁路路线图相比较。尽管港口和主要的岛屿都已画出，但却完全看不到航线，注意到这一点是很有意思的。

这幅图按照古人所见和所知绘出了世界的图景，即由大洋包围着的三块大陆。绘图性的描述以直观的方式表述了世界最主要的自然特征，它还标出了在东方和西方贯通居住区的大道、相关的驿站及用罗马哩（1罗马哩相当于1 480米）表示的两地间的里程。只是在高卢（古法国），丈量单位用的是里格（相当于2 200米）；而在波斯境内，路线的距离是用巴拉尚（parasangs，相当于3.5英里）来测量的。对城市的标注除写有名字外，还用了一些常常不太容易理解的符号。

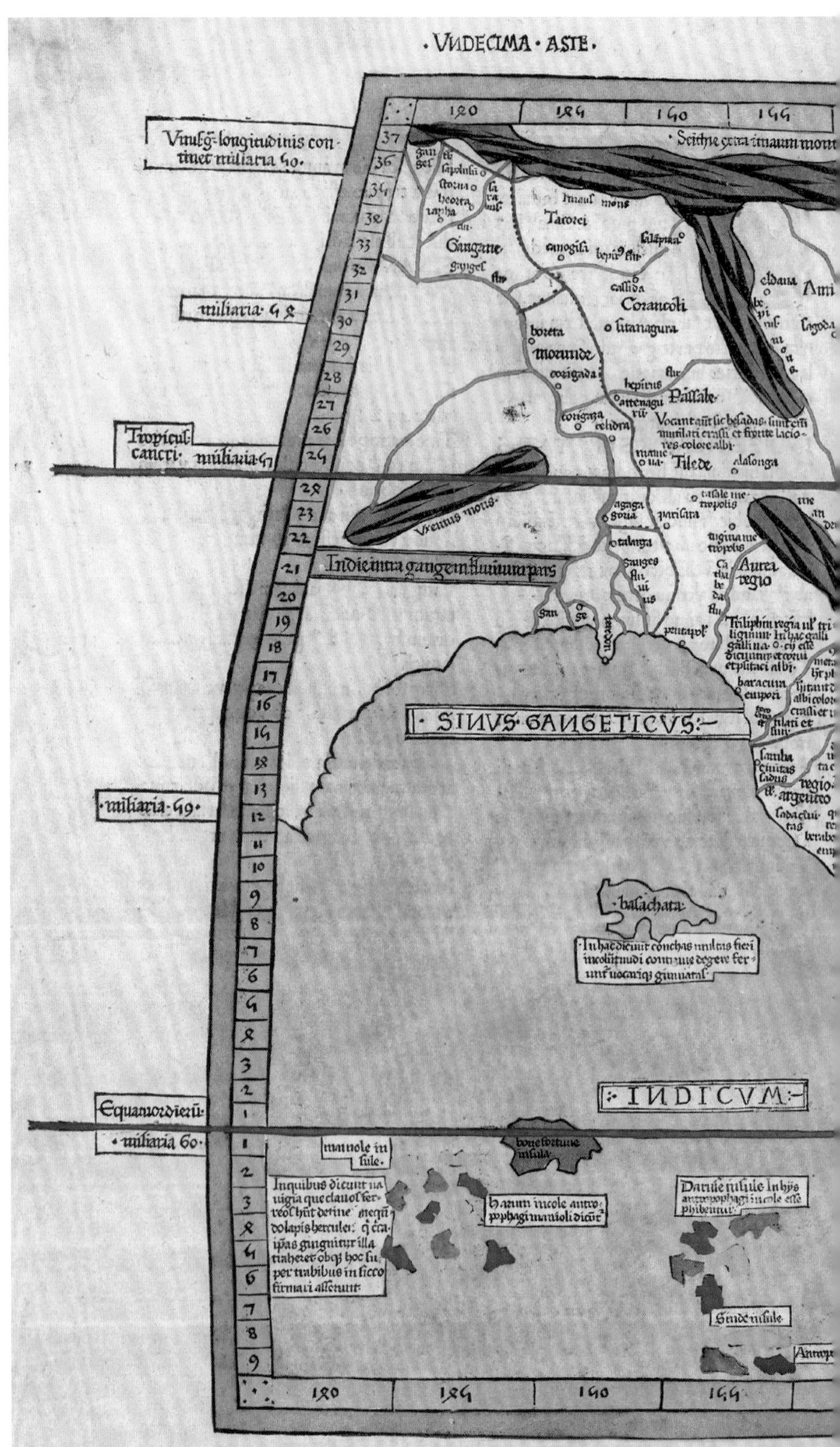

图 19　克劳迪亚斯・托勒密，《宇宙志》。东亚地图，约翰

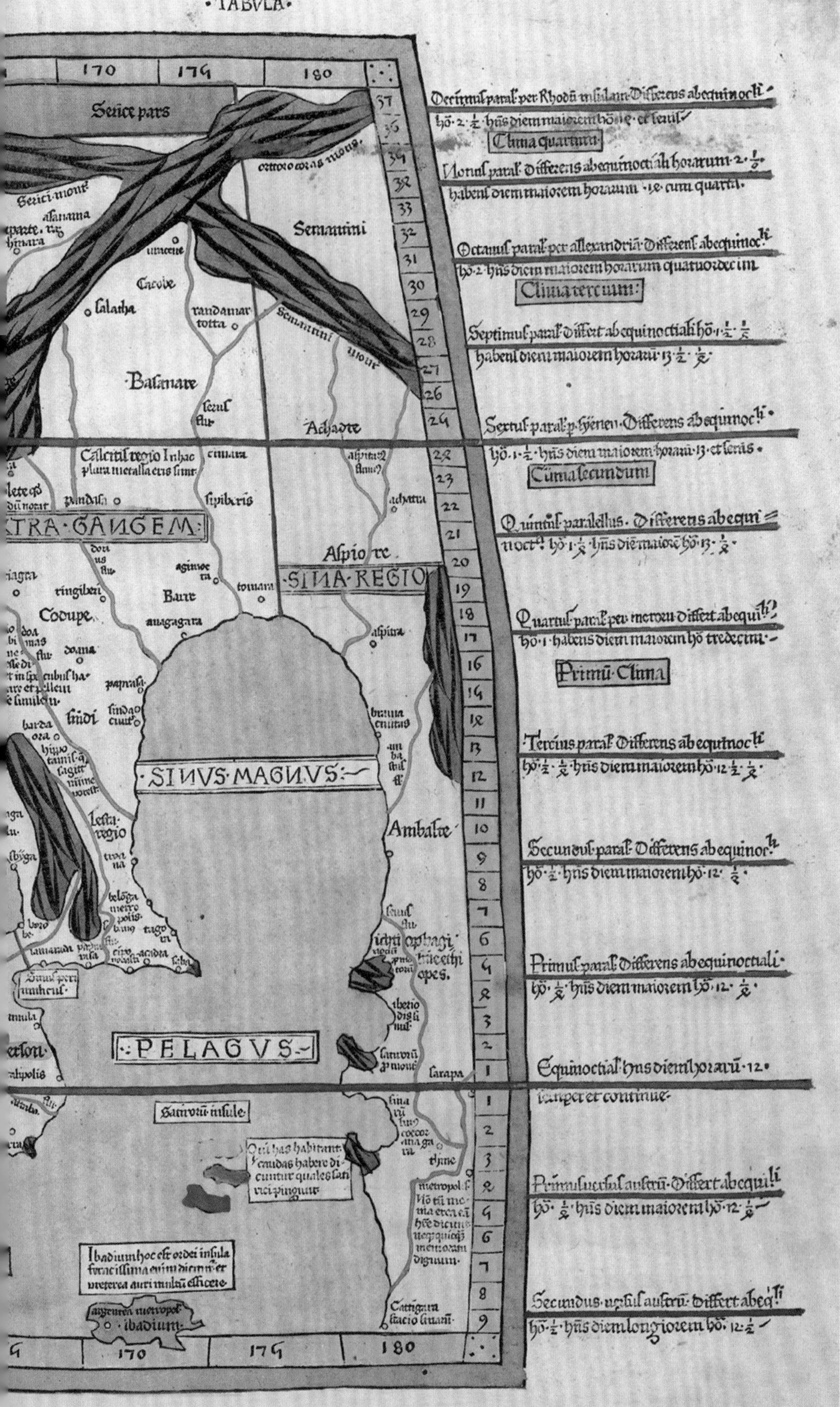

格编，乌尔姆，1486 年，水彩版画，热那亚，博罗尼亚大学

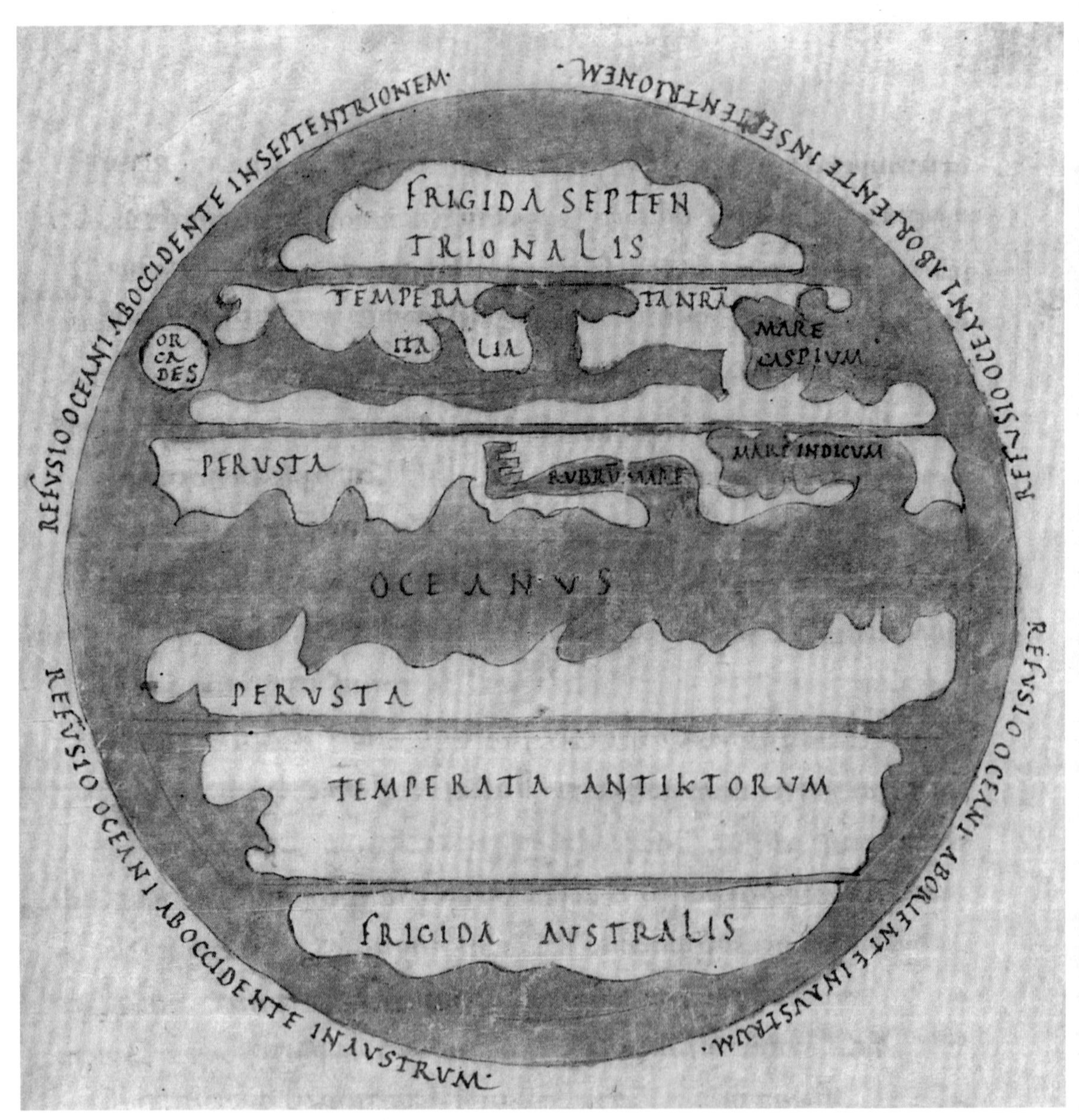

图 20 安布罗·修斯狄奥·玛克罗比乌斯,《对西庇阿之梦的评论》。带状世界地图,11 世纪,羊皮纸小画卷,牛津,博德莱安图书馆

第九幅图描绘了远东。中国似乎并未引起绘图人的特别兴趣：位于北部海岸、居住区的最东边，我们仍发现锡西厄人（Scythes，塔西图放在现代芬兰东边的一个民族），其南边就是印度，挨着大塔普罗巴连岛[Taprobane，即锡兰（Ceylon）]。在我们预计会找到中国的中部地带，地图用红字题写道："亚历山大在这里得到了神谕。"又："亚历山大到达了这里。"这些题字强调了亚历山大大帝在公元前326年试图征服印度的伟业。

然而，首要的是他们指明了神谕告知这位马其顿领袖：他已到达地球的最尽头，在此之外开始的将是一个未知世界。有关远东，也有一些关于怪异研究的注释，比如"此地出产大象"，"此地出产蝎子"和"此地出产狗头兽"；表明大象、蝎子和狗头兽分别诞生的地点（有关虚构生物的更多情况，见第三章）。

很显然，至少就居住区的最边缘地带而言，所报道的信息更多地与神话、文学有关，而非与商人和旅行者的直接观察有关。然而也有一幅很独特的题名为奥古斯都神庙（Templum Augusti）的插图，描绘了印度半岛南部的一座圣殿。与对罗马帝国奠基者的崇拜相联系的、作为纪念的一处圣地意味着存在着一处繁荣的西方商人的殖民地，可能是叙利亚人或犹太人，他们有规律地与地中海沿岸居民进行贸易。这幅地图也使我们看到了一个在中世纪制图中将会重现的元素：大洋环绕着土地的想法，而不是相反。正如我们所见，托勒密的理论断言印度洋是一个封闭的海洋（例如，像黑海一样），为实质上不能居住的土地所环绕。如果这个概念占了上风，那么，出产香料的地区就是不可能到达的。我们不知道这个理论在何时、或者是否遭到了向南前进的商人或海员的航行的驳斥。我们只知道，在随着穆罕默德的传教而至的阿拉伯人的商业扩张之后，不仅桑给巴尔（Zanzibar）港，还有基卢瓦（Kilwa）港和索法拉（Sofala）港（在赤道南部较远处）也开始被频繁地加以利用。从纯粹抽象的观点来看，这些经历仍有一些存疑，像人们仍可以认为有被海洋环绕的大陆，尽管在更高的纬度而不是作为非洲海角的延伸。然而，从实践的观点看，某些学者的冥思苦想已经被这些航行证明根本不足以描述这颗行星复杂的地理学现实。

Das ander alter

Außtaylung der werlt in gemain

Die werlt wirdt darūmb ein vmbkrais genãt dz sie sinbel rotund gescheybelt oder kugelt ist. Nw ist die werlt in drey tayl. nemlich in Asiam: Affricam vnd Europaz getailt. aber doch nit gleichlich. dañ Asia raichet von mittemtag durch dē aufgang bis zu mitternacht. aber Europa von mitternacht bis zum nidergang. vnd Affrica zum nidre gang von mittemtag. Nun begreifft allein Asia den halben tail vnsers inwõnlichen tails. vnd Affrica vnd Europa den andern halben tayl.

IAPHET
Chorus qui et argestes
Hibernia
Anglia
Scotia
Gallia
Hispania
Francia
Dacia
Saxonia
Italia
Corsica
Sardinia
Sicilia
Insule fortunate
Columne Herculis
Affrica
Carthago
Ethiopia
Favonius zephirus
Affricus
vel lips
vel Eurus
Ventorum
quatuor cardi
nales sunt prim?
Septetrio flat rectus
ab axe faciens frigora et
nubes huic dexter circius
nives et grandines A sinistris
boreas constringens Secundus
subsolanus ab ortu spatus vulturnus
dessicans eurus nubes generans Terci? auster
humidus fulmineus A dextris euro auster calidus
a sinistris euro noth? tempestuosus Quartus zephirus
hiemem resoluens producens flores a latere affricus generans ful
mina et corpus nubila faciens

图 21　哈特曼・舍德尔,《编年史》。圆锥投影世界地图,安东

der werlt Blat XIII

zwischen disen taylen rinnen von dem gemainen meer ein groß meer vnnd vnderschaidet dieselben. Sodu nw die werlt in zway tayl. als des aufgangs vnd nydergangs taylst. so ist in einem tayl Asia. vnd in dem andern Affrica vnd Europa. also haben sie die sün Noe nach der sintfluss außgetaylt. vnd Sem mit seinen nachkomen Asiam. Japhet Europam vnd Cham Affricam besessen. als die schrifft. auch Crisostomus. ysidorus vnnd Plinius sagen.

贝尔格编，纽伦堡，1493 年，水彩版画，伦敦，苏富比公司

第三章　中世纪地学思想中的远东

作为一种道德教育的制图：世界地图

古代文化对中国有一种非常不精确的看法，这主要依赖于丝绸、宝石和香料商人们所搜集的信息。然而，很显然，在中亚的屏障之外有一个富饶广阔、人口稠密的王国，满是极其珍稀精美的货物。在接下来的几百年里，由于罗马帝国和大汉帝国都出现了危机，交通日渐萎缩，到中世纪早期时完全中断。在这个时期里，这些记述的更新速度和精确性也显著下降。如果印度洋已经是一个"梦一般的地平线"（勒高夫，1980），远东就成了每个梦想和噩梦的最佳归宿。怪兽般的生物如"无头怪"（没有头，脸长在胸膛上）、"巨足兽"（长有单足，用以防止太阳伤害它们）、"独眼巨人"和"狗头人"守卫着无可估量的宝藏。然而，这些描述几乎与现实没有任何关系，看上去也无关紧要。事实上，欧洲公众偏好能够激起读者和听众好奇心的是来自遥远的虚构世界的故事。马可·波罗的现实主义描述之所以被接受和赞赏，更多地是由于其精彩和传奇的方面，而非其真实的方面。如前面所述，中世纪早期最有影响的作家之一，是生活在公元560年至636年间的塞维利亚大主教伊西多尔（Isidore of Seville）。他那百科全书式的著作《语源》包含了对那些时代全部人类知识的总结，并且用白话文，以分门别类且神话化的方式，表述了这一知识的复合体。

欧洲人总是感到有一种不如亚洲人的情结，最初是从一种文化的观点，后来是从一种制图的观点。这不仅是由于这块大陆的面积与欧洲相比非常巨大（尽管当时尚未知悉其确切大小），也是由于在基督教的诞生中亚洲所扮演的象征性角色。正如我们将在第五章所见，16世纪期间的地理学寓言也赋予亚洲神圣的角色。实际上，像伯利恒、拿撒勒、耶路撒冷这样重要的地方都必然位于亚洲。在基督教的制图符号学中，作为耶稣死去和复活的城市，耶路撒冷担当了"世界中心"的角色，就像古希腊人命名德尔斐的阿波罗神庙为"世界肚脐"时所赋予它的角色一样。《旧约》（先知以西结书，第五章）声称，耶路撒冷是地球的中心。这一绘图可以追溯到经院哲学的释义学传统中所包含的一幅叫做"T-O图"的世界地图，其中耶路撒冷就被置于居住区的中心。三块大陆被三个大"水"所分隔开：地中海、尼罗河和顿河。它们被一条环绕的"大洋河"所包围。东方主宰了整个画面：地图的上面是东方，“向东”这个动词本身来自这种中世纪的绘图用法。关于“顿河”，伊西多尔写道：“它发源于林木繁茂的乌拉尔山脉并将欧洲与亚洲分开，流淌在居住区的两个部分之间，并向黑海奔去。”此外，他很清楚地表明，尼罗河就是发源自地堂的“肥逊”(Phison)河，圣经中通常把它放在“东方”，而从不顾虑这个陈述的地理学后果。事实上，据伊西多尔所述，另外三条河流——底格里斯河、幼发拉底河、恒河也有同一源头。

由两条河流和地中海所形成的大“T”字就像一个原始的十字架：罗马人所使用的刑具，在一根柱子上加一根横梁而成，具有与之完全相同的形状。近代的十字架可以比作一个加号，则要追溯到一个较晚的时期。注意到在利玛窦的时代，中国人把基督教徒称作“十字架的追随者”这点是很有趣的，因为中国的表意文字“十”表示数字 10(利玛窦，2000)。然而，“T”字还有其他的象征意义：被分割成三部分，它代表着三位一体和挪亚的三个儿子，即闪、含和雅弗，全世界所有民族都是他们的后裔(亚洲的“闪米特人”、非洲的“含米特人”和欧洲雅弗的儿子们)。在地理大发现的年代，圣经所述的通路常常被西方的神学家、旅行家和哲学家们进行字面上的解释，并且表现出非常欧洲中心主义和种族主义的意味。1561 年，法国人纪尧姆·波斯特尔(Guillaume Postel)在其著作《宇宙学规律概要》中已经认为雅弗是“由神意任命的宇宙王子”。与之类似，他的欧洲后继者们认为雅弗在考虑所有其他民族的土地时就像“一位地主在考虑佃农”(格里奥日，1977)。相反，在中世纪的表述中，亚洲有两个欧洲那样大，至少在地图上，其圆周的半径意味着远东(即中国)与耶路撒冷(中心)之间的距离和它与地中海最远端(即直布罗陀或加的斯)之间的距离是一样的。尽管是在争辩细枝末节的问题，因为没有中世纪的读者会期望一幅比例尺这么小的世界地图有多高的精确性，但重要的是应当看到：虽然东方(可能仅仅是梦一般的东方)几乎是完全未知的，但它确实得到了描绘。

在这些世界地图当中，有一些地图把东方变成了最为离奇的画面的落脚之处。人间天堂常被描绘在东方，在圣经(亚当和夏娃的被逐)和诸多中世纪思想家和著作家们富于想象的演绎中都是如此。例如，但丁就把天堂当作一个实实在在的地方，尽管几乎无法到达，但确实存在于地球表面。1994 年，印度史学家科提·朝德胡瑞(Kirti Chaudhuri)指出，“亚洲”作为一个单词和一种身份，基本上是一个在亚洲语言中无法找到的欧洲概念。这个定义诞生于古希腊时代，最初主要指亚洲次

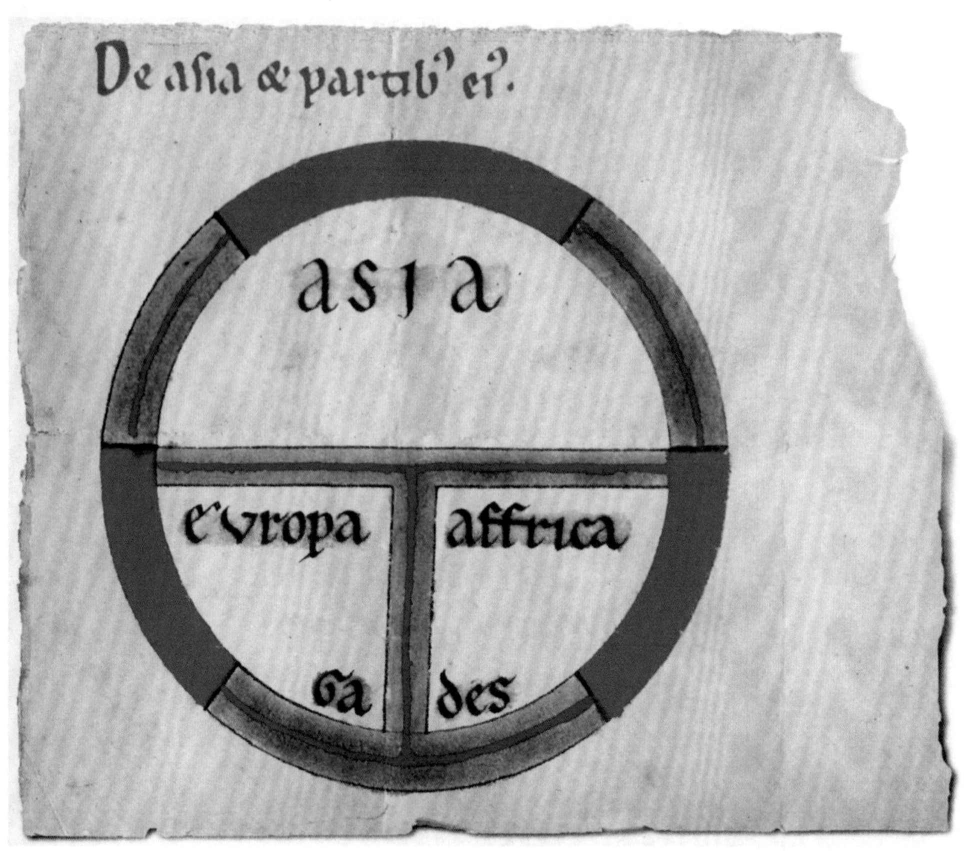

图 22　T-O 世界地图，西班牙，7 世纪，羊皮纸小画卷，伦敦，大英图书馆

大陆，即安纳托利亚半岛。后来，这个词开始代表整个大陆，它事实上包含了非常不同的要素。实际上，不可能把印度人、西伯利亚人、黎巴嫩人、蒙古人、马尔代夫人和中国人放到同一个组里面。只有欧洲人使用这种简化方式，他们对自己内部的差异倾注了过多的注意力（法国人和瓦隆人、巴黎人和勃艮第人……），以至无法注意到巨大的、基本上不为人知的亚洲的不同方面。

中世纪的世界地图并不是对空间的现实描述，而是一种象征压倒一切的图示化表示。在这种世界地图中，大小和距离以及经度和纬度都可能变化很大，以支持绘图师—神学家的推理。因此，中国的疆土常被局限在恒河之外的一个小角落里。再者，主要的地名似乎是指"次印度"，尽管这个标题反复地配有如下的题字（中国城，鞑靼皇帝大汗的居住地）。在大多数世界地图中，地名在整个亚洲中随处可见，但并不指代任何实际的地理学对象。例如，可以考虑一下包含在马里诺・萨努多

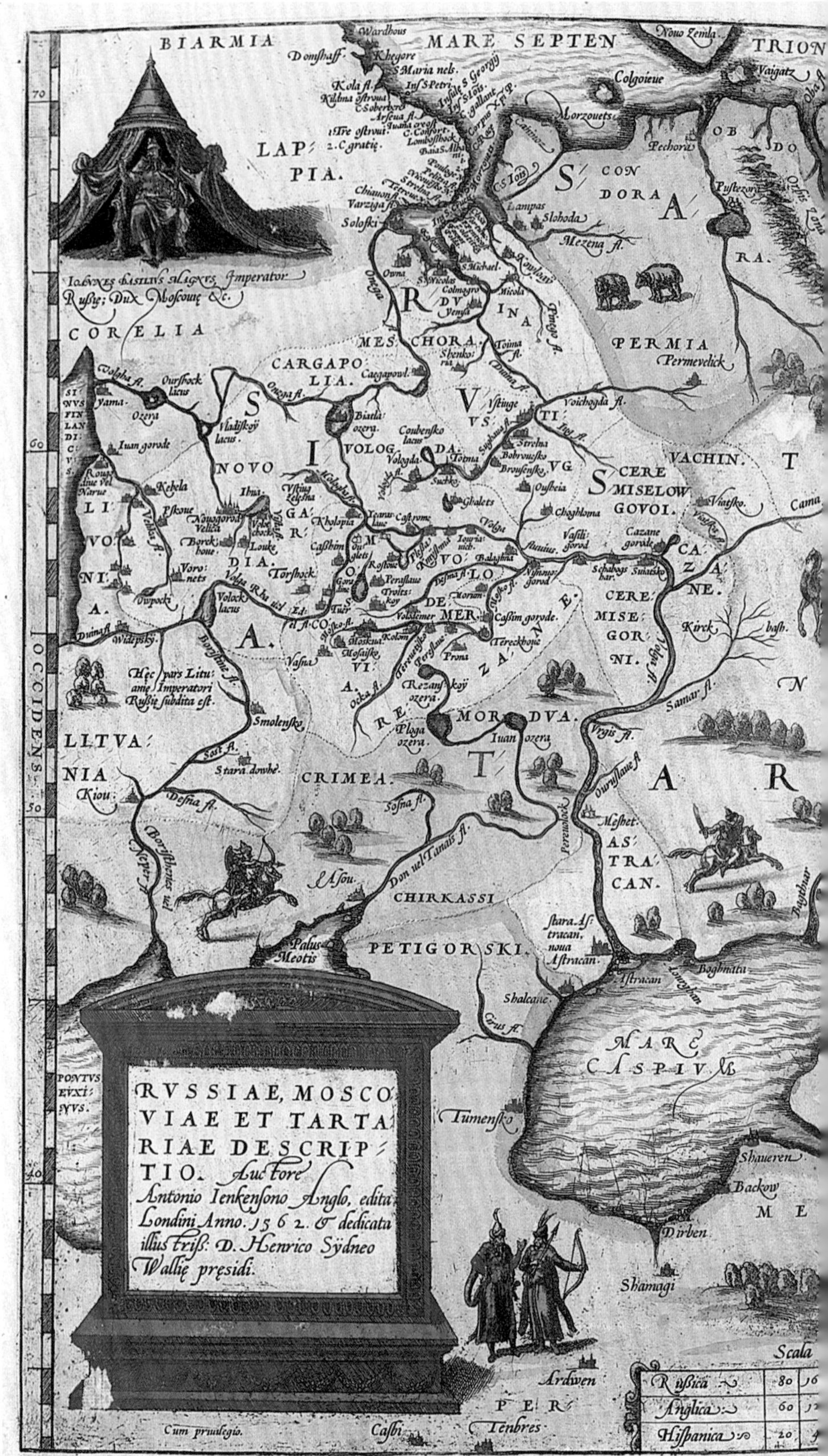

图 23　亚伯拉罕・奥特琉斯,《寰宇概观》。俄罗斯地图,俄

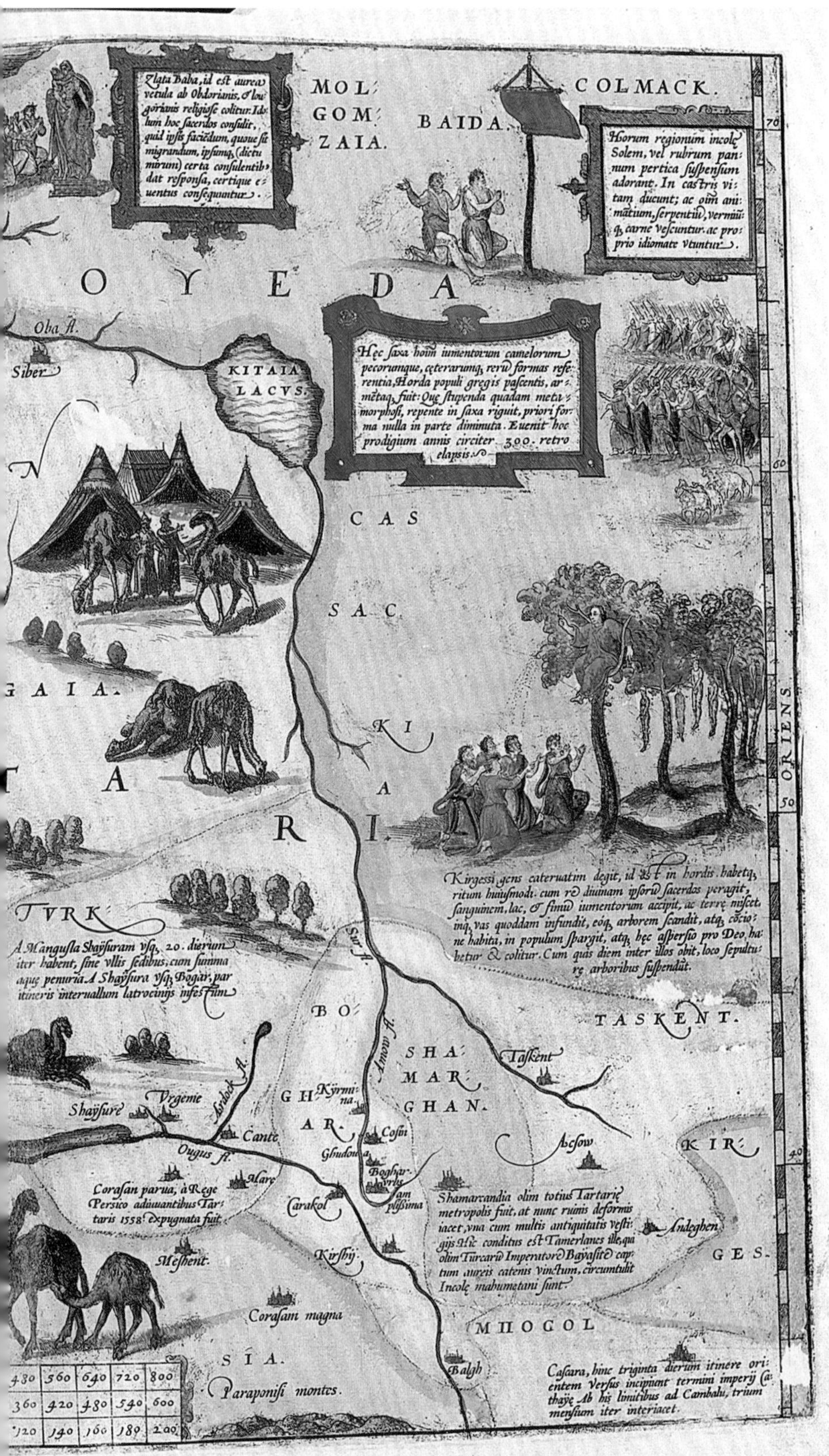

鞑靼，安特卫普，1570 年，水彩版画，热那亚，海洋博物馆

(Marino Sanudo)的《基督徒密典》(可追溯至1321年、现保存于罗马梵蒂冈教皇图书馆)中的维斯康特(Pietro Vesconte)世界地图：自里海开始，我们看到"中国统治的开端"；在东方，我们看到"这里居住着大汗，以字母'T'开头"；在更靠东边的地方，我们看到"最初的中国"。在海岸边，我们看到"丝国(赛里斯地区)"，而通常我们会发现与之相反的标注。实际上，丝绸产量最高的地区是在山东地区，在紧靠大海的平原上。然而，中世纪的绘图师们可能不知道这一点。再往东，我们看到有很多小岛，紧挨着一个形状较长、很像日本的岛屿(尽管这可能仅仅是个巧合)。在马可·波罗的航行之前，欧洲的制图描述了一些地名，然而却分布得非常不均匀。我们必须记住，地理学的坐标对中世纪知识分子的心智来说还是一个非常遥远的概念，他们认为制图所具有的主要是教育和训导的意义而非科学价值。此外，我们不能忽视在过去的世纪里，精确性并不像今天这样必不可少。例如，托勒密把塔普罗巴连岛(Taprobane)放在印度的东边，因此，应当认定它就是斯里兰卡，但是托勒密所表示的却是一个面积比现代锡兰大十四倍的地区。中世纪和近代绘图师们把这个岛屿(关于其面积也大有不同)放在斯里兰卡和新几内亚之间几乎每个可能的经度上，还有人解释说托勒密所指的是澳大利亚。

与此类似，图勒岛(Thule)不仅被放置在挪威西北边任何可能的经度和纬度上，而且在很多地图中被放在印度南边乃至中国的东边。这种不精确也是由于"最后的图勒"的说法，经常把它作为可居住的世界或居住区的终极避难地。然而，如果认为这些错误只关乎地图的边界和绘图师们认为属于周边的地区，那是不正确的。事实上，直到17世纪，在领航员手册和航海图中还能发现显而易见的错误和荒谬的解释。另一个地名是"Tebet"，马可·波罗用来指西藏，托勒密早已知道这个地方。普兰诺-卡尔平尼的约翰(John of Plano Carpini)谈论"Butithabet"，可能是"Buri-Tibet"，即"青海"(Kokonor)地区。罗士勃洛克(Ruysbroeck)谈论"Tebec"(即西藏)，而奥多利卡斯(Odoricus)则使用"Tibot"这个词。伊得里斯(Idrisi)谈及一块称作"t. b. t"(没有元音，就像阿拉伯语一样)的领土，认为那里应当有一座城市叫做"t. b. t"。据鲁宾纳齐(Rubinacci, 1974)所说，对应的可能是中国的土耳其斯坦(新疆)和喀什葛尔城。在那个时代(以及16世纪)的绘图中，最为频繁出现的地名是"唐兀"(Tangut)，在《马可·波罗游记》的不同版本中至少提到过六七次。有时其拼写有所不同——"Taguc"、"Cangut"或"Tengut"，但"Tangut"这个词是最常用的。这个词似乎与任何一种欧洲语言都没有关系。事实上，它可能来自“Tangut”这个名字，是蒙古人在其建国二百年后、于1227年征服一个邻国时为其所取的。

从严格的形式观点来看，“唐兀”这个词可能是“唐”的复数形式。因此，“唐兀”就是居住于黄河较高的河谷上的游牧民族，在汉语中，他们的首府叫做“大夏”。这一地区包括宁夏、鄂尔多斯和甘孜(Gan-si)这样的地方。因此，其正确的位置应当处于现代中国的东北端。事实上，在意大利地图中，它总好像是稍微向北中国挪动了一些，尽管在一些地图中，把亚洲和北美洲东海岸(纽芬兰岛)连在一起的要求迫使绘图师们把唐兀大致放在现代大湖区的位置。只有到了非常晚近的时代(1960年)，一些俄罗斯人类学家才确认了唐兀的文化传统，这应当归功于在圣彼得堡遗产博物馆发现的将近120份用唐兀语写成的文件。在1032年至1227年间的两个世纪里，唐兀帝国事实上控制了中国西北边的山地地区，包括现代的省份甘肃、陕西和宁夏。这些部落自称为唐兀并且讲他们自己的语言(唐语或唐兀语)。王国的经济建立在由宋朝控制的东部地区和西亚地区之间穿越沙漠的商队贸易的基础上。首都黑城(Khara Khoto)建立在丝绸之路沿途的一个绿洲之上，向西部进发的商队定期停驻那里。1227年，成吉思汗将唐兀纳入他的帝国，它不再具有任何形式的独立。

与其他的地名(契丹、蛮子、丝国等等)相比，欧洲的绘图师倾向于把唐兀放得离海岸稍微远一点。奥特琉斯通常认为，唐兀就是环绕蒙古首都喀拉和林(Karakorum)周围的区域。不过，由于深知印刷术对于传播其著作的重要性，他强调了由中国人和他们的邻国人很早发明的印刷术。他在插图的文字说明中写道：“唐兀氏，据说他们早在一千年前就了解印刷术。”

另外一个在制图中有着长长故事的地名是“蛮子”(Mangi)，代表了一个双重确认的问题，既作为一个地区，又作为一个省份。在欧洲制图的绘画中，这个地名仅被用过一次，但它被放在两个不同的地方，就像“孟加拉”这个地名被放在印度恒河地区的东边或中国的北边。“蛮子”这个地名在地图的南边和中国的北边都可以找到，还有在“杭州”城(Quinsai，行在城，大汗忽必烈1279年征服的中国南宋王朝的首都)的北边和“汗八里”城(即北京，元朝首都)也可找到。1655年，卫匡国对这个明显的谜团提出了一个合理的解释：“蛮子”来自“蛮人”这个蔑称，意思是野蛮人，蒙古人用它来指代中国南部的人(卫匡国，2002)。换言之，卫匡国断言，“契丹”可以通用于长江(扬子江)以北六个中国省份的地名：北京、山西、陕西、山东、河

图 24　弗拉·毛罗,《圆形世界地图》。中国详图,威尼

59 年,羊皮纸小画卷,威尼斯,马西昂纳图书馆

南、四川(没有考虑到辽东)。另一方面,“蛮子”包括所有其余的省份,除了云南和西藏。然而,在一些地图中,“蛮子”地区挪向了东边,或挪向了契丹的东北部。最有可能的解释是:这是一种将传统的地名融入到相对较新的民族名称“满族人”当中的尝试,这是指那些居住在满洲的人。尽管在足够多的地图实例中,两个地名都是对中国总体画面的界定,如弗拉・毛罗(Friar Mauro)的世界地图,但还是把两个称谓的实例加以分别研究为好。那么,“蛮子”应该是指天朝之国的南方,而“契丹”大约是指北方。第二个地名无疑是最广为人知的,在数百年的时间中广为流传。“契丹”这个词(系马可・波罗所用)衍生自满洲游牧部落的联盟契丹,它从10世纪起开始征服中国北方并成立了辽国,在公元907年至1125年间统治着中国北方省份。他们掌权之后,在他们周边与他们有着陆上交往的部落和民族开始叫它“Qidai”(英文中叫“Kitai”、“Kitha”、“Cathay”,在意大利语中叫“Catai”)。成吉思汗的蒙古人部落征服契丹的领土之后,认为他们自己是契丹的领主或主人。然而,对中国东北部的确认并不总是清晰的:正如我们将要看到的,在17世纪初从印度出发在山区寻找契丹的一次探险中,几乎是在追逐一个已被向西调转的幻想中的地名。

还可以在上文提到的弗拉・毛罗的世界地图中找到其他有趣的知识,这幅地图保存在威尼斯的马西昂纳(Marciana)图书馆,是人文主义地图杰作之一。就其图形特点及总体结构来看,弗拉・毛罗的世界地图像中世纪的制图(参见图25)。然而,对于自马可・波罗以来的旅行者和海员们所报告的消息的关注,又使它转向近代。共和国的参议员委托弗拉・毛罗和绘图师安德烈・比安科(Andrea Bianco)制作了一份他们在1457至1459年间为葡萄牙国王阿尔丰索一世(Alfonso I)所绘地图的副本;当时,弗拉・毛罗的身份是穆拉诺(Murano)岛圣米凯来(San Michele)区卡马多里修道院的一位修道士。1755年里斯本地震后,这份地图和葡萄牙绘图手稿的伟大遗产一起毁灭了。初看之下,图画和图的文字说明都使我们想起经典的中世纪地图如埃布斯托夫(Ebstorf)地图和赫尔福特(Hereford)地图。然而,后者几乎完全建立在古典传统的知识之上,弗拉・毛罗的地图则包含了很多新的元素,如葡萄牙人沿着大西洋的非洲海岸进行探险所获得的成果。南边被放到图的顶部,根据在桌上展开地图和从下向上看图的固定程序,地名似乎都写得上下颠倒了。至于亚洲,弗拉・毛罗和他的同事利用了马可・波罗的著述来描述印度洋中的岛屿及远东。

例如，在长江边，我们看到"一座精美而著名的桥梁，有三百个拱和六千个狮子画像，支撑着很多柱子，装饰着横跨普里桑干(Polidanchin)河的首都"。在东边，我们看到了南京城，有个带城墙的缩微城市画和下述的文字说明："南京下辖 12 个城市。"在其下面，我们看到了地名："南京府，辖区。"在上面(即南边)，我们找到了丝绸地区，在这里被定义为"契丹的丝绸省份"。这片领地有着奢华精美的宫殿，如题名"高贵的建筑"所表明的那样。在东方，紧挨着沙漠，我们找到了"唐兀"区，在北部有一个"契丹"区，附有几句说明："帝国以及契丹高贵的大捷"，紧挨着一个很大的城市缩微画像，并且靠近题注"汗八里"和"京师"。在其他图画和说明中，一个用地名"泉州"(Quansu)注明的很大的城市符号非常突出。在注解中，我们看到："这个城市生产大量的黄金和丝绸"，报道了早在古代就已令希腊人和罗马人大为吃惊的消息。与皇帝有关的文字宣称："这位出色而有权势的皇帝治下有六十个王，他出行时乘坐由白象驮载、用黄金和象牙装饰的辇舆。此外，这副辇驾由他王国中四个贵族支撑、四个角各站一个，其他人则和许多卫兵簇拥在前后。这里你可以看到世界上所有的欢愉、礼貌和风俗。"还有很多其他的地名值得详细研究。例如，在中国的海岸，我们发现"孟加拉"这个地名，初看之下令人有点困惑。《关于世界上所有的王国、土地和主权的知识之书》中既提到了印度的孟加拉，即名为"孟加拉城"的现代孟加拉共和国(Astengo，2000)，紧挨着"孟加拉湾"，如我们在加泰罗尼亚(Catalan)地图集中看到的那样，也提到了中国的孟加拉，名叫"Balaxia，那里有一座红宝石矿"。加泰罗尼亚(Catalan)地图集中所用的地名是"Baldassia"，可以追溯到马可·波罗所说的"Balascian"(是巴达科善"Badakhshan"的误读)地区，一个地处阿富汗、盛产宝石的地区。这说明了为什么我们在 16 世纪的很多地图中都能在这个区域找到"孟加拉"这个地名的原因。

作为虚构之地中心的远东

在《创世纪》的第二章，从第十节开始，我们读到天堂是世界上最大河流的发源地：肥逊河[恒河，据曼德维尔(Mandeville)所说，漂着宝石、芦荟和金沙]，基训河(尼罗河，据曼德维尔所说，埃塞俄比亚语单词 gyson 的意思是"混浊的"、"多泥

Etas prima mundi Folium VII

QUnq; suggerente diabolo in forma ser-
pentis, pthoparētes mandatū dei trās-
gressi fuissent: maledixit eis deus: et ait
serpenti. Maledict⁹ eris inter omnia animātia
& bestias terre: super pectus tuum gradieris: et

ADam primus homo formatus de limo
terre triginta annorū apparens imposi-
to nomine Eua vxori sue. Cū de fructu
ligni vetiti oblato ab vxore sua comedisset: eie-
cti sunt de paradiso voluptatis: in terram maledi-

图 25　哈特曼・舍德尔，《编年史》。人间天堂，安东・柯贝尔格编，纽伦堡，1493 年，水彩版画，伦敦，苏富比公司

的”)，底格里斯河(意思是像最敏捷的动物一样快，即“老虎”)和幼发拉底河(意思是“富饶的”)。可以想一想，实际上，喜马拉雅山也是四条大河——印度河、恒河、雅鲁藏布江和伊洛瓦底河的发源地。它们全都流入印度洋，印度河流入阿拉伯海，另外三条流入孟加拉湾。因此，《圣经》的段落可能是被加以象征性解释的地理学真理的以讹传讹(见 Alessandro Scafi 的分析，2006)。

然而，中世纪的文化传统把这一知识当成了世界水文地理学的客观真理，因此给绘图师们制造了许多困难，他们不得不在绝对不可能的荒谬位置上画出这四条河流。因此，这个明显的比喻产生了很多概念上的误解和障碍，使地理学家和绘图师们的头脑在接下来的一千年里都不得清静。底格里斯河和幼发拉底河对肥沃新月带的居民(如亚伯拉罕)来说可能看上去太大，但它们很显然不能与多瑙河和顿河相比。此外，它们不仅比恒河短，也比印度河、长江和黄河短。更不要说那些美洲的大河，如密西西比河、圣洛伦索河、亚马逊河、佩雷特河(River Plate)和奥里诺科河。奥里诺科河的河口曾使哥伦布以为他已经到了天堂，而维斯普西(Vespucci)则认为他发现了一块新陆地。

在中世纪早期，天堂几乎总是被放在远东，其依据是《创世纪》第 2：8 节：“上帝在伊甸园里的东边设了一个花园，并把他创造的人放入其中。”因此，在中世纪的地图中，东方都被放在上面，天堂就在被看作是世界(或居住区)的中心耶路撒冷的上方。这些制图上的解决办法是基于对以西结书 5：5 节的字面解释：“因此上帝说道：这是耶路撒冷。我已将它置于环绕它的国家之中。”然而，这一节却完全脱离了上下文。事实上，如果我们在全书中领会这句话，就会理解：这个画面是为了描述在围攻期间耶路撒冷的情况(参见创世纪 38：12 节，这里谈到犹太人住在“多个国家”当中)。只有到了后来，天堂在大洋之外的想法才开始占优势(但丁也接受了这点)。神学的表述所确定的对称是：耶路撒冷在一边，而天堂则在它的对跖之地；地狱朝着地球的中心下降，但丁从这里沿着他的“通道”向上爬。例如，在 1442 年制成、现保存于维罗纳(Verona)公共图书馆的乔瓦尼·莱尔多(Giovanni Leardo)世界地图中，三块大陆尤其是亚洲和非洲，描述得很不明确。所用的颜色是：蓝色表示海洋和河流，棕色表示山脉和不同的题字，红色用于一些文字说明。在这幅平面球形图中，东方被置于上方，天堂被放在亚洲的最尽头，耶路撒冷在中央。两个文字说明，一个在欧洲北部、另一个在非洲南部，界定了居住区的范围：“因气候寒冷而无人居住的荒地”和“因气候炎热和蛇而无人居住的荒地”。

图 26　马丁・维尔德西姆勒,《托勒密地理学》。世界地图,约翰

特，斯特拉斯堡，1513 年，水彩版画，伦敦，苏富比公司

亚洲不仅是梦想和欢乐之地，也是噩梦和恐惧的源头。欧洲民族有两个主要的恐惧，一个是精神上的恐惧，即世界末日或天启；另一个是现实的恐惧，即军事入侵和袭击。在中世纪的绘图中，两种恐惧都用“歌革”(Gog)和“玛各”(Magog)的神话来描述，它们都被放在亚洲的最东北角。然而，它们有时也被放在中国，例如在马里诺·萨努多(Marino Sanudo)1321年的地图中，就把歌革和玛各城堡放在“丝国”地区和“秦尼”(Sina)地区中间。在安德烈·比安科(Andrea Bianco)1436年的平面球形图(作为一本航海地图集的一部分，保存于威尼斯马西昂纳图书馆)中，歌革和玛各国被放在顶部，放在表示已知的东方最远端的半岛上。16世纪，出生于热那亚、但在威尼斯工作的著名绘图师巴蒂斯特·阿格尼斯(Battista Agnese)在其不同的地图集手稿中，曾把这个国家放在“契丹省”南部、“丝绸地区”东部、“广州河”北部。歌革和玛各曾在《圣经》中的三节被提及：创世纪、先知以西结书和启示录。根据传说，上帝在最北部边界保留了一支军队等待末日审判，这支军队将消灭所有的罪人。根据以西结书，歌革是玛各民族的指挥官，而在启示录中，它们都是民族的名称。由于更倾向于后一种解释，基督教的知识分子常常把入侵的民族当作是世界末日的军队。例如，米兰的圣安布罗斯(Saint Ambrose)大主教就认为歌革是哥特人，是他的时代非同寻常的威胁。因此，哥特人的出现就是所预言的即将来临的世界末日的标志。后来为了防止恐慌泛滥，圣奥古斯汀(Saint Augustine)很清楚地写道，圣经的章节只能当作一种隐喻。虽然他很有权威，但其他的作者们仍然把歌革和玛各当作不同的游牧民族，如匈奴人、马扎儿人、蒙古人和土耳其人，他们都来自亚洲的大草原。

在制图中，这个神话常常与“被关起来的犹太人”这个神话相混淆，据后者的说法，亚历山大大帝在里海山脉的山谷中(或在亚洲最北部)集中了(或者说被迫集中了)犹太民族，把他们用一道铁门关了起来。根据一些作家的说法，尤其是曼德维尔(见下一章)，这个民族受命在审判日消灭所有的罪人。可见，这采纳了歌革和玛各神话的一些元素。“被关起来的犹太人”山脉，在著名绘图师如马丁·维尔德西姆勒(Martin Waldseemüller, 1507、1513)、弗朗西斯科·洛雪利(Francesco Rosselli, 1488、1508)、彼得·科波(Pietro Coppo, 1520)和劳伦特·弗莱斯(Laurent Fries, 1522)的著作中都曾被引用。歌革和玛各以及“被关起来的犹太人”继续在地理图表中被加以描述，直至16世纪晚期。然而，随着时光流逝，欧洲的东部边界日益安定、游牧民族被定居部落征服，与启示录的威胁相联系的象征意义逐渐褪去。对一些近代的作者，尤其是奥特琉斯来说，频繁地提及这些神话可能出于一种尝试填满未知土地的空白之处的拙笨企图，他谨遵着欧洲地图绘制行业一直保留至 18 世纪的“厌恶空白”的成规。这个神话一直持续到 17 世纪：1669 年，伟大的法国绘图师尼古拉斯・桑生（Nicolas Sanson，1600—1667）的继承人出版了一个平面球形图，其中亚洲的北部被一个伟大帝国“蒙古”所占据。

作为虚构的民族和动物之中心的远东

和其他任何遥远的地区一样，亚洲也总被欧洲人认为是虚构的民族和动物的中心。中国也不例外，尽管强有力的都市化和可以理解的等级制度（皇帝、官员、士兵、商人和农民）使他们可以把日常生活用于人类的经验而非怪物的经验。在欧洲绘图中出现的有关远东的怪兽和奇迹，可以归因于绘图师们将外来主义、变异性和常常出现的不可通约性象征化的需要。当然，每位绘图师在那些没有确切地理学知识的地方都放入了绘画和传说。因此，对怪兽来说最特别的地方就是北亚，那里的地图上充满了鹰首狮身兽、骆驼和各种猫科动物，如但丁的读者们会记住的那样，常常代表着善良的基督教徒在前进途中不可逾越的障碍。在亚洲最北部有很多狮子和猎豹，但最吓人的、从生理学角度讲最不可能的动物就是鹰首狮身兽，从古代时希罗多德就提到过。曼德维尔宣称，在中亚有很多鹰首狮身兽，其身体就是半狮半鹰的，但它们比八头狮子和一百只鹰还要强壮。一只鹰首狮身兽可以举起一对共轭牛，把它们带回自己的巢穴。鹰首狮身兽作为一种象征性的动物，已成为纹章的一部分，以至于在一些城市中（如热那亚）被用作贵族和国家的纹章。要仔细研究每个有人形的、恐怖的怪兽种群，我们将需要整卷的篇幅。此外，在其随时间的动态流变中，我们还应当应用心理分析法、神话学和语言学。由于我们无法研究无头人、巨足兽、侏儒、食人族和其他每种幻想（或对真实情况的糟糕传递、糟糕理解而导致的幻想性的变形），所以将简要地提及常常与蒙古和中国广东相联系的两个神话：“食鱼族”和“狗头人身兽”。

图 27 九龙壁,1756 年,上

砖，北京，北海公园

食鱼族被画成裸体的样子，他们吃生鱼，并且代表了最贫穷和最原始的人类状况。在中世纪的想象中，这些要素（裸体、吃生食尤其是鱼，这是典型的苦行赎罪者的四旬斋）代表了贫穷以及威胁到生存的生活条件。这与17、18世纪期间流传的有关伟大的中国文明的神话是完全相反的。《有关世界上所有王国、土地和主权的知识之书》把食鱼族的神话和狗头人身兽的神话混在一起并且都放到了蒙古，“那里有个人类的族群，吃生鱼和生肉，他们的鼻子和嘴像狗一样长，但他们是白种人，并且模仿他们看到的别人所做的一切。他们被叫做狗头人身兽。我在城里见过一个这样的狗头人”（Astengo, 2000）。这可能促进了狗头人身兽神话在欧洲人中间的产生。这些怪兽常常是半人的，似乎是为了强调我们族群的残忍，但也有具有传说中的特点的正常动物。随着时间的流逝，欧洲绘图师开始经常地描绘正常（但奇异）的动物。例如，卫匡国的一幅地图描绘了麝香鹿——一种奇怪的鹿科动物，没有角，其长牙像猫科动物的牙齿，特别因其拥有能产生香料的腺体而遭到捕杀。这是一种真实的动物，尽管它的一些特点使其看起来像虚构的动物。

龙是中世纪欧洲制图中关于东方的动物寓言集里的一个重大缺席者。龙在西方神话中得到了明确的描述，尤其是在北部国家如爱尔兰（它们被画在中世纪晚期精美的法典中），或在日耳曼语的圈子[例如被命名为达卡（drakkar）的威金人的长体海船]，还有在希腊群岛，据曼德维尔所说，例如爱琴海群岛上的科斯（Coo）岛。龙常常被绘在小型画像或饰带上[如巴尔特鲁萨提斯（Baltrusaitis）所示，1960]，而它们很少被用在制图中，并且从未与亚洲有过什么联系，而只是与非洲相关，作为令人窒息的酷热的象征（例如在1457年热那亚世界地图中）。龙通常是异端的象征，来自启示录对常画在意大利马赛克上长有七个脑袋的怪兽的描绘。然而，它也表示根据巴勒斯坦神话被圣乔治打败的怪兽，这个神话后来成了很多基督教团体的符号，其中包括热那亚共和国和英格兰王国。有时圣乔治的伟业被与铁链夫人的神话相混淆。这是一个被铁链锁住的年轻裸女，代表着被从异端解放的信仰。伊西多尔的动物寓言（《语源》，第十二章，第四节）在中世纪被当作一个可靠的来源，据其所述，龙并不是一个单独的物种，而仅仅是“所有蛇中最大的”。因此，龙经常和蛇怪、毒蛇画在一起，如1265年所谓的圣诗集地图（Psalter Map）显示，它可以当作被玛丽和耶稣打败的罪孽的象征。对可以吞下整个一头牛的亚洲巨蛇的提及，可能也应以这种方式来加以解释。尽管在纹章中有零星的应用，但龙很少被用作城市或重要航海国家的纹章。因此，在航海图手稿的插图中是没有龙的，除非我们打算考虑歌革和玛各亲王部队的军旗，它们被关在加泰罗尼亚地图集的最边缘的山脉之中，作为龙（或蝎）的风格化处理。在海上，我们可以找到任何种类的海怪和多种多样的“海蛇”[例如，约在 1550 年马格诺（Olao Magno）的北欧地图中寓言性的装饰]，但却没有龙。

这种糟糕的想法与龙图腾在整个远东尤其在中国的广泛流传是相冲突的。在中国，它与很多不同的意思相关联（其中我们可以提到的有：阳、春天、东方、光等等）。与西方神话相反，在中国，龙总是被认为带来了有益的后果，因此它总是因其积极的含义而被人们崇拜和尊敬。在中国，龙是肥沃多产的象征，是河神。它被认为具有控制自然现象风、雨和改变河流流向的能力。自古代起，龙就被与皇帝联系在一起，而且是在各种形式的中国艺术中描绘得最为频繁的动物。这种神秘的动物不受欧洲人青睐，部分地解释了为什么在中世纪制图中没有龙。然而，另一个重要原因无疑是在东西方之间阻止了装饰性绘画的更多交流（尽管从 13 世纪以来就有中国丝绸的大量进口）。

相反，自 17 世纪以来，随着青瓷和白瓷以及各种中国艺术风格物品的传播，龙的图案开始变得非常流行，至少从装饰的观点来看是这样。然而，这一变化对绘图师们在其装饰性花饰上所使用的寓言图像并没有什么影响，最受喜爱的动物在很长时间里仍然是双峰骆驼。后者是沿着丝绸之路的陆上通商的首要象征，其次是大象和犀牛，但由于非洲存在着类似的物种，它们显得不那么特别，破坏了它们的这种地位。另外一种神兽是独角兽，它让老普林尼失望过；他认为，独角兽就是犀牛。无论如何，欧洲的纹章图像与中国传统的独角兽、鹿或凤凰没有关系。

只有在最近，一些不同的亚洲动物才被予以考虑。例如，在中国的符号学中，玉龙与白虎形成了一种对称关系，而白虎在欧洲纹章中几乎从未出现在（狮子以及后来的山豹和豹）复杂的符号学传播中。事实上，马可・波罗记述说中国有很多“狮子”。此外，一幅有关中国的 11 世纪英文世界地图，即人们所知的盎格鲁—撒克逊地图（也叫棉地图）宣称：“这里狮子非常多。”唯一一位提到过老虎的中世纪作者曼德维尔错误地认定，它就是“最敏捷的动物”，为的是暗示底格里斯河的语源学。19 世纪，伟大的作家鲁德亚德・吉卜林（Rudyard Kipling）选中了老虎作为英属印度殖民地的象征。后来，意大利人艾米利奥・萨尔迦里（Emilio Salgari）在名为《马来西亚之虎》的长篇纪事中，用老虎来指代亚洲丛林中的百兽之王。现

图28 阿尔·伊得里斯，圆形世界地图，开罗，14

,羊皮纸小画卷,牛津,博德莱安图书馆

在，老虎在大众媒体中已经成为非常流行的象征，用来指在过去二十年中不同的远东国家超乎寻常的经济增长。

阿拉伯制图

伊斯兰世界对中世纪时代欧洲与中国之间关系的发展作出了基础性的贡献。作为从大西洋海岸到印度洋海岸、从非洲中心到亚洲中心的广袤疆土的主人，穆斯林在中国和欧洲两大文明均处于政治危机期间，作为东西方之间的媒介起到了极为重要的作用。同时，公元 751 年，中国军队在塔拉斯河（Talas River）两岸的失败中止了向唐帝国西部以及阿拉伯伊斯兰势力范围东部的扩张。从那时起，这种关系主要建立在一种谨慎的共存而非真正的斗争之上，尽管有些小的局部战斗。

过去到达东拜占庭诸港的商旅路线被迫经过一系列臣服于单一主权的不同地区，至少在一段时间里是这样，因此极大地促进了商业的发展。穆斯林商人们把很多发现、发明和知识，如指南针、纸和火药从居住区的一端带到另一端。在主要的阿拉伯城市中，大学、学院和天文观测台的建立非常有利于古希腊文化的保存，这也归功于对包括亚里士多德在内的主要哲学家们著作的翻译。归功于西班牙和西西里的犹太人的媒介作用，这些书籍在西方世界的传播使欧洲文明得以在野蛮入侵之后所导致的深重萧条中复兴。基督教和伊斯兰教这两个世界不仅远非遥遥相望，而且最终分享了很多事物，从简单的日常事物（食物、饮料、工具）到恐惧和希望。在《古兰经》第八十三章中，也谈到了歌革和玛各（在阿拉伯语中叫做 Ya'jooj Wa Ma'jooj，在土耳其语中叫做 Yecüc-Mecüc）是一个来自北方的破坏性的民族，后来被城墙所阻挡。因此，这个神话在伊斯兰的制图中也得到了修正，例如在成书于巴勒莫（Palermo），大约 1154 年由安达卢西亚人伊得里斯（al-Idrisi）所著的《罗吉尔王之书》中。当然，对于穆斯林来说，神秘的亚洲并不在南海岸地区（而欧洲人仍想象着那里的虚构生物），因为他们对之十分了解，而是在他们从未探险过的最北部地区（西伯利亚）。1551 年，出生于突尼斯的斯法克斯港（Sfax）的绘图师艾哈迈德·阿尔·沙里夫（Ahmad al-Sharfi）在其世界地图中包括了歌革和玛各，把它们放在亚洲的东北角，远离“身毒”（Sind）和“祈都”（Hind），即中国和印度。

伊斯泰赫里（Al-Istakhri，卒于951年）是最有影响的阿拉伯制图家之一。他的原著地图以及最重要的题为《气候论》的论文均已佚失。然而，他的制图评论却得到了伊本-豪卡勒的丰富（Ibn-Hawqal，绘图师，在西西里工作，约卒于973年），并发表在一部《地球之像》（*Representation of the Earth*）的著作中，现已知这部著作有三个可追溯至10世纪下半叶的版本。除一幅世界地图外，他的著作中还包括里海、地中海和印度洋的地图，以及一系列省份或地区地图，即地方地理学地图。后者就是简单的旅行路线，描绘所停留的区域、村庄和绿洲。他的世界地图对制图史非常重要。根据伊斯兰的传统，它最关注麦加，并把南方绘在上部。此外，它没有任何装饰性的元素，并且用一系列包括几个文字说明的红圆圈展示了一种非常格式化的绘图。与已经开始影响阿拉伯制图的托勒密和欧洲风格相反，这幅作品主要集中在巴格达辖区及其控制的广大帝国。不可居住的世界则用一个被连续的山脉和封闭海洋包围的圆圈来表示。这幅地图把印度洋和地中海分割成两部分，非洲被放在顶部，尼罗河穿越其中；欧洲被放在右下角，希腊和意大利在地中海向上伸展。

最重要的中世纪阿拉伯制图家无疑是阿尔·伊得里斯（Al-Idrisi，1099—1166）。他出生于休达一个高贵的柏柏尔人家庭，在科尔瓦多大学学习，当时那里是几个主要的伊斯兰文化中心之一。学业结束之后，他开始了在西班牙、马格里布以及法国、英格兰和亚洲次大陆的一系列旅行。最后，他在西西里诺曼王罗吉尔二世的宫廷中定居下来，罗吉尔王成了他的赞助人。国王对地理学非常热心，并把绝大部分闲暇时间花在搜集阿拉伯语的地理学论文，以及向那些拜访他在巴勒莫的王宫的旅行家们询问他们在世界各地的旅行见闻上。罗吉尔王要阿尔·伊得里斯绘制一部包括一幅圆形世界地图和70幅长方形区域地图的地图集，还要有阿拉伯语和拉丁语的注解。

地图集完成于15年以后，题为《诸国风土志》，但它一般被叫做《罗吉尔王之书》以纪念其委托人。仿照托勒密的先例，有人居住的世界被分成七个气候区，从赤道一直向北延伸到北极；而10个区域则垂直地从加纳利群岛（传统上基准子午线的所在地）一直向东延伸到中国。为了搜集更多的信息，国王和绘图师选派了所谓的“智者”和一些工匠进行一系列旅行，以带回关于所访地区的详细资料。这导致一部真正的制图杰作的产生，尽管有学者批评下述事实：虽然穆斯林商人在东

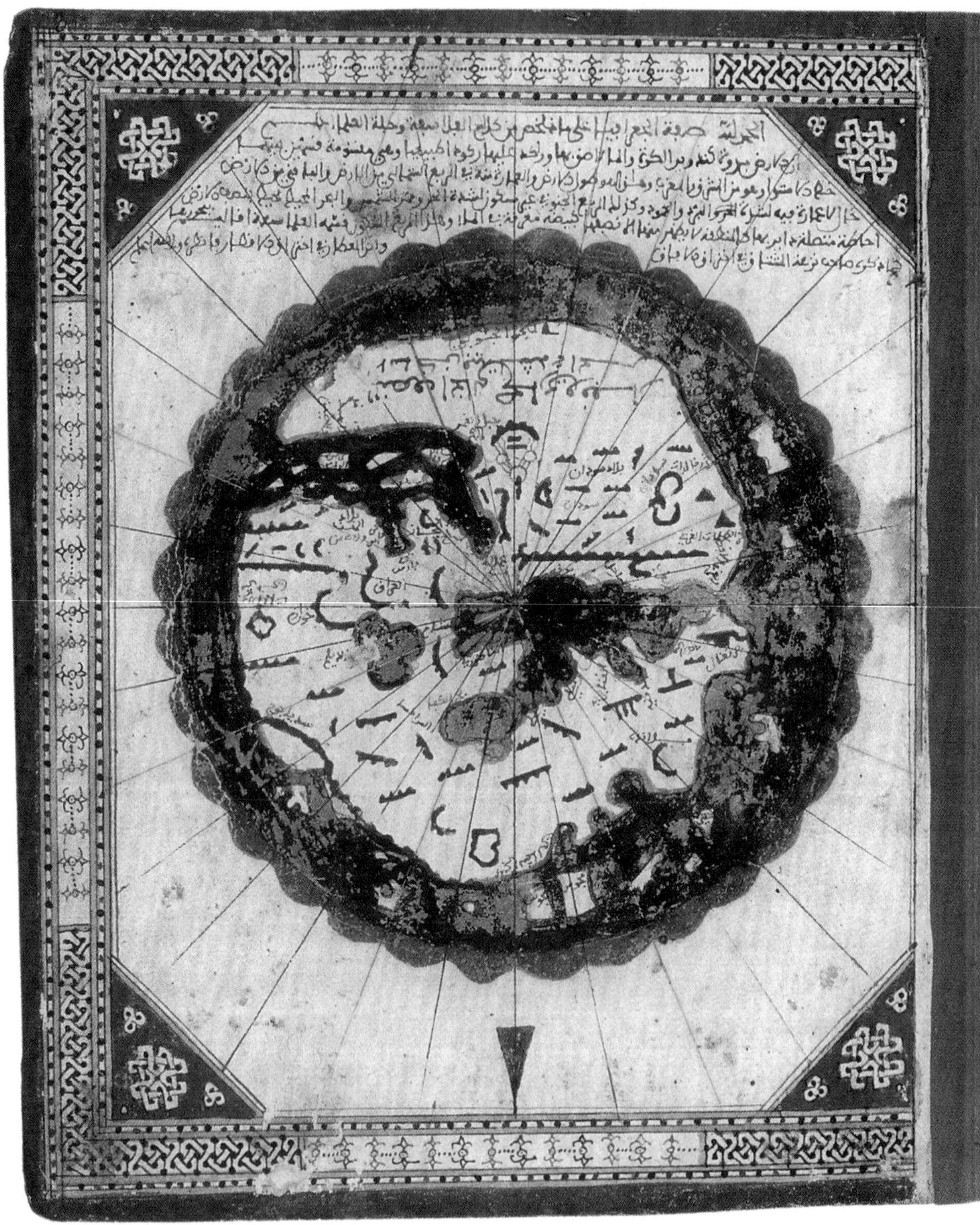

图 29 阿尔·沙里夫,航海图。圆形世界地图,突尼斯,1551 年,羊皮纸小画卷,巴黎,法国国家图书馆

非和印度进行了长途的旅行，但他们对这些地方的描述却简要得令人惊讶。地图中所包含的信息被雕刻在一个银制的平面球形图上，在当时被认为是世界奇迹之一。非常不幸，原作遗失于1166年的一次叛乱之中，但它已经被转印到羊皮纸上。因此，我们拥有一个较晚的抄本（1456年），在开罗为马木留克（Mamelukes）宫廷所绘。

这幅世界地图建立在杂糅的影响之上（阿拉伯、基督教、罗马和托勒密），并根据伊斯兰制图学派的传统，把南方画在顶部、有着符号化的山川，并且没有任何装饰。一系列从赤道到斯堪的纳维亚的弯曲平行线表示着不同的气候区。大洋完全包围了所显露出来的陆地，形成了一个圆圈，使得通过海洋到达居住区的最边缘都不可能。在赤道以南，我们看到了月亮山脉，非洲大陆则向东延伸，但并未与东亚相连。这一知识很显然来自阿拉伯或印度航海者，并且与传统的托勒密观点相反，后者认为印度洋是封闭的盆地。在穆斯林的贡献中，我们必须把属于科学和玄想的文化圈的文雅知识分子们的中介作用与去过印度洋、阿拉伯海、孟加拉湾乃至更远港口的朴实的商人、工匠和海员们的中介作用相区别。另外一个基本的区别是不同的穆斯林民族，其中一些主要居住在陆地上，如波斯人和阿富汗人，而另一些则是航海民族，如黎巴嫩人、腓尼基人传统的继承人，或摩卡和霍尔木兹的阿拉伯人，他们在前伊斯兰时期就很活跃。在航海民族中，马格里布民族（摩洛哥人、阿尔及利亚人和突尼斯人）与西方文化的一体化程度更深，还有中南非的民族，如桑给巴尔、基尔瓦和索法拉（在现代坦桑尼亚），以及住在马来西亚、印度尼西亚、菲律宾乃至中国的远东穆斯林。商业船队不断地穿越印度洋，确保了北方和南方、东方和西方之间的联系。水手辛巴达（Sindbad）的叙事诗，及其全部奇迹和幻想的遗产，提供了在这些旅行记述中读到或听到的（可靠程度多少有些不同的）所有消息的重要证据。季风的周期性使得人们可以在阿拉伯海和孟加拉湾之间进行有规律的航行，只要遵循风向的季节性特点即可。因此，安装有普通大三角帆的阿拉伯海船能够面对从非洲或阿拉伯海岸到印度海岸漫长的横渡航行，乃至可以抵达更远至马来西亚、印度尼西亚、印度支那半岛、菲律宾甚至中国南海岸，如广东和其他城市中现仍存在的清真寺所表明的那样。

阿拉伯人和中国人都很蔑视印度洋的民族，认为他们是次等的、原始的。最令他们感到惊讶的事情之一，就是妇女的服装一点都不庄重。众所周知，当欧洲人发现美洲土著时也为这个特点感到十分惊骇。一位睿智的著名穆斯林旅行家、摩洛

图 30 马可・波罗,《马可・波罗游记》。马可・波罗们

尼斯出发，1410 年，羊皮纸小画卷，牛津，博德莱安图书馆

哥法官伊本·白图泰(Ibn Battuta)表达了与中国旅行家类似的观点：马尔代夫居民的裸体表明了礼仪的缺乏，并且是野蛮的标志。根据伊斯兰的传统，任何身体的暴露，无论男性还是女性，都是不被赞许的。尽管他对此很抱怨，但这位法官仅仅能在开庭期间让妇女们把身体部分地遮盖起来。与中国有着更直接联系的伊斯兰团体在东西方之间发挥中介作用达数百年，不仅仅在中世纪，例如与马可·波罗一起，而且在16世纪与利玛窦和鄂本笃一起，甚至在接下来的一个世纪里也是如此。

第四章　欧洲旅行者奔向中国：马可·波罗之前与之后

从陆路抵达中国

最近有关中世纪的研究引用罗伯特·S·洛佩兹的工作，确认了 13 与 14 世纪之间一次真正的“商业革命”，即在欧洲的不同部分之间以及我们的大陆与已知世界的其他部分之间远距离贸易的长足进展。欧洲的政治、经济和文化复兴与新疆界的开拓和对世界新看法的传播是同时发生的。除了神学家和学者们符号化的制图以外，还兴起了一种不同的空间观和关于欧洲人与其他民族之间关系的观点。通过使用指南针（我们已经知悉这是中国人的一项发明）航行过一些显著地点并标示出其方位和距离，他们完善和增加了地中海地区的航海图。

好奇心和利益驱使着一些热那亚、佛罗伦萨和威尼斯商人沿着撒哈拉南部、一直向廷巴克图（Timbuktu）及大西洋之外寻找苏丹黄金的来源。例如，1291 年从热那亚出发的维瓦尔第（Vivaldi）兄弟，他们乘船进行了一次直布罗陀海峡以远的“疯狂航行”并且一去不返。然而，这些航行的新渴望的目的地无疑是亚洲。不仅是那些亚洲最近的地方，在中世纪早期看起来如此遥远、几乎是传说中的胜地，如拜占庭或耶路撒冷，还有那些在伊斯兰国家之外亚洲最遥远的地方，在十字军东征期间，欧洲人已经与之建立了连续的、持久的（尽管不总是和平的）关系。

能够直接从印度和印度尼西亚获得香料的海上路线被阻塞了，不仅是由于宗教原因，更主要的是由于经济原因，因为航行于桑给巴尔和苏门答腊、摩卡和索法拉，爪哇和霍尔木兹之间的穆斯林商人无意于让他们的潜在竞争者染指他们的交通。因此，他们竭尽所能让西方商人远离他们的货源，并试图劝阻他们加入自己的航行。他们的行动如此激烈，以至于在 16 世纪葡萄牙人不得不用大炮来扫清道路。

因此，所剩下的只有陆上交通，即所谓的丝绸之路。然而，陆上的路线却意味着穿越高山、沙漠和森林，可偏偏地球上最难翻越的高山、最荒凉的沙漠和最难穿过的森林都恰巧在中亚和东亚。除了自然障碍以外还有人的障碍：不同的语言、风俗和法律，以及关税、税收、进口税、敲诈甚至盗窃。在一本著于 1340 年的《通商指南》中，蒙古和平地建立，使佛罗伦萨作家弗朗西斯科·巴尔杜兹·裴哥罗梯（Francesco Balducci Pegolotti）认为，“去中国的路”易如反掌，与妇人同行都可以

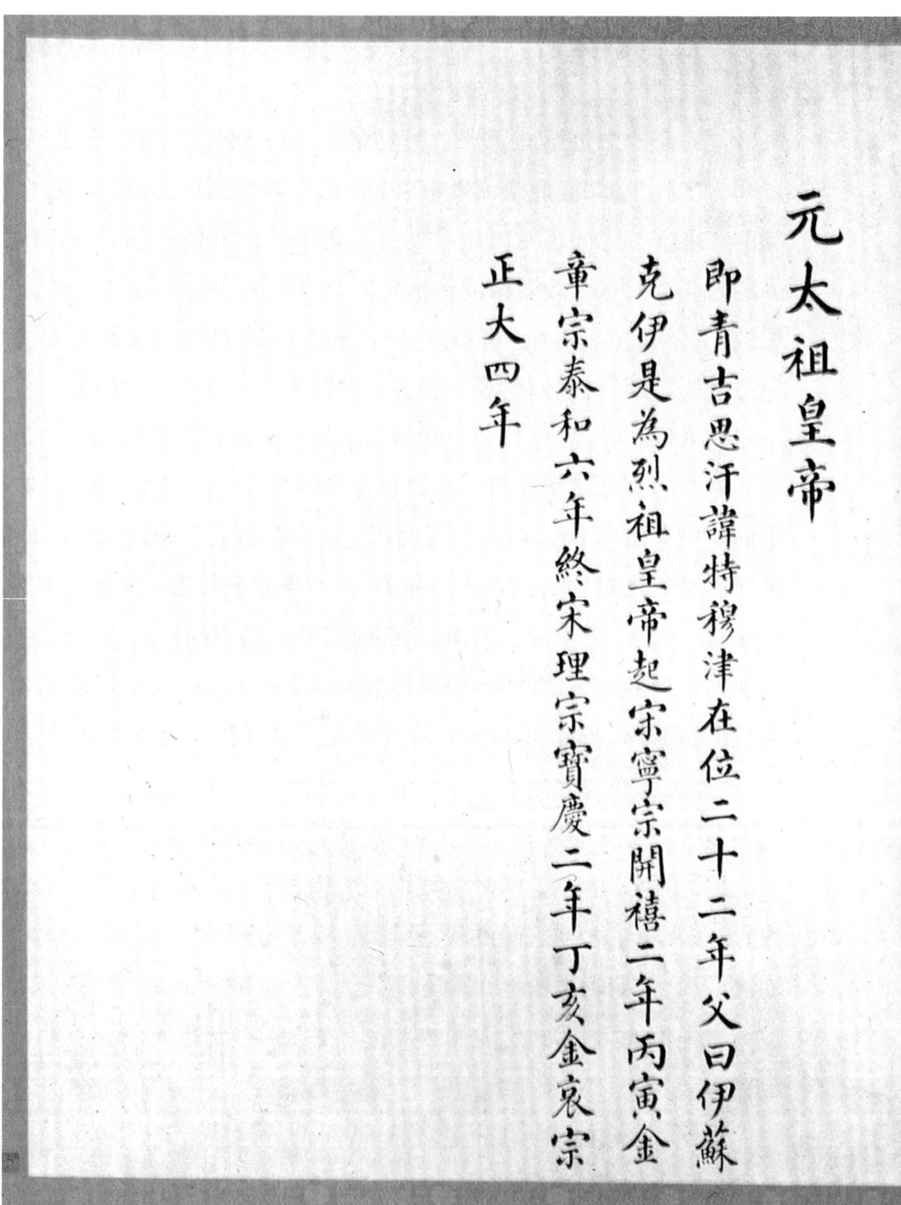

元太祖皇帝
即青吉思汗諱特穆津在位二十二年父曰伊蘇
克伊是為烈祖皇帝起宋寧宗開禧二年丙寅金
章宗泰和六年終宋理宗寶慶二年丁亥金哀宗
正大四年

图 31 中国学派，忽必烈汗肖像，北京，13 世纪，墨

k彩纸本画，台北故宫博物院

走完。此外，他还断言："这些路如此安全，一个处女头顶金盘、裸身行走都不会被骚扰。"事实上，这旅程可能长达数月乃至数年，结果可能是非常危险的，即使对那些持有帝国安全通行证的人来说也是如此。

促使人们面对如此艰难的考验的动机主要有两个：收获和信念。马可·波罗家族的事业可以说，是很多其他多少有些默默无闻的商人们类似故事的代表。然而，传教的动机是同样有效的，尤其在与外交和战略利益结合在一起的时候。但必须记住的是：大汗曾经委托马可·波罗兄弟带 100 名基督教教士到中国来，向蒙古人民讲授教义。

圣方济会的修道士是在亚洲最积极的宗教团体。圣方济各 1226 年去世之后的几年，普兰诺-卡尔平尼的约翰主教(John of Plano Carpini，1190—1252)被选中代表教皇英诺森四世(Innocent IV，1245 年)承担一项在亚洲的棘手使命。这位教皇出生于热那亚，真名叫西尼巴尔多·菲耶斯基(Sinibaldo Fieschi)，绝非无足轻重之人。事实上，我们必须看到，在前一个世纪，甚至是第四次十字军东征和黑海向西方殖民活动开放之前，热那亚商人就已经出于商业上的原因开始沿着这些路线前进。例如，在君士坦丁堡，热那亚人自 1170 年就获得了一个货栈，后来先后在 1192 年和 1202 年进行了扩建。自从圣方济各的统治在 1223 年被教皇霍诺留斯三世承认以来，在东方异教徒中的这项使命就成为最首要的任务之一。

在半个世纪的进程中，蒙古人这些熟练的骑士和出色的弓箭手们，在精明的领导人如成吉思汗及其继承人的带领下，征服了中国北部、中亚以及伊朗高地和俄罗斯平原的整个疆域。此外，1241 年，他们突然抵达了克拉科夫(Kracow)的门户。在整整一年时间里，波兰、匈牙利和巴尔干半岛直到亚得里亚海的海岸都被巴图(Batu)将军的部队夷为废墟。然后，他们获悉了可汗窝阔台(Ogèdâi)的死讯，这些游牧部落就像来时一样迅速地撤向了哈剌和林(Karakorum)，在那里召开一次全体大会(忽里台，quriltai)来推举新的首领。欧洲(人)已被吓得魂飞魄散，但却受到了穆斯林败于蒙古人之手的消息的鼓舞。1245 年，召开里昂议会时，教皇英诺森四世面对着补救鞑靼人遗留的残局的问题。因此，他们决定派遣一个教皇使节到哈剌和林，以要求新的蒙古统治者贵由(Güyük)可汗令其居民皈依基督教，放弃对欧洲的征服，并考虑可能的反伊斯兰联盟。

教皇英诺森四世选中了圣方济会修士普兰诺·卡尔平尼的约翰(John of Plano Carpini)。"为完成上帝的旨意，受教皇的委派，以期有所裨益于基督徒"，旅行了6 000多英里后，1246年7月22日，约翰抵达了昔剌斡耳朵(Syra Orda)，即蒙古新大汗的驻营地。约翰带了教皇所写的两封国书，其中提议建立一个反伊斯兰教徒的联盟。早于波罗兄弟十五年，约翰是第一个面对地球上最可怕的统治者的欧洲人。他的使团是西方与遥远神秘的世界之间联系的第一根柔弱的丝线。至于有关和平的提议以及皈依的邀请，约翰修士发现可汗的心意非常坚决，尽管他对自己的态度十分尊敬。1247年，当约翰修士安然无恙地回到欧洲之后，人们带着巨大的快乐和惊喜来欢迎他。不管那个世界看起来多么可怕和充满敌意，使未知世界变得更加可怕的面纱却被掀起来了。尽管其外交使命实际上是失败的，这位修士却撰写了一部重要的《蒙古史》，极大地影响了欧洲人关于亚洲和远东的地理知识。还有波德诺内的鄂多力克(Odoric of Pordenone)，另一位圣方济会修士，其出发晚于约翰几年，也留给我们一份关于亚洲民族的详细描述，提供了关于他们的习惯和服装的丰富知识。

在1252年与1255年间，法国国王路易九世(后被天主教宣布为圣徒)派佛兰德人圣方济会修士鲁斯布鲁克的威廉(William of Ruysbroeck，1220—1293，也叫卢勃鲁克)前往蒙古。威廉很显然不是个小人物，因为我们有证据表明：他把自己在旅行中搜集的观察结果与其他圣方济会学者，如神学家和哲学家罗吉尔·培根进行讨论，后者是令人尊敬的著名学者，提倡对自然和世界进行直接观察和地理探险，而非对古代哲学家的权威赋予更多重要性的经院传统。威廉就其旅行写了一部非常出色的报告，他在其中提出要分清作为民族名称的"蒙古人"(他们唯一接受的用于称呼自己民族的词)和贬义词"鞑靼人"(Tatars)，这个来自一个被蒙古人征服的部落的名字的错误标音。由于与希腊—罗马神话中地狱般的鞑靼发音相似，"鞑靼人"这个名字在中世纪作家中使用得非常广泛。此外，尽管有威廉的提醒，"鞑靼"这个地名仍能在18、19世纪的地图中找到，可见根除一个根植很深的传统绝非易事。

在忽必烈汗(成吉思汗的孙子，他征服了中国南方的省份，即马可·波罗所谓之蛮子，并且将整个国家统一于蒙古人的统治之下，成立了新的元朝)第二次发出对基督教传教团的邀请之后，首位圣方济会的教皇尼古拉斯四世(Nicholas IV)决定派一位修士前往中国，即博学而干练的孟特戈维诺的约翰(John of Montecorvino，1247—1328)，他于1287年出发前往中国。他旅行多年，带着26封国书，这些书信是用来递交给他沿途中将会遇到的统治者们和东方教会的主教们的。穿越了近

图 32　马可・波罗,《马可・波罗游记》。尼科洛和马泰奥・波罗在君士坦丁堡迎接威尼斯使节,约 1412 年,羊皮纸小画卷,巴黎,法国国家图书馆

东、波斯和印度之后，1294 年，约翰终于与商人皮特罗·卢卡隆戈（Pietro Lucalongo）抵达了中国的海岸。

忽必烈的继承人、铁穆耳·完泽笃（Temür Öljeytü，中文称"成宗"）允许他自由地在其臣民中传道，讲述新的圣经四福音书。约翰修士传教工作的重要性及其适应当地文化的能力是非同寻常的：他用鞑靼语主领弥撒，并翻译了《圣经》的《赞美诗书》、《新约全书》和《弥撒书》。这是一项非常有意义的工作。约翰在北京孤独地生活了 11 年，几乎被人们遗忘，直到科隆的阿纳尔多（Arnaldo of Colegne）修士前来帮助他。当约翰以一封落款为 1305 年 1 月 8 日的书信捎回一些音讯时，人们都以为他已经走失了。尽管在宫廷中有困难并且激起了嫉妒，约翰还是设法维持住了大汗的信任并使王公阔里吉思（Tenduk）皈依了天主教，为他和他的许多臣民施洗礼并给他起名为乔治。

然而，如果他没有从欧洲得到过帮助的话，他的传教工作就会难以为继。作为对其落款为 1306 年 2 月 13 日的信件的答复，克莱门特五世派了一队圣方济会修士到中国，其中有七位主教，他们要奉约翰为北京的大主教。这个团队于 1310 年左右抵达目的地。这时，约翰终于可以创建一个正常的教会组织了。1328 年，当约翰以 81 岁高龄辞世时，他被尊为圣徒。中国的天主教堂只比他多存在了四十年，就被土生土长的新明朝驱逐了；这个朝代厌恶任何能够使它想起它的国家中令人憎恶的外国人的存在。

马可·波罗对亚洲形象的影响

为了理解在那些时代的欧洲公众观念中逐渐形成的对远东的看法，有必要深入了解马可·波罗的著作及其对同时代人的影响。这里的公众，主要指商人、外交家和士兵们（不包括神学家，他们仍旧相信学究式的经院地理学）。

每个人都知道马可·波罗的故事，因此我们无需加以详述。然而，确实有必要概括出其对后来欧洲的地图制图有着巨大影响的几个要点。

几乎最近所有关于马可·波罗的研究，都包括一个质疑马可·波罗旅行真实性的简短章节。这质疑是这样表述的：马可·波罗可能抵达了波斯或蒙古的首都哈剌和林(Karakorum),但并未到过中国。他的故事可能建立在他父亲和叔叔的叙述,以及他从那些在东地中海海港的货栈和码头遇见的威尼斯官员和商人那里搜集的信息的基础之上。在证实这种假说的证据中最常被引用的就是一些重要的遗漏,如从未提及中国的长城,也没提到过在中国上层社会给女童裹脚的做法,以及在马可·波罗所提到的绝大多数地名中都有中间语言(波斯语)的痕迹。

然而,第一个缺陷可以用下述事实来反驳。在马可·波罗访问中国的时候,我们今天所知道的长城还不存在。事实上,它是在几个世纪以后由明代(见第 7 章)重建和扩建以抵御来自北方的游牧民族的。第二个缺陷可以用下述真相来反驳,马可·波罗作为一个外国人,主要与皇宫中的蒙古贵族和非中国的官员有来往,而他与当地人则来往甚少,因为他甚至不会讲当地的语言。无论如何,马可·波罗的陈述中包含了如此之多有趣的新元素,没有人怀疑他对亚洲的深入了解,无论其旅行的范围到底如何。自相矛盾的是,对于那些想要理解这本书对欧洲地理学知识影响的重要性的人来说,有关其真实性的辩论是完全不相干的。即使有人毫无疑问地证明马可·波罗从未到过中国,可他对地理学思想的影响仍然是巨大的。可以通过把他的著作与其他作者传播甚为有限的、未发表著作相对比来说明这点。例如犹太商人安科纳的雅各布(Jacob of Ancona)所著之书。这本书的可靠性也遭到强烈的质疑。然而,我们已确知这本书从未影响过欧洲制图的作品,也从未对地理学文献作出过贡献。相反,马可·波罗的故事却以在公众中的极大成功为特色。1298 年用法语写成后,他的书立即被译成托斯卡纳语、威尼斯语和拉丁语。此外,还有一些改写者试图把它改写成诗体。

如前所述,真实性并不被视为是必须满足的要求,这是因为,在中世纪晚期受过教育的公众极其渴望奇异和精彩的故事,最喜欢那些最为神秘的、外来的和幻想的元素。《马可·波罗游记》把纯粹日常的知识,如货物的价格、城市间的距离与明显荒唐和不可信的资料结合在一起。而正是这种混合式的配方,介于商业手册和探险小说之间的特点使得它如此流行。在保存于佛罗伦萨的一份 14 世纪手稿中,抄写员在令人疲惫的全文抄写完成之后(显示了他合乎情理的兴趣),强调他并不相信这个故事是真的。

在欧洲对远东的认识史的研究中,马可·波罗是后古典时代以来被引用得最多的作者之一。地图制图和地理学文献都不断引用他的描述。克利斯托弗·哥伦布(Christopher Columbus,我们将在下一章中看到)也认为这个威尼斯人的陈述是真实的，以至于他在其对东印度群岛的执著追寻中完全依靠它。

我们来对他的故事进行一下简要的叙述。马可·波罗 1254 年生于一个最初来自达尔马提亚(Dalmatia)的塞贝尼克(Sebenico)的威尼斯商人家庭。大约在同年(不太确定是在其出生前还是出生后)，他的父亲尼科洛(Niccolò)和叔叔马泰奥(Matteo)向东方出发进行了一次商业旅行，他们首先在君士坦丁堡安顿下来，后来到了克里米亚的索耳得亚[Soldaia，苏达克(Sudak)]。大约在 1280 年，老马可(最年长的兄弟)成立了一家贸易公司。在他们追寻财富的漫游中，波罗兄弟在中亚行进得越来越深入，直达中国的蒙古皇帝忽必烈可汗的宫廷。在那里，他们受到了非同寻常的优待与欢迎。作为来自西方国家的商人，在逗留期间，他们得到了很多特权，可能还有贵族头衔。可汗将他们送回国，要求教皇派 100 名天主教教士到中国向其臣民传播新的圣经四福音书。当这两位商人到达阿克港(Saint Jean d'Acre)时，他们得知教皇的宝座当时正值空缺，但选举教皇的秘密会议已经开始了。他们沿着叙利亚海岸白白逛了两个月之后，决定回到意大利，等待选出新的教皇。

1269 年，当马可·波罗的父亲和叔叔回到威尼斯时，他已年满 15 岁，母亲已经去世。他急于开始自己的成人生活。他和父亲、叔叔在家中又度过了两年的时光。1271 年春天或夏天，马可·波罗和他们一起动身前往东方，开始了一次将持续 25 年的旅行。当波罗家的这几个人抵达阿克港时，他们与圣地的教皇使节泰巴多·威斯康堤(Tebaldo Visconti)进行了谈话，后者向他们保证会支持他们的任务。当他们向亚洲次大陆进发时，在亚美尼亚得知那位主教被推举为教皇并被称为格里高利十世(Gregory X)；他在阿克港等候他们，准备把要给可汗的礼物和信件交给他们。从那里，他们一直前进到美索不达米亚、波斯、阿富汗、中亚的土耳其王国和中国的土耳其斯坦。大约在 1275 年 5 月，他们到达了汗八里。马可·波罗立即得到了忽必烈的宠信。像所有的蒙古统治者一样，忽必烈也赏识那些能够帮助他管理自己庞大帝国的外国专家。这位年轻人受命前往调查毗连西藏和云南的地区。此外，由于马可·波罗被证明非常干练，因此被提升为"爵"、一个直接把他与皇帝联系起来的头衔，成为皇帝在帝国所有民族中的私人特使。在《马可·波罗游记》中，就是用这个头衔提起马可·波罗的。

在马可·波罗服务于蒙古宫廷的过程中，他代表大汗完成了很多重要的外交使命，在国内和亚洲其他国家和地区都旅行过。中国的新征服者并不信任当地人，而愿意雇用那些命运与这个王朝完全联系在一起的外国官员。这些官员们通常是来自中

图 33 马可·波罗,《马可·波罗游记》。忽必烈汗赐给尼科洛和马泰奥·波罗一个安全通行证,约 1412 年,羊皮纸小画卷,巴黎,法国国家图书馆

亚的土耳其人,还有阿拉伯人、波斯人、亚美尼亚人、犹太人乃至欧洲人。然而就马可·波罗的情况而言,一个像他这样不识字的人(据中国官僚所说),似乎不太可能被任命为即使是一个城市或一个省的长官。虽然在其书中,马可·波罗很骄傲地谈到这样一次任命:最初是在扬州——一个控制帝国运河所有交通的大河港,然后是在刺桐(Zaiton,绸缎"satin"一词的来源,即现在的福建泉州)——宋元时期海外贸易的主要海港。1346 年,摩洛哥旅行家伊本·白图泰(Ibn Battuta)认为,它是"世界上最大的港口之一,更应该说是最大的港口"。

一项新的国外使命给了波罗家族的这几位一个返回祖国的机会。1292 年,他们随同一支由 14 艘中国平底帆船组成的舰队,护送一位元朝公主到波斯与该国的蒙古统治者通婚,因此开始了一次将于 1295 年抵达威尼斯的漫长的海上和陆上探险。忽必烈交给他们一些写给教皇、法国国王、西班牙国王和其他基督教统治者的信件。此外,他还给他们两块金牌作为通行整个帝国的安全通行证(参见图 34),并且给了相当数量的钱财,作为他们服务的犒赏。穿越南中国海和印度洋以后,他们在波斯湾离船上岸,从那里到达了黑海的特拉布宗(Trabzon),然后到达了君士坦丁堡、尼葛洛庞帝(Negroponte,即哈尔基,Chalki),最终到达了亚得里亚海。消失四分之一个世纪以后,波罗家族的这几个人衣衫褴褛,风尘仆仆。他们发现,人们都认不出他们了。然而，多亏他们携带的那些可以很容易地藏在衣服里面的宝石，他们还是过上了退休商人的富足生活。马可·波罗被允许进入玛吉奥康希格里奥（Maggior Consiglio）的议会。作为一个优秀的威尼斯贵族，在战争情况下，人们期望他出资武装一艘战舰来效忠共和国，并且在战斗中领导这艘战舰。在那个时代，在意大利的海上，共和国之间有着很强的竞争，尤其是在热那亚和威尼斯之间，为竞争与东方和黑海的贸易垄断权，发生着频繁和相对激烈的斗争。

1298 年 9 月 8 日，在靠近扎拉（Zara）的一个达尔马提亚岛屿——库佐拉（Curzola）的海战中，兰巴·朵芮亚（Lamba Doria）领导热那亚人取得了胜利，马可·波罗被俘。在 1298 年和 1299 年间，在热那亚共和国的监狱中，马可·波罗向一位同监的伙伴口述了《马可·波罗游记》（*Le Divisament du Monde*）的精彩旅行故事，这个人就是托斯卡纳说书人——比萨的鲁斯梯凯洛（Rustichello）；热那亚人在 1284 年的梅洛里亚（Meloria）海战中打败比萨之后，将之俘虏。这本书最初用法语和意大利语写成，很快以《马可·波罗游记》或《米林（Million）游记》的书名而广为人知，这是波罗家族的昵称，从波罗家族一位叫"艾米林尼"（Emilione）的先祖的名字演变而来。因此，这部著作源自两位作者的共同努力。最初可能是用法语写成的，然后译成意大利土语。1324 年，多米尼加人波洛尼亚的皮皮诺（Pipino）根据一份威尼斯手稿将之译成拉丁语。这本书在短时间内就成了一本畅销书，很多手抄的副本（有添加、附加和随意的省略）传遍了整个欧洲。

威尼斯人和热那亚人签订和平条约之后，1299 年 7 月 1 日，马可·波罗被释放并回到威尼斯。在那里，他与多娜达·巴多尔（Donata Badoer）成婚，并且生了三个女儿。终其一生，这位威尼斯旅行家将其精力用在与叔叔马泰奥的商业和贸易及其著作的传播上。我们知道，1307 年 8 月，他送了一本《马可·波罗游记》给谢波哇藩主迪博（Thibault de Cepoy），以交给查尔斯·德·瓦鲁瓦（Charles of Valois）——法国国王菲利浦四世的兄弟；另一本送给葡萄牙的唐·佩德罗亲王（the Infante of Portugal dom Pedro de Aviz）。这本书很快被各国用本国语言译出，并以相对较为可靠的托斯卡纳版本为依据发行。自 14 世纪初，它就取得了引人注目的成功，迄今尚有 80 份不同语言的手抄本存世。1324 年 1 月 9 日，马可·波罗签署了他的遗嘱，这份文件与其他文件一起证明：自他们从中国返回以后，波罗家族的财产取得了相当可观的增长。这位在 1305 年由一份文件册封为"贵族马可·波罗·米林尼"（nobilis vir Marchus Paulo Milioni）的著名旅行家，1324 年卒于威尼斯。在临终的床榻上，他说出了那句著

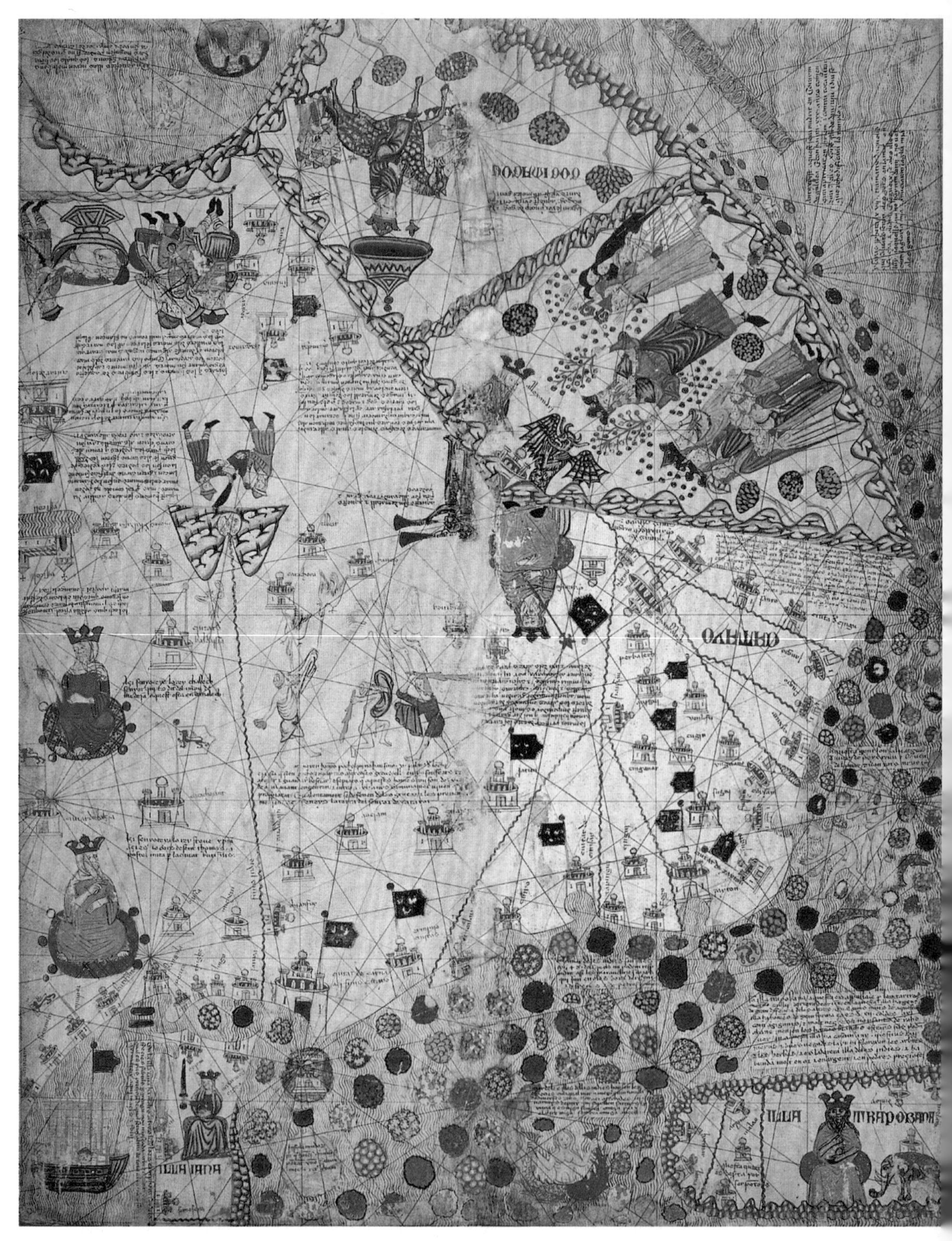

图 34　亚伯拉罕·克里斯奎斯，加泰罗尼亚地图集。东亚地图，马略尔卡岛，约 1375 年，羊皮纸小画卷，巴黎，法国国家图书馆

名的墓志铭："我只说出了我所见的一半！"

马可·波罗并没有留下一部他自己的制图作品，尽管在其书中谈到了他经常参考的类似欧洲或中国所出的世界地图。然而，马可·波罗描述中的一些要素对后来的制图产生了非同寻常的影响，不仅在中世纪晚期，乃至在 17 和 18 世纪，代替或结合了从托勒密和古代继承下来的资料。

马可·波罗还提供了一个关于日本的迷人却并不精确的描述。在第 155 章，他谈到了一个名叫"日本国"（Zipangu 或 Cipangu）的独立岛屿，那里的黄金如此之多，以至可以用两英寸厚的黄金来覆盖宫殿的屋顶和房子的地板，更不用说珍珠和宝石了。这大量的财宝激起了大汗的兴趣，因此决定入侵这个国家，但来自北方的一次暴风（后来被命名为"神风"）摧毁了整支舰队和三万人。这个简要的陈述说明，马可·波罗所述的是他听人说起的而非亲身经历之事。不实之处颇多：日本并不是一个岛屿，而是由数个主要岛屿组成的群岛（本州、北海道、九州和四国），为众多小岛屿所环绕。虚构出来的富庶可能仅仅是给攻击找个借口，忽必烈的入侵尝试是两次而非一次（第一次是 1274 年，第二次是 1281 年）。今天，这个群岛依然盛产珍珠、黄金和白银，但并没有考古学证据表明曾在人行道上广泛使用贵金属。很可能是作者或其编辑鲁斯梯凯洛想让公众认为日本的贵金属如此丰富，以至于可用来覆盖建筑物。无论如何，提到"闪烁的屋顶"，令我们想到上釉的瓷砖，从远处看极像黄金或白银。

评论家们常常研究马可·波罗叙述中的其他要素，得出互相矛盾的结果。至于有关东亚，著名的墨卡托 1569 年平面球形图包含了 73 个建立在《马可·波罗游记》基础上的地名。包括卫匡国在内的一些作者很惊讶，在那些从未有狮子出没过的地方，马可·波罗报道说有很多"狮子"。对此可以这样解释：他可能在更广泛的意义上用这个词来指代狮这个物种，意思是指猫科动物，即老虎。据另一些作者们所说，马可·波罗是受了那些描绘狮子的象征性雕像（著名的"佛犬"）的影响。

中国海上的 7 400 个岛屿

在其书中的一个段落里，马可·波罗谈到了一件特别而有趣的事情，并在后来的欧洲制图中取得了极大的成功。在第 157 章中，我们读到："记住这个海叫做秦海，即'面对着蛮子省的海'。此外，据聪明的海员们所说，在秦海有 7 400 个岛屿，其中大多数是有人居住的。在所有这些岛上，每棵树都散发出芦荟的气味，但也有宝贵的香料，如黑胡椒和白胡椒……"这一次，这个威尼斯人夸张的陈述建立在可靠的来源之上：聪明的本土海员们，无疑知道香料岛屿的数量。瑞士基督教徒神学家和地理学家塞巴斯蒂安·明斯特(Sebastian Münster)在其 1550 年发表于巴塞尔、广为传播的《宇宙学通用手册六》中，描述了一些这样的岛屿，但是在图 17 [非常有名的关于韦拉札诺的乔万尼(Giovanni da Verrazzano)的美洲地图]的注解中，他指出这些岛屿是 7 446 个或 7 448 个，而与亚洲有关的图 19 则断言是 7 448个。

事实上，我们知道环绕中国海岸的岛屿大约是 5 000 个，从最大如 36 000 平方公里的台湾岛或 33 000 平方公里的海南岛，到最小的像一个足球场那么大的岛。唯一可能的解释(用道路学的术语)是马可·波罗所指的"秦海"是中国东部的整个地区。因此，这些岛屿的巨大数目，可以追溯到他在旅程中搜集到的有关数不清的岛屿(其中一些非常巨大)的信息，这些岛屿形成了一群几乎连续不断的群岛，从亚洲的东南海岸一直延伸到澳大利亚的西北海岸。因此，马可·波罗把马来西亚群岛、菲律宾群岛、美拉尼西亚群岛和密克罗尼西亚群岛看作了一个整体。

尽管有不同的解释，自马可·波罗以后，在欧洲的制图中，中国海岸布满了数千个岛屿。在中世纪早期的"T-O"世界地图中，描绘了几个遥远的像英格兰那样大的岛屿。在亚洲的最东边是天堂、金岛和银岛。在马可·波罗之后，制图中保留了几个大岛(塔普罗巴连岛，日本国)，常常放在很荒唐的位置，完全与其实际位置没有任何关系，形状和面积也是不真实的。最主要的是，最大的那些岛屿总是被一群小一些的岛屿所环绕，并标示为从珍珠或肉桂到胡椒和钻石等各种各样货物的生产中心。

最有意义的陈述，是保存在巴黎国家博物馆的所谓加泰罗尼亚地图集。这个包含了几幅地图的图集，是大约 1375 年献给法国国王查尔斯五世的，他很显然曾要一个对从东方到西方所有有人居住的地方的可靠描述。作者佚名，有人认为，就是马略尔卡岛的犹太制图家亚伯拉罕·克里斯奎斯(Abraham Cresques)。虽然对编者的姓名仍有疑问，但对作品的风格则十分肯定：它是一次真正的认识论革命，拒斥了"T-O"世界地图、耶路撒冷的中心位置和居住区的传统形状。引用 12 世纪

图 35　加泰罗尼亚世界地图，约 1450—1460 年，羊皮纸小画卷，摩德纳，埃斯腾斯图书馆

法国百科全书学家安敦的霍诺流斯(Honorius of Autun)的一个注解，解释说地球是球形的，已知世界(欧洲、亚洲和非洲)只占据了可居住区的一部分。

在航海图集中，把文本与精美的缩微风玫瑰图放在一起并附有风和其他航道的名字，加泰罗尼亚地图集是开山鼻祖。所运用的技巧与地中海航海制图的技巧相同，其生产中心之一就在马略尔卡岛(Majorca)。此外，它还由宗教和文学元素以及能确保宇宙学安排的文本加以丰富。对地中海沿岸描绘得精确无比：大量成串的地名垂直地写在海岸线上，还有很多文字注解、图画、旗帜及纹章。

然而，在远东却没有在地中海的那种精确性，亚洲海岸仅仅是作了勾勒，几乎没有什么地名,而且满是寓言式的插图。在描绘远东的地图边界,我们可以看到中国这个名字,而这页图自身包含了一系列信息:既有图表的又有文本的,却并非来自制图而是来自文字材料:各种游记如马可·波罗的游记、贸易手册、亚历山大的小说和宗教书籍等。在右下角地图的最边上,有着大量的岛屿。每个岛屿都有不同的颜色,标明所出产的特产,此外还有食鱼族,即裸体的食鱼人(见第三章)。挨着食鱼族的是两个城市标记,注有"刺桐"和"刺桐城",绘图师指出是由马可·波罗管理的海港。主要的岛屿是加纳(Jana)岛和塔普罗巴连岛(Trapobane),每个岛都标上了一个统治者的名字和很长的注解,环绕着两个岛屿的是数十个岛屿,有很多注解、符号和颜色,甚至还有一个长着两条鱼尾的海妖。

另一个与加泰罗尼亚学派有关的实例是保存于摩德纳的埃斯腾斯图书馆(Estense Library of Modena)的所谓加泰罗尼亚世界地图,时间可以追溯到1450至1460年间。作为中世纪航海图的最优秀传统[更广为人知但却错误的说法是"波多兰(portolan)地图"],其表面覆盖一层密密的菱形线,红海用一种生动的鲜红色表示,大陆的内地布满了权贵的帐篷,每个帐篷都有自己的旗帜。然而,在大西洋进行的伊比利亚探险期间所搜集到的知识的传播产生了有关非洲海岸的新内容,海岸向东弯曲,在几内亚的海岸线前面形成了一个狭窄的地峡,可以通过一条河流或可航行的运河穿越过去,直通印度洋。"澳大利斯地"(Terra Australis)成扇形向南部最高纬展开,但可以环绕它航行。大约只过了30年,巴尔托洛梅乌·迪亚士(Bartolomeu Dias)的航行就证明这个假说是正确的。相反,印度洋并未与大西洋区分开来,它包括一系列完全是虚构的岛屿(只是有一些近似于加泰罗尼亚地图集中的岛屿)。那些绿色、红色和蓝色的点与现实情况并无关系,而只是填满空白的地方,并且激起更深入地了解这些海洋的愿望。海船、海妖和海怪以及诸多微型城市和山脉使得整幅地图显得更为精致和完美。

第三个基本的例子是倍海姆(Behaim)的地球仪,是依据手绘航海图的技巧建造的现存最早的地球仪。在欧洲西海岸和假想的亚洲东海岸之间,大西洋看上去要比实际上小许多。这是由于托勒密引入的对已知土地赋予比实际更宽空间的传统(用180°的经度来代替实际上的150°)。此外,大西洋中充满了数不清的各种类型和面积的岛屿:著名的"Anti-ilhas"("安的列斯群岛"的名字即由此而来),按照马可·波罗的惯例,将会处在中国的陆地之前。1492年,受当时城中最有名的商人之一马丁·倍海姆(Martin Behaim, 1459—1507)之托,这个地球仪(参见图37)

图 36　马丁·倍海姆，地球仪。非洲详图，纽伦堡，1492 年，羊皮纸小画卷，纽伦堡，日耳曼博物馆

在纽伦堡制成。他已在葡萄牙居住了很长时间，而且还是卢西塔尼亚海员极为出色的伟业的见证。倍海姆想向他的市民们显示葡萄牙人在 15 世纪发现的奇迹，以劝说德国人从经济上参与这些事业，以获得可观的利润。

这个纸浆球直径 51 公分，表面覆盖着由乔治·霍尔兹舒勒(Georg Holzschuler)手绘的羊皮纸，它是德国纽伦堡博物馆的骄傲。在其表面有 111 个微缩画像、48 面旗帜、15 个纹章，很多圣徒、传教士和旅行者，海中有 11 艘海船，还有数十个陆上和海上动物。此外，它标出了 1 100 处胜地，包括葡萄牙人沿着好望角沿线建立的不同基地，并用长长的注解说明各地区的地理学。如我们所见，其制图部分地源自托勒密以及中世纪的航海图和葡萄牙航海家们搜集的信息。风暴角(后来被称为好望角)1487年刚刚被迪亚士发现,因此这个地球仪关于东方只包含想象的信息,而且完全没有美洲大陆,因为哥伦布在这一年十月才发现它。放在将被命名为太平洋的海中的岛屿其形状和大小都与现实没什么关系,而只是符合马可·波罗想象中的状况。在中国,我们可以看到根据马可·波罗搜集到的资料所描述的"契丹"、"蛮子"、"日本国",东部海洋中数不清的岛屿、大江大河和城市。

在前述1554年的地球仪中,葡萄牙制图家罗伯·欧蒙(Lopo Homem)并未明确提到马可·波罗,但他在中国东部绘制了大量岛屿。然而,他不仅故意忽视一些由马可·波罗提供的众所周知的说明如日本国,而且也忽略了此前葡萄牙人的全部制图,从中他本可以发现已出现的陆地的实际分布情况。由欧洲人所作的有关中国最早的近代描写,1585年由被菲利浦二世派往中国的胡安·冈萨雷斯·德·门多萨(Juan González de Mendoza, 1540—1617)大使发表于罗马。这本书名叫《中国伟大王朝最值得注意的事物、仪式和风俗的历史》,书中有一幅地图,其中有些注解很显然来自马可·波罗,例如紧挨着杭州城[这个威尼斯人所说的"行在"(Quinsai)]的注解"天堂之城"。在奥特琉斯的地图中涉及西徐亚海(Mare Scythicum, Scythian Sea)时,仍然沿用了马可·波罗的说明,用一个注解告诉读者说:"普林尼和威尼斯人马可·波罗都说这里有很多岛屿,但他们都未明确其数量或位置。"

约翰·曼德维尔对地理学图像的贡献

在印刷术传播之前的时间里,《马可·波罗游记》是仅次于圣经的最流行的书籍之一,而且另一本由约翰·曼德维尔(John de Mandeville)所著的游记很快也流行起来。历史评论已确认它无疑是一部伪作:一位佚名的作者搜集了有关亚洲的资料和信息,把它假充为个人经历。然而,随着其描绘在欧洲人关于亚洲的总体想象以及关于中国的特别想象中的传播,这位假托的作者的原创性和真实性已不重要。

曼德维尔之书大约在1360年前后出现在欧洲市场上,紧随着《马可·波罗游

图 37　约翰·曼德维尔，《约翰·曼德维尔游记》。使用指南针在印度洋上航行，约 1412 年，羊皮纸小画卷，巴黎，法国国家图书馆

记》的成功。书中有一系列有关这颗行星的形状和可居住性的初步探讨。在第二十章，作者明确断言地球是个球体，可以在赤道"之上或之下"环绕航行，而且从赤道之下的南半球看不到北极星。曼德维尔引用了一位无名商人的经历，他可能跟随一支阿拉伯护航舰队在赤道以南向着苏门答腊岛旅行。在第三十三章，我们读到："我们的主在苍天的正中央创造了球形的地球。"

曼德维尔极其详细地描绘了印度，据他所言，那里有约翰长老的美妙王国，它被描述成一个具有欧洲所不具备的全部优点的乌托邦式的地方。在重申了耶路撒冷是可居住地区的中心以后，曼德维尔也（用讽喻的意味）宣称约翰长老，即印度皇帝住在对跖之地。如果我们从字面上解释的话，这将意味着印度在英格兰以东180°，而中国海岸对那些想通过大西洋抵达的人们如哥伦布来说，则要近得多。据曼德维尔所说，在印度周围那里有"五千多个"岛屿。然而，不太清楚他是否仅指马尔代夫、拉克代夫和斯里兰卡，或者也指印度尼西亚群岛，甚至海南岛、台湾及日本群岛。

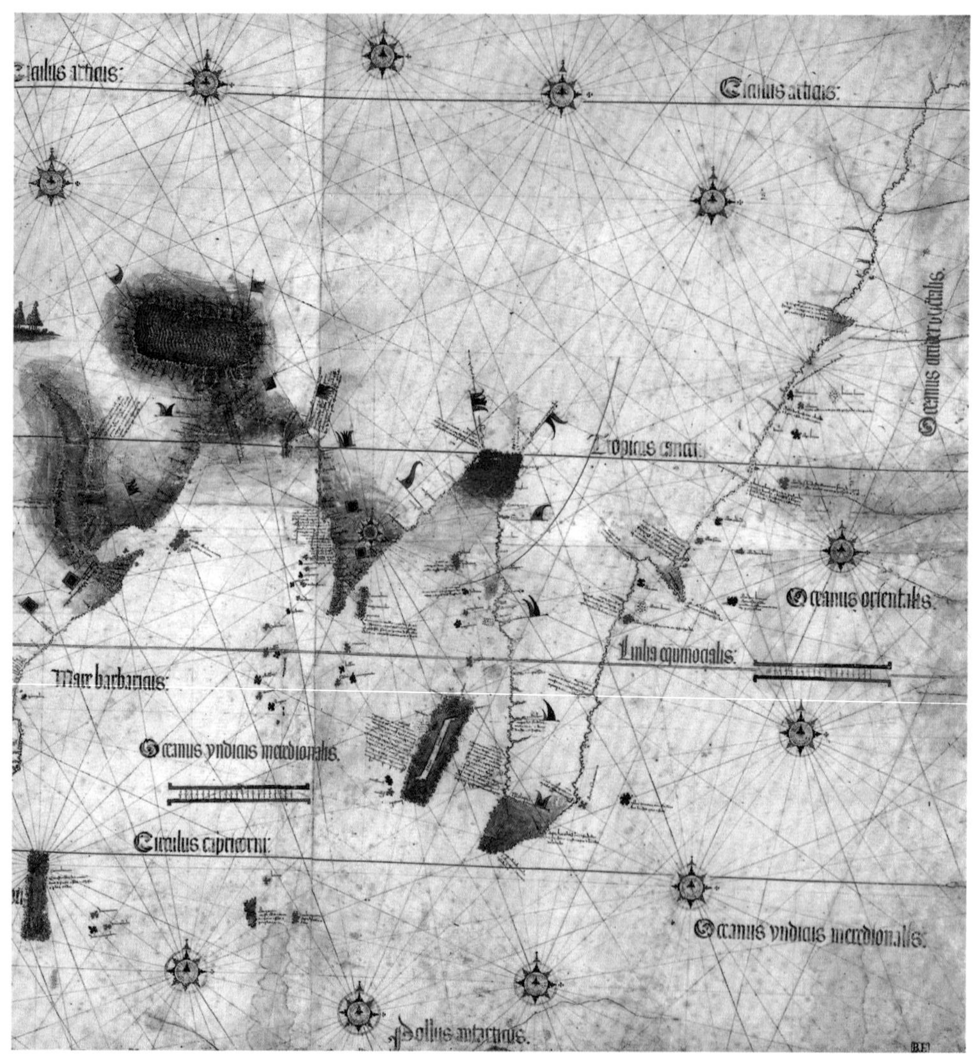

图 38　葡萄牙学派，坎提诺地图。亚洲详图，里斯本，约 1502 年，羊皮纸小画卷，摩德纳，埃斯腾斯图书馆。

曼德维尔在描述中国时说，长江是“世界上最大的淡水河”(第二十二章)，与自伊西多尔以来的整个神学传统相悖。在这条雄伟河流的入海口，有个海港叫宁波(第二十二章，第 143 页)，“在这个城市有一支强大的海军舰队，所有的海船都用雪白的木头制成。这些船又大又漂亮，建造得非常好，装备有厅堂、房间和其他令人舒适的设备，就像在陆地上一样”。曼德维尔对契丹作了特别精确但却错误的描述，认为其所指就是黄河流域(“黄河穿越契丹，它泛滥时常常造成灾害，甚至非常严重”）。实际上，像北京这些主要城市都在相邻的山谷中，因此并没有遭受洪灾的危险。

据英国人曼德维尔所说，到达中国的西方商人似乎都来自意大利半岛：“从热那亚、威尼斯、罗马涅（Romagna）或从伦巴第（Lombardy）的其他地方。”尽管偶尔有海关的、财政的和考古学的文献揭示出一些意大利商人的遗迹，如热那亚人安弗赛的托马索（Tommaso of Anfossi）和巴斯卡雷罗（Buscarello of Ghisulfo），但我们知道，贸易的大部分（尽管不是全部）是由穆斯林中间商经营的。就我们所知，没有哪个商人留下了可与马可·波罗的书相提并论的旅行记录，虽然有几个商人所经历的事情丝毫不比这个威尼斯商人的经历缺乏想象力。我们常常只知道一些航海家的名字，如热那亚人安德鲁（Andalò of Savignone），他在1338年出发；或多米尼格（Domenico of Viglione），偕全家于1340年抵达中国，然后其女儿卡特里娜死于1342年，其儿子安东尼奥死于1344年，都埋葬在扬州城。除马可·波罗之外，还有威尼斯海员朵杜（Lucchetto Duodo）、弗朗西斯奇诺·罗雷丹（Franceschino Loredan）与乔万尼·罗雷丹（Giovanni Loredan）兄弟。然而，他们的知识很可能已经部分地融入那些文学性有些差异的著作，并且确实有助于鼓励欧洲探险家们寻找到达远东的新路线，虽然地中海的土耳其人和中国的明朝再次威胁要阻断古代的丝绸之路。

第五章　地理大发现时代有关东方的制图

对托勒密的重新发现与拒斥

如我们所见，在中世纪，托勒密地理学在欧洲文化中已被彻底遗忘，但伊斯兰和拜占庭的精英们却依然记住它。直到15世纪初，在1406年至1409年间，教皇亚历山大五世才下令将托勒密的《地理学》从希腊语译成拉丁语。译者是斯卡沛里亚的雅可布·安杰洛(Jacopo Angelo of Scarperia)，曾师从拜占廷哲学家曼努埃尔(Manuele Crisolora)学习希腊语。这一翻译对托勒密《地理学》的传播至关重要，因为在西方几乎没有人能阅读希腊语书籍。在接下来的几十年里，又刊出了《地理学》的不同手抄版本，但只有在印刷术传播以后，尤其是1482年在乌尔姆(Ulm)印刷的版本出版后，托勒密才成了一股真正文化时尚的主角。有数十份希腊语和拉丁语的手稿，至少25个印刷版本和大量的单页地图定期地把从近代探险家和航海家们的经验中搜集的新细节添加进去。

托勒密的地理学坐标未能满足新读者们的需要，因为看不到他们曾游历过或曾居住过的土地。一些不确之处，如不列颠岛的荒唐形状对希腊、罗马和拜占庭的读者来说还能敷衍过去，但对北欧的读者来说就十分不充分了。然而，地理探险给了近期刚刚重新发现的托勒密传统以最后一击。最严重的打击并非来自美洲的发现，因为托勒密常常宣称地球是个球体，他也从未说过不存在其他的可居住土地。相反，至关重要的是非洲可绕航而过：托勒密断言印度洋是个封闭的海洋，但葡萄牙舰队的探险却表明事实恰恰相反。

然而，具体到对某一区域的描绘则仍然深受托勒密传统的影响，把托勒密版的印度支那[如马丁·维尔德西姆勒(Martin Waldseemüller)绘制的那一版本]与1502年坎提诺(Cantino)的地图(其确切的题目是：最近在印度发现的岛屿的航海图)中的印度支那比较一下，我们就能看出这一点。尽管不成比例，但这个半岛是完整独立的，而且没有和想象中从南边环绕整个印度洋的“未探明之地”(Terra Incognita)连在一起。中国海岸也是如此。在那时，卢西塔尼亚的航海家们还没有抵达那里，但却画得很接近实际，只是有些太平直和过于简略。马可·波罗所描述的数百个岛屿完全不见了，这反倒可以被看作一个积极的标志。只绘出了近海的几个小岛屿，并根据其幅员大小着上绿、蓝或红色，一如地中海航海制图中

图 39　巴蒂斯特·阿格尼斯，世界航海地图集。椭圆投影世界地图，描述了麦哲伦

险路线，威尼斯，1543—1545 年，羊皮纸小画卷，普罗维登斯，约翰·卡特·布朗图书馆

最优秀的传统那样。这幅图在地名的标注上还附加了物产与航线的所有信息，所呈现出的世界也就愈加丰满。在标注中，我们发现了最为古老的称谓——“秦地”(Chin Land)，位于马六甲以远，据说那里盛产丝绸、瓷器、漆和玉。

在哥伦布在美洲的三次航行、达·伽马(Vasco of Gama)在印度的航行和韦斯普西(Vespucci)在巴西的航行之后，16世纪初人类的居住区不断扩展。艾斯特的埃尔科莱侯爵一世(Marquis Ercole I of Este)的特使，菲拉拉(Ferrara)、莫德纳(Modena)和里吉欧(Reggio)第二代公爵阿尔伯特·坎提诺(Alberto Cantino)，为了满足亲王对此的好奇心，在里斯本委托制作了平面球形图。坎堤诺冒着很大的风险买通了葡萄牙的绘图师们，因为对传播有关新海洋航线和新发现陆地的宝贵的秘密消息的人不仅有限制性的措施，还有资金上的惩罚。然而，支付了“十二达克特的金币”后，他设法得到了保存在里斯本印度矿产部的几内亚大办公厅里伟大的世界地图——《真实的图画》(Padrão Real)的一份副本。这个大办公厅是一个管理西非和东印度群岛全部交通的公共机构，常会根据探险性远征的结果而暂时休会。

尽管有诸如此类的著作存在，但在几十年里托勒密著作的各种版本仍然非常多，包括单独的版本和附在“当代”地图集中的那些。最初的版本是手写的，但很快就被印刷版所代替。可以说，印刷术的引入使得托勒密著作的发行和名声达到了顶峰，因为对印刷工人来说印刷由坐标清单得来的地图非常容易。“古地图”展示了最为古旧的中国图画：上面仍然是古代的地名，丝毫没有当代旅行家们经验的迹象。这表明，在宫廷、学院和大学中所讨论的学术性的地理学和制图，与旨在探索海外疆土的、在海港中得到经验性实践的类似学科之间存在着极为显著的差异，对后者来说经验比任何理论都要宝贵得多。因此，如果对古代地理学的重新发现始于15世纪初期，那么，在几十年中，它一直是局限于富有人文精神的知识分子小团体之中单纯的科学好奇心。转折点就是这个世纪末葡萄牙人的伟大航行：1487年，迪亚士到达非洲的最南端；1497年，达·迦马到达印度洋。后一次远征特别表明了古代地理学(尤其是托勒密地理学)对非洲大陆的表述是错误的。此外，它摧毁了所有关于热带地区的陆地不可居住的全部假想理论，也使有关印度洋为一块巨大的南方大陆所包围的神话不再可信，但要等到18世纪的探险才能使这个神话回归现实。

这些创举使得设想一系列向东和向西的海上航线成为可能，这些航线将会把欧洲国家引入到全球市场上。这个假说被麦哲伦[和比茄凡达(Pigafetta)]在1519至1522年间的第一次环球航行从经验上证实了。此外,自葡萄牙人的航海以来,地球的球形已经完全无可置疑了。当时在中世纪,几乎每个人都相信地球是球形的(例如,可以回想一下但丁在《神圣喜剧》中所描述的世界形状),卢西塔尼亚人的航海使得有关地平线上星星的可见性和高度的天文观测成为可能,消除了有关可能与之相左的假说的任何疑问,如拜占庭僧侣卡斯马(Cosma Indicopleuste)的说法(世界就像个圣龛的样子),或者在基歇尔时代中国人的说法(如果我们愿意相信他的证据)。从哲学的观点来看,直接经验对权威的原理在认识论上的胜利表明了古代知识与近代知识相比所存在的局限性。

然而,古典文献仍旧使16世纪的学者们着迷,因为即使传统已经被近代地理学打败,其召唤力和重新发现重要作者的愉悦仍是非常强烈的。这里我们将研究的一些根据古代地理学文献的记载非常宝贵的胜地,却令16世纪的绘图师们徒然搜寻一番,劳而无功。

必须强调的是:我们谈论的是制图家而非探险家,因为这种概念上的详细表述对于从理论上推理的制图家来说是典型的,但对旅行家来说却并不典型。事实上,后者更关注实践的方面(和真实存在的地方),而胜于要确认那些久远的作者们可能根据第二手、第三手消息写出的模糊难懂的段落中提到的胜地。然而,仍有一些例子,一些探险家们受那些古希腊罗马著作的令人敬佩之处引导,去寻找那些遥远和想象的土地。还有西班牙贵族胡安·彭塞·德·雷翁(Juan Ponce de Leon)在佛罗里达寻找不老泉的故事。在他之前,在一些特别神秘的篇幅里,哥伦布(Christopher Columbus)写道,紧挨着奥里诺科河河口,他发现了一些接近于天堂的胜地。1524年,韦拉札诺的乔万尼(Giovanni of Verrazzano)只有在引用了马可·波罗的精彩描述、说他想从海路抵达"中国的欢乐海岸"时,才设法说服法兰西国王资助他的事业。

从海路抵达"中国的欢乐海岸":大发现时代的旅行家们

众所周知,哥伦布路线的目标在于直接向西航行抵达中国和日本(如他自己所说，“通过西方寻找东方”）。在哥伦布之前，葡萄牙人的路线已经表明赫克勒斯(Hercules)石柱是可以征服的，即地球确实是圆的，非洲并未因为炎热而被划入不可居住的气候区。与中世纪早期海盗在格陵兰的航行，和15世纪中国海军将官郑和领导的沿非洲海岸的伟大远征相比，哥伦布事业的伟大与创新之处在于他开创了一个未来航行的连续和持续的体系。

地理学知识并未停留在单纯抽象的好奇心层面上（这种情形使得它像寓言或神话，其可靠性随时间消逝），而是很快就引起了扩张和殖民的进程。可能维京海盗们在拉安斯欧克斯梅多(Anse aux Meadows)，或者其他民族在不同的地区也尝试了类似的事业[在哥伦布之前200年的热那亚人维瓦尔第却是个例外]。然而，使哥伦布的经验不同寻常的是这位海军将官在十年间去了美洲四次，而与此同时，支持他的国家（西班牙，刚刚打赢了一场针对格拉纳达穆斯林的漫长战争）组织了很多朝向同一目的地的远征以扩张其领土（这里无须证明，他们这么做是不是为了黄金、待皈依的灵魂或其他原因）。与海军将官郑和相比，有着基本的差异：在他的时代，中国太富有、太强大、太先进了，以至于无法想到通过交通的发展来获取利润。没有哪一块他遇到的土地能出产比中国更好的原材料，也不能提供更精良的货物，或足够富裕、能够吸纳昂贵中国产品的市场。只要有印度和阿拉伯商人的居间经营，海外贸易就提供了足够的关税收入，因此中国不需要向印度和非洲海岸进发以从事漫长的令人筋疲力尽的航海。此外，中国商人几乎彻底掌控了东南亚国家的经济（越南、泰国、马来西亚、印度尼西亚和菲律宾），而且在与日本的交通中起着最基础的作用。这个伟大的、具有儒家传统的官僚—农耕王国不喜欢对外界过度开放，因为他们认为，这对其社会的内部平衡是危险的。主要由于这些结构上的原因，而非一些朝臣对郑和个人升迁的短暂的、偶然的嫉恨，使得中国没有兴趣重复这位海军将官的航程或寻找海外殖民地。

相反，哥伦布的经验表明，穿越大西洋至少可以抵达一块陆地，尽管还没有人知道其范围如何，也没有人知道是否与马可·波罗所说的中国有着可能的联系。韦拉札诺的航行是从“温带气候”纬度找到一条抵达中国之路的最后一次尝试。人们认为，应当是北纬40°左右，从法国的北纬40°出发穿越佛罗里达北部的北纬40°。经验证据并未完全使“西北通道”的倡导者泄气，他们在其他人以及英国地理学界一些重要人物如约翰·帝依[John Dee，他是马丁·弗罗比歇(Martin Frobisher)悲剧性的最后航行的最初组织者之一]的帮助下，创始了一种真正替代性的制图传统。

图 40　安德烈·比安科,世界航海图。圆型世界地图,威尼斯,1436 年,羊皮纸小画卷,威尼斯,马西昂纳图书馆

葡萄牙制图中的中国

葡萄牙人之所以能够打开通往远东之路,是由于他们极为现实。正是本着合理的实用主义,卢西塔尼亚人并未卷入虚构的幻想之地,如约翰长老的假想王国,他们也没有纠缠于有关种族含义的分歧。葡萄牙人的兴趣,在于控制海洋航线以

垄断香料贸易。他们的决心如此坚定，以至于在几年之内就控制了该地区内所有的主要地点。在葡萄牙人的福音传道事业中，世俗权力（掌握在国王、贵族和大商贾手中的）与宗教权力是泾渭分明的。不过，看似独立的宗教权力却常常受制于葡萄牙世俗权力的保教权，因为国王从不允许教团成员或世俗的神职人员做出任何误导性的行为。因此，葡萄牙制图最先突破了托勒密传统。印度的事业［连接里斯本和果阿的每年的定期航线，一直向马六甲、澳门、摩鹿加（Moluccan）群岛和长崎延伸］建立在确知印度洋与大西洋直接相通的基础上。这一航线漫长而危险：其绝大部分都是在公海中，因此与以沿海岸航行为特色的地中海航行传统相矛盾，这一传统只提供在大陆海岸与主要岛屿，如巴利阿里群岛、西西里群岛和克里特岛之间的短途航线。

1502 年 2 月，在里斯本出版了《威尼斯人尼古劳游记》、由去过亚洲的欧洲人所写的游记编成的第一部文集。这部文集由瓦伦蒂姆·费尔南德斯（Valentim Fernandes）编辑并作序，它包含了用葡萄牙语出版的、最古老的东亚知识。它是对在葡萄牙人的地理发现之后、将要开始的“文化革命”之前那个时代的欧洲人所了解的亚洲的一种总结。除了费尔南德斯的序言和由热那亚旅行家圣斯特法诺的吉罗拉莫（Gerolamo of Santo Stefano）所作的落款为 1499 年的一幅地图外，这部文集包含了两位著名威尼斯旅行家的游记：马可·波罗的著作和尼古劳·达·孔蒂（Niccolò de Conti）在 1442—1444 年间的旅行记录，后者由佛罗伦萨人文主义者波格吉奥·布雷奇奥里尼（Poggio Bracciolini）抄写并出版于 1492 年。1508 年，还是在里斯本，在国王曼努尔一世给海军上将迪奥戈·洛佩斯·德·塞奎拉（Diogo Lopes de Sequira）向马六甲进发的舰队的指令中，我们发现了最早的有关搜集中国及其人民的知识的命令。

葡萄牙人的制图作品表明，16 世纪的制图并不只是印刷出版出自托勒密以来的知识。很多文件表明，地中海航海制图的传统技巧也被用到了新的海岸上。其要素都是相同的：对内地很少注意；风玫瑰图用一系列菱形表示单个显要地点之间的路线和位置，地名垂直地写在海岸线边。

例如，可以看一幅南中国（名为“Cathay”）的地图。这幅地图包含在一个佚名的航海地图集中，据称作者是马略尔卡岛的绘图师朱安·马提尼斯（Joan Martines，他在 1556 年至 1592 年间在墨西拿工作）。这部地图集保存在威尼斯科雷尔（Correr）博物馆中。这幅地图（参见图 41）几乎与地中海领航员手册完全一样。一个中央的风玫瑰图和两个边缘的风玫瑰图，连同其各自的一系列菱形，形成了参照的坐标格。海岸被涂成绿色和金色，岛屿则被涂成金色、红色、蓝色、绿色和银色。被涂成蓝色的湖泊、河流和无一例外全都有塔和旗帜的城市，以一种简略和格式化的方式加以描绘。海湾和海角都被加以强调，以帮助航海者们看得更清楚。与葡萄牙人和西班牙人的实用方法相一致，对内地地理学的仅有提及与珍贵货物的研究或出产有关。注解强调了最近的港口作为货物"装载地"的作用。因此，在内地，我们看到了如下的说明："这里你可以找到红宝石。"在离孟加拉很近的地方，我们看到："这里你可以找到钻石"；"这里你可以找到真正的芦荟"；"在这座城市，他们不用钱，而是用珊瑚"。在这些内地的文字注解之一、朝着云南的地方，我们看到："这里有真正的青金石。"这种石头深受欧洲画家的喜爱，他们用它来提炼一种极好的蓝颜料。

在坎堤诺地图中，我们找到了一个靠近中国东海岸的有趣的文字说明："蒙诺特(Menorte)岛，向北十五又四分之一英寸；这里有香木、亮漆、丝绸和香料。"朱安·马提尼斯(Joan Martines)是一位很重要的绘图师，他和他的一些本国人一样，来到墨西拿(Messina)以响应天主教舰队在与奥斯曼(Ottoman)海军的斗争中对制图作品的需要。作为西班牙王权的臣民，马提尼斯对最近的地理发现非常熟悉(在这同一地图集里的另一幅地图中，我们可以在对"最近发现的南方疆土"的描述中看出这点)，他对在东方的游记也很了解。他的资料来源可以追溯到马可·波罗、尼古劳·达·孔蒂和加斯托迪(Gastaldi)，这使他可以用有关东方民族的习惯和风俗的注解来丰富其著作。

在波多兰(portolan)地图的旗帜和纹章中寻找那些港口和内地城市的实际政治现实的参照是毫无用处的。根据早已确立的地中海传统，非欧洲和没有接受基督教的国家的旗帜是完全虚构的。他们用欧洲纹章学的颜色重组了一些著名要素，如大卫的犹太之星或穆斯林的新月。尽管在中国海岸的港口确实有很多穆斯林商人(如马可·波罗证实的那样)，但一个海港似乎不太可能用一种神教的标志作为其纹章。在几十年之内，两个伊比利亚国家开始依据1493年的教皇敕令，尤其是1494年的托德西利亚斯(Tordesillas)条约，将纹章和旗帜放置在由其管辖的半球上。后一个条约在两个伊比利亚国家之间划分势力范围，将亚速尔群岛以西370英里的一条假想线[著名的拉雅(raya)线]以西的全部土地给了西班牙，将这条线以东的全部土地以及后来成为巴西的一部分南美洲土地给了葡萄牙。

图 41　朱安・马提尼斯，航海地图集。南中国地图，墨西

1580 年，羊皮纸小画卷，威尼斯，科雷尔博物馆

这种制图传统并未提示出殖民地的基础或是有关一些地区的更高水平的地理学知识。相反，常有很大的纹章和旗帜被放在那些很少有地名为人们所知的地区。这就是发生在一些著名的卢西塔尼亚绘图师身上的事情，例如费尔南·瓦斯·多拉杜(Fernão Vaz Dourado)，他住在果阿(Goa)，印度国(葡萄牙人在亚洲的殖民帝国)的首都；或巴尔托洛梅乌·韦柳(Bartolomeu Velho)，17 世纪晚期他在法国工作；或路易斯·特谢拉(Luis Teixeira)，哈布斯堡王朝(Habsburg)菲利浦二世和菲利浦三世的官方绘图师。葡萄牙人经验的重要性超过了他们的商业帝国在亚洲所达到的领土范围。事实上，在很长时间里，去中国的唯一路线就是连接葡萄牙人的果阿和葡萄牙人的澳门之间的那一条，完全不涉及其他欧洲国家的属地。

澳门：中国境内的第一个欧洲港口

正如我们在皮特鲁斯·普兰修斯(Petrus Plancius)1594 年雕刻的一幅地图中所见，澳门也被叫做“真正的十字”；在文字注解中，我们看到“澳门又叫真正的十字”。在西边的珠江彼岸，绘图师画了一个犹太教堂(Iesuitarum Ecclesia)。如我们将在下一章所见，由圣伊格纳修(Saint Ignatius)创建的教团与印度和远东(从日本的福音传道的观点看也是如此)的葡萄牙贵族有着很密切的关系。一幅 17 世纪晚期的波多兰地图对南部的广州海岸进行了非常详细的描绘，其中对澳门岛的描绘非常精确。其名字似乎来自“Ama-gau”(阿玛神海湾)，这是葡萄牙人第一次在这个岛上下船时向当地人询问这是哪里时得到的回答。

在西班牙人统治葡萄牙期间(1580—1640 年)，澳门仍认为它是在里斯本的统治之下。因此，当葡萄牙在布拉干扎(Braganza)王朝下获得独立之后，澳门得到了这样的官方称谓：“圣名之城澳门，没有哪个城市比它更忠诚。”最初在中国海岸入港的葡萄牙人，可追溯到 1513 至 1514 年间欧维治(Jorge Alvares)的航行。佛罗伦萨商人安德烈·科萨利(Andrea Corsali)在 1515 年 1 月写给科西莫·德·美第奇(Cosimo de' Medici)的一封信中提到了这点。下一年，另一支由拉斐尔·佩雷斯特罗(Raffaele Perestrello)率领的探险队抵达了中国海岸，他是两个世纪以前在葡萄牙定居下来的一个著名的热那亚商人家族的成员，哥伦布曾娶该家族的一名女子为妻。葡萄牙人逐渐拓宽了他们在福建和浙江的贸易范围，他们对地理信息日益增长的需求驱使最初的旅行家们制成了一系列航海图、领航员手册和海岸轮廓汇编。

第一个例子是航海家和地理学家弗朗西斯·罗德里格斯（Francisco Rodrigues）的精彩著作《东方地理学》，历史学家阿尔曼多·科尔特桑（Armando Cortesão）推测其成书时间大约在1513至1519年间。该书包含航海介绍、航海路线、26幅水文地图和从班达（Banda）到马六甲的25幅亚洲海岸全景图。作者在印度和香料群岛搜集信息，联系东方尤其是中国和印度尼西亚的领航员和绘图师们。因此，他的书中包含非常准确和实用的资料，而不是建立在对航行假想的重构基础上的推论。他的中国海岸地图从北部湾（Tonkin Gulf）到朝鲜半岛，是第一次由欧洲人绘制出来的。他也是第一个为在从马六甲到广州的中国海航行绘制领航员手册的人，这部手册题为《中国航线》。此外，他的地图也最先开始用“China”这个名字来指代这个国家。

在1523至1533年间，迪奥戈·里贝罗（Diogo Ribeiro）是文艺复兴时期最著名的葡萄牙制图家之一，是设在西班牙塞维利亚的负责西印度交通的公共机构的首席制图家。他的平面球形图最先表现了装饰性的科学和技术主题。除了方位和航海星盘以外，他的平面球形图中还有航海规则以及所描述的不同地区的多方面资料。在其保存于摩德纳（Modena）埃斯腾斯（Estense）图书馆的1524年世界地图、即因拥有该地图的家族而得名的卡斯蒂格利奥尼（Castiglioni）平面球形图（然而其真名却是“最广泛和最精确的航海地图”）中，“China”这个名字首次出现，用来指代到那时为止一直被称作“Cataio”或“上印度”的地区。在保存于罗马教皇图书馆的1529年世界地图中，屯门（Tunmen）第一次以“Ilha de Veniaga”这个名字被提及，意思是“贸易岛”，是葡萄牙人第一次在中国下船登陆的地方。东亚海岸线首次被精确地勾勒出来，区分了马来西亚半岛与印度支那半岛。冲刷着这两个半岛的大洋的这个部分，被叫做“中国海”（Mare Sinarum）。

在鲍埃斯·彭罗塞（Boies Penrose）的绝世收藏中（宾夕法尼亚，德文郡），有一幅可追溯至1535年的东印度群岛地图，描绘了印度尼西亚群岛和马六甲半岛，以及菲律宾群岛的南部，直至福建省的中国海岸、葡萄牙人自1539年前后开始造访的港口区“漳州”（Chincheu）。这幅地图非常精确地描绘了广东省，尤其用注解“中国的广东河”来描绘珠江的入海口。还有一小群有可能是琉球群岛（Ryūkyū）的岛

图 42　罗伯・欧蒙，平面球形图，1554 年，羊

小画卷，佛罗伦萨，科学史研究所与博物馆

图 43　迪奥戈·欧蒙，世界航海地图集。东印度群岛地图，

1565 年，羊皮纸小画像，圣彼得堡，俄罗斯国家图书馆

屿。有关欧洲舰船抵达中国港口最早的中国文件记录，也可以追溯到 1535 年。此外，这些文件指出，欧洲舰船并没有固定的停泊地，而是将澳门作为一个季节性港口来使用。

卢西塔尼亚制图的其他重要证据是若奥·德·卡斯特罗(João de Castro)的那些地图，他是一位很特别的水道测量家和制图家，还是印度的第十三任管理者和第四任总督。若奥·德·卡斯特罗是佩卓·努内斯(Pedro Nunes)的门徒。他善于计算磁偏角，他所进行的那些精确的经度计算与现代的差距很少有 10′。他最有趣的著作保存于伦敦大不列颠博物馆。

再者是 1534 年加斯帕尔·维加斯(Gaspar Viegas)的地图集，保存在巴黎国家图书馆。关于摩鹿加(Moluccan)群岛，这部地图集重复了这里盛产黄金的说法："这里有很多黄金。"罗伯·欧蒙(Lopo Homem)1554 年的平面球形图(参见图 42)展示了与葡萄牙人光顾较多的沿中国海岸的贸易港口有关的丰富而细致的图画和地名。这些交易是贸易、海盗和走私的混合体，因为北京当局对与外国人尤其是欧洲人打交道并不热心，认为他们是不能实现良好风范的"野蛮人"。双屿港(Liampo，Shuangyu)第一次在浙江省宁波的海域被加以描绘，葡萄牙人曾在 16 世纪三四十年代造访这里，以及福建省漳州(40 年代的一个贸易中心)。在四年后，加斯帕尔·维加斯的儿子迪奥戈(Diogo，约 1520—1576 年)为英格兰女王玛丽·斯图亚特、西班牙国王菲利浦二世之妻所绘的精美地图集中，东亚的形状与罗伯(Lopo)所绘的形状非常相似(参见图 43)，但"China"这个地名首次被分别用于三座被涂成绿色、红色和蓝色的巨大山脉东边的地区。1542 年，葡萄牙航海家安东尼奥·达·莫塔(Antonio da Mota)是第一个抵达日本的欧洲人。然而，里斯本的葡萄牙绘图师们要花上一些年头，才能获得有关这个大岛国更为精确的信息。

1557 年，葡萄牙人终于得到了澳门[①]；作为他们帮助明朝击溃一次危险的海盗活动的奖赏，他们自 1535 年起就时不时造访那里。同年，诗人贾梅士(Luãs Vaz de Camãμes)来到亚洲，在那里，他获得了灵感，在其《葡国魂》的不朽杰作中歌颂葡萄牙航海家们的事迹。作为一个永久场所，澳门容纳了耶稣会大学和最初的天主教堂。澳门逐渐成为欧洲在中国领土范围内各个渗透项目的中心。作为一个战略基

① 葡萄牙人在这一年只是得到了在澳门的居住权，明朝政府仍在澳门境内行使主权。1887 年，澳门正式成为葡萄牙的殖民地。——译者

地，澳门还设立了制图实验室，专门生产有价值的手绘、水彩以及饰有金箔的独特作品。在一些常常是佚名的书中，我们可以看到精彩的风景、细致的地图、城市中心、港口的描述和防御结构的图画。

包含在《马来西亚之书》(*Livro de Marinharia*)中，由若奥·德·里斯本(João de Lisboa)所作的1560年全球地图集由20幅地图组成。它保存在里斯本的东波塔(Torre do Tombo)国家档案馆，它包含了一幅东亚地图，其中有葡萄牙人沿着中国海岸造访的"人们从事交易"的贸易港口的详细描述和地名。在广东省珠江入海口和福建省漳州、浙江省双屿(Liampo)的贸易前哨，分别用"广州岛"和"贸易岛"(Veniaga)加以表示。"福摩萨"(Formosa，即台湾)这个地名被第二次使用，到这时，这个岛还是一直被叫做"小琉球"。正如对广州清真寺的描绘所表明的，其图像材料是非常精确的，这说明存在着一个非常繁荣的伊斯兰社区。

巴尔托洛梅乌·韦柳(Bartolomeu Velho)1561年在里斯本绘制的地图集(保存在佛罗伦萨的科学史研究所及博物馆中)分为四幅地图，包含一幅东印度地图，第一次对大陆内地加以关注，而手绘的航海制图传统则只关注沿岸。至于有关中国的部分，可以在把中国与鞑靼隔开的群山后面清晰地看见长城。湖泊和运河的大量存在，可能是中国大运河的痕迹。此外，有关中国内地的文字注解包括自1557年以来所了解的消息。日本的轮廓勾勒得比以前要好，群岛被以南北方向放置，地名也很丰富，并第一次使用了虾夷(Yezo)岛的名字。"Miaco"是帝国的首都京都，被放得过于偏北，"Tonsa"表示四国岛，"Cagaxima"表示九州岛(Kyūshū)上的鹿儿岛(Kagoshima)，"Tanashima"代表九州岛外的种子岛(Tanegashima)。

拉萨罗·路易斯(Lázaro Luis)1563年绘制的全球地图集(保存于里斯本科学院)包括13幅地图，其中有一幅从孟加拉湾到日本的东亚地图，对广东王国非常关注。这个王国中有个上川岛(Sancian Island)，这里既是16世纪中期葡萄牙人在中国的贸易中心，也是方济各·沙勿略试图进入中国传播四福音书而一直等到他辞世的地方。可能这部地图集的作者在印度出生和工作，因此有机会在东方的海洋中航行很多年，获得了有关这些海洋的丰富经验，从而使他能够纠正以前地图绘图中最宏观的错误。他的地图是将日本画成新月形状、一端向南的最古老的一幅，即所谓的"瓦斯·多拉杜(Vaz Dourado type)型地图"(参见图44)。正是由于从16世纪40年代开始向日本出发的定期航线的创立，使得在中国海岸发展一个永久的葡萄牙贸易前哨成为可能，从而导致澳门的建立。

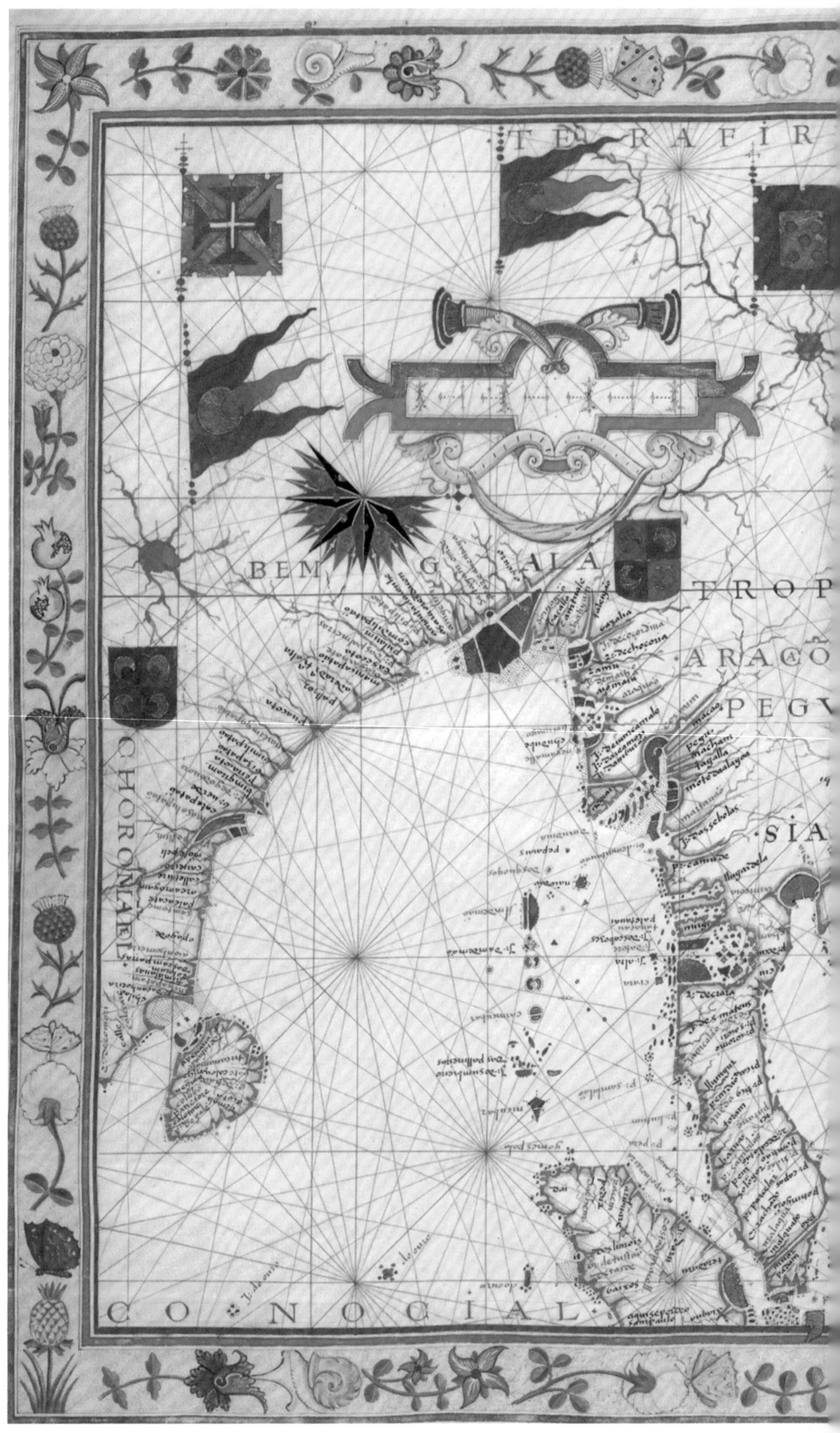

图 44　费尔南・瓦斯・多拉杜，世界航海地图集。东印度群

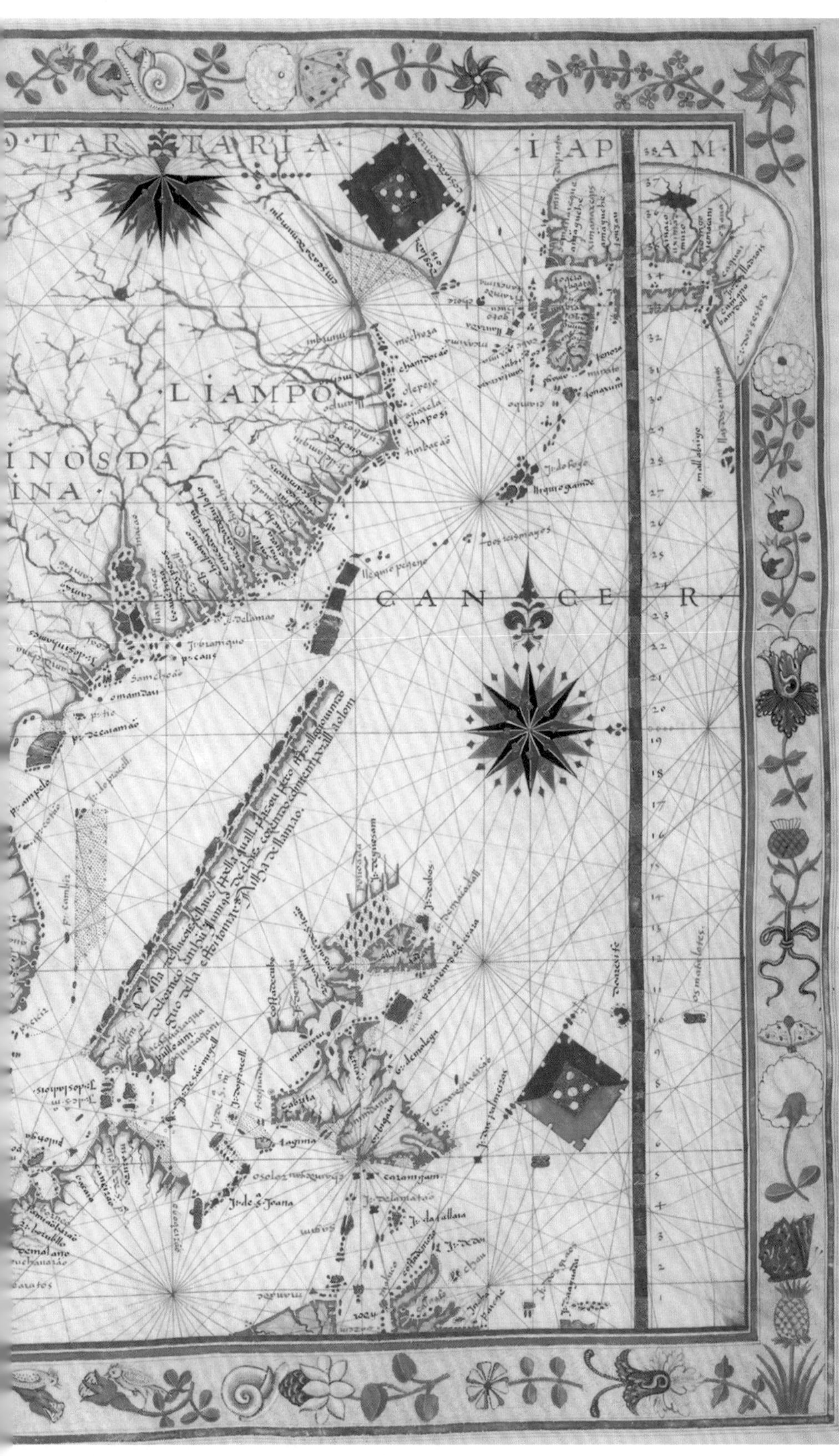

图,果阿,1570 年,羊皮纸小画卷,圣马力诺,亨廷顿图书馆

1565年左右,塞巴斯蒂昂·洛佩斯(Sebastião Lopes)绘制的全球地图集[保存在芝加哥纽贝雷图书馆(Newberry Library of Chichago)]共有24幅地图,其中有一幅从苏门答腊到日本的远东地图,第一次把菲律宾群岛画成几乎笔直向东北延伸的海岸线。日本被叫做"银岛"(Ilhas da Prata),作为葡萄牙人商业利益最集中之地的九州岛,被画得比较长而且距群岛的其他部分较远。朝鲜半岛也画得又长又尖,而这个传统将在西方制图中持续很长时间。

迪奥戈·欧蒙(Diogo Homem)于同一年绘制的包含19幅地图的世界地图集现保存于圣彼得堡(参见图44),它展示的是16世纪下半叶最精美的手绘东印度群岛地图。除了用丰富的装饰来描绘遍布内陆的有权势的东方人的帐篷和葡萄牙人有纹章的盾以外,海岸线也画得准确而清晰。此外,作者还强调了航海中可能的障碍(浅滩、没入水中的礁石、狭窄的水道等等),正如在地中海航海制图中最优秀的传统中所做的那样。中国被叫做"中国省",中国海被叫做"Mare Leucorum",澳门被叫做"Veracruz",但它被画在珠江河口的右侧(而非左侧)。

随着时间流逝,小小的前哨澳门变成了富饶繁荣的城市,这主要得益于它作为中国面向世界唯一门户的地位。自1571年起,每年都有一条大船自果阿(Goa)出发驶向日本,在其为贸易目的而往返的途中都会在澳门停留。当远征司令停留在此时,他也会履行总督职责,允许当地社团完全自治以处理其他任何事务。因此,这块殖民地成了一个大贸易体系的中心。在这里,白银、宝剑和其他日本产品,还有从印度尼西亚进口的香料、从印度进口的厚棉布,使葡萄牙商人得以购买珍贵的中国货物然后在欧洲出售,获取可观的利润。澳门很快成了一个生机勃勃的文化活动中心,在那里,他们计划用汉语和葡萄牙语翻译和出版几本书。葡萄牙人还成立了主要是航海方面的绘图学校,以便为航海者们提供必要的工具,从而比较容易地穿越危机暗伏的东方海洋。在这些澳门制图家当中,有路易斯·若泽·德·巴布达(Luis Jorge de Barbuda),如我们已经提到的,他绘制了那幅著名的中国地图,被奥特琉斯(Abraham Ortelius, 1527—1598)收录于1584年出版的《寰宇概观》[*Theatrum Orbis Terrarium* (*Theatre of the World*)]。

这所学校最著名的代表无疑是费尔南·瓦斯·多拉杜(Fernão Vaz Dourado),他是最优秀的葡萄牙制图家之一,约1525年生于果阿,卒年大约是1581年,其父是葡萄牙人,其母是印度人。在他的著作中,有六部地图集和一幅地图的片断,时间大约在1568年至1580年间。他的著作显示出对东方世界的深入了解，这得自于与亚洲领航员和绘图师之间的长期交流。在1568年的世界地图集中，我们发现了朝鲜和日本的第一幅单独地图。在1570年绘于果阿的亚洲地图中，从锡兰(Ceylon)到日本，澳门这块殖民地第一次在西方制图中得到正确描绘。一个葡-印混血儿成为澳门最重要的制图家这一事实表明，在16世纪下半叶的葡萄牙殖民帝国中，混血儿社区是多么的重要。有时候，正如也会在果阿发生的那样，葡萄牙绘图师雇佣一些当地的抄写员，他们在抄写拉丁地名时会表现得对伪造的地图特别无知。

我们时不时会因地理学好奇心的有限性而惊异。为了在中国的范围之外举出一个例子，我们来看一下日本。提到日本名字的最古老的地图是大约在1550年由一位佚名作者所著的平面球形图，现存于罗马的Valicelliana图书馆。这幅平面球形图包含对日本群岛最早的真实描述，主要来自1542年葡萄牙人第一次在日本下船登岸以后搜集和送回欧洲的知识。这个群岛由一个若干小岛构成的双链组成，在那里，我们看到"京都群岛"(Ilhas de Miaco)。尽管葡萄牙人在这个国家有着巨大的商业利益，他们甚至在长崎(Nagasaki)有一个永久基地(一直享受着独占权，直到1639年，幕府将军将他们驱逐为止)和在南方诸岛各种不同的传教中心，卢西塔尼亚绘图师们从未尝试过要确定北海道岛(Hokkaidō)的真实形状。由于日本人相信本州岛(Honshū)具有优越性，可能他们受了日本人实质上的漠不关心的影响。本州岛是世界第七大岛，比英格兰岛还要大，而且无疑是人口最为稠密的岛屿之一。

路易斯·特谢拉(Luis Teixeira, 1564—1604)是"西班牙国王的官方绘图师"(当时葡萄牙臣服于哈布斯堡帝国)。他不仅手工绘制了亚速尔群岛和去往巴西的航线有关的地图，而且绘制了1592年的日本地图，该图由奥特琉斯发表于1595年出版的《寰宇概观》之中。朝鲜被画成一个从北向南延伸的尖尖的岛屿，尽管这和实际情况相去甚远。日本被自东向西水平放置，三个主要岛屿分别被命名为"京"(Meaco)"土佐"(Tonsa)和"丰后"(Bungo)。朝鲜海峡的对马群岛被标注为"盗贼群岛"(Ilhas de Ladrones)，很显然，这是由于那里的居民所从事的海盗活动而得名。这幅地图一直在欧洲制图中被当作标准，直到1655年卫匡国绘制的更为精确的地图出现。

经济和文化上的原因助长了葡萄牙市场上手工绘图强烈的连续性，直至16世纪末，所有其他国家都开发了印刷制图。然而，如果认为建立在菱形体系上的制图

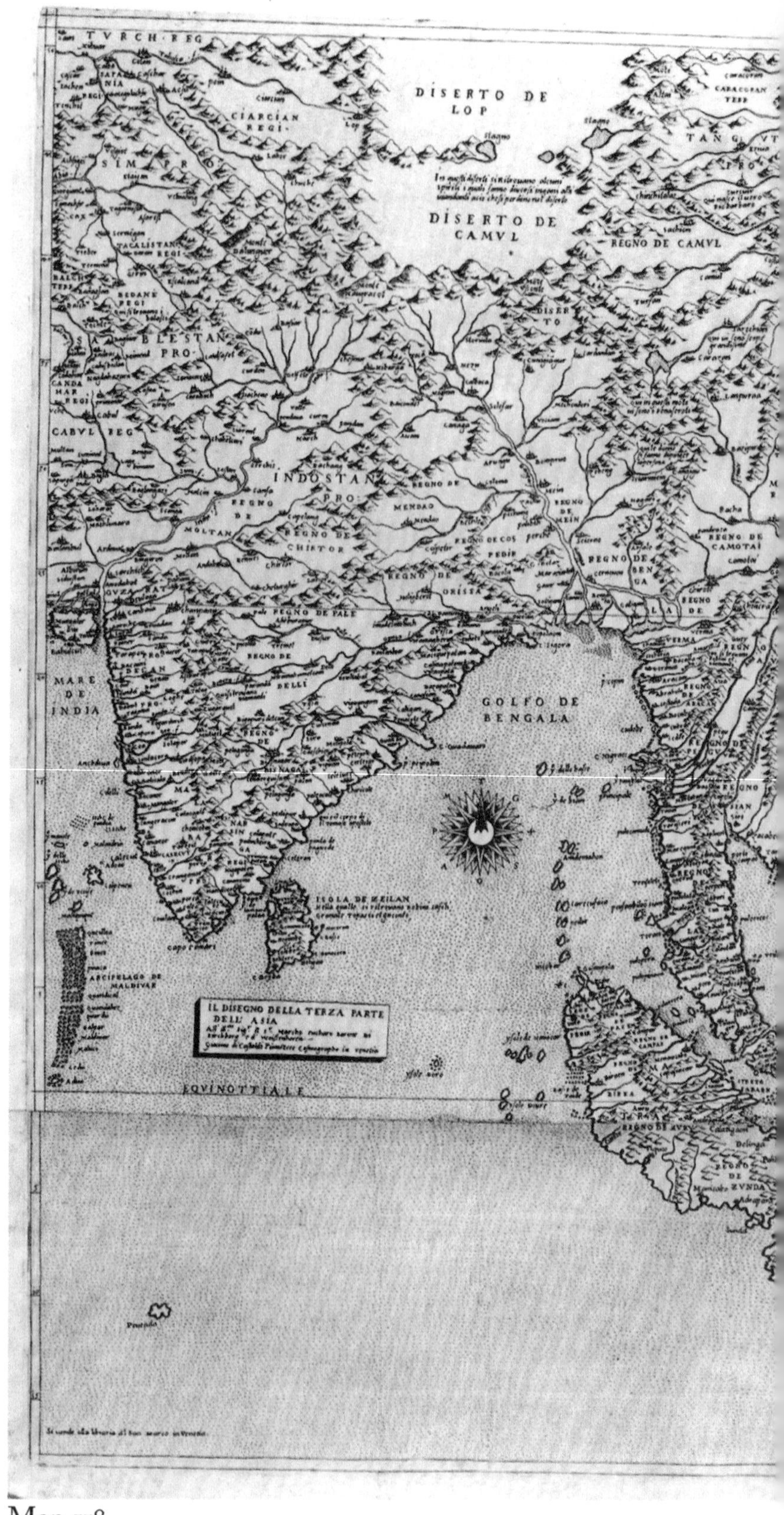

Map 118

图 45　朵芮亚地图集。加斯托迪的东亚地图,威尼斯,费

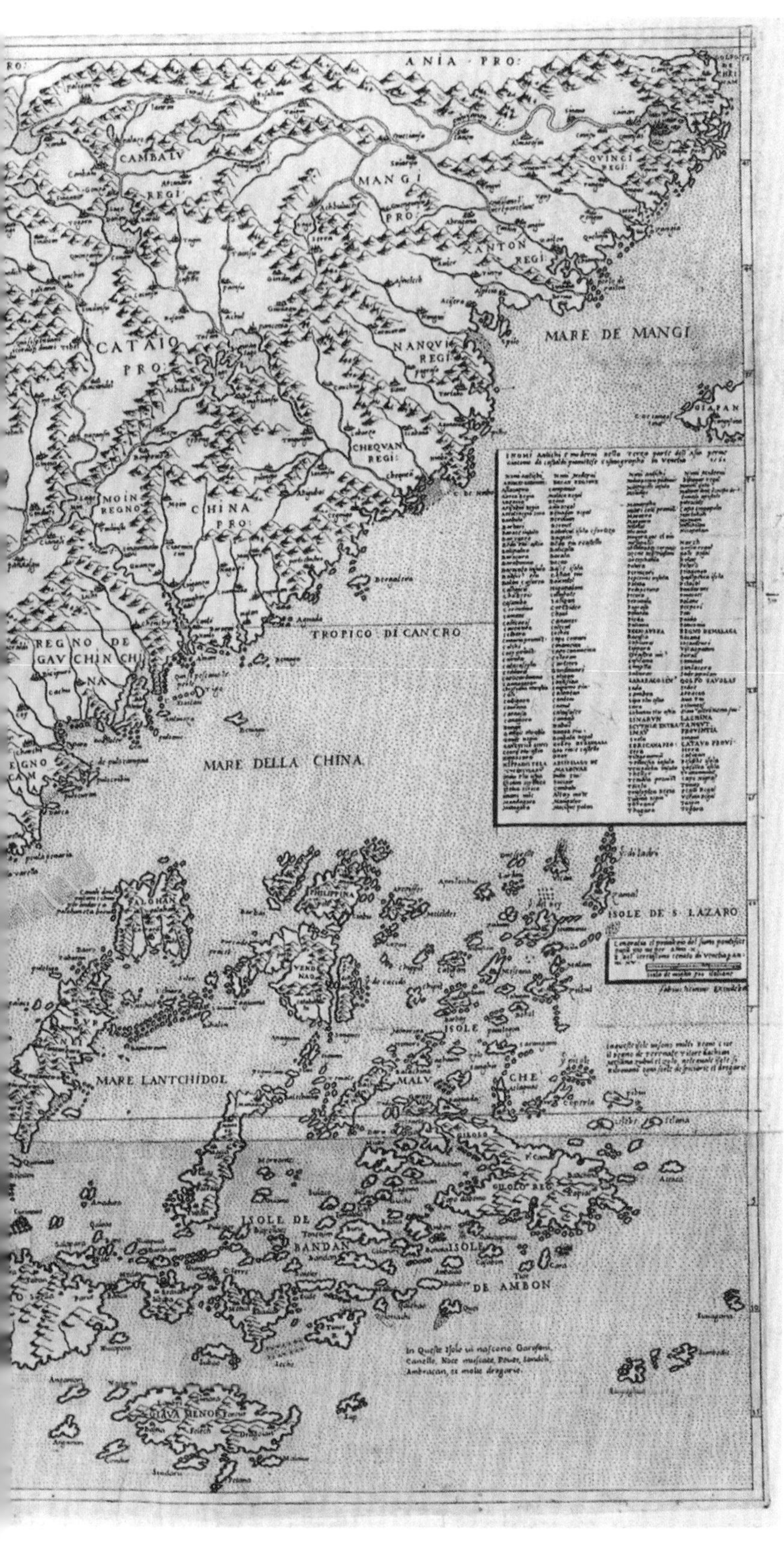

多·伯特尔，约 1570 年，雕版印刷纸画，伦敦，苏富比公司

马上就被建立在经纬线方格基础上的近代制图所取代，那么，我们就完全被误导了。事实上，甚至在1680年，丹麦制图家弗里德里克·德·维特(Frederick de Wit)还画了一幅纯粹中世纪风格的太平洋地图，用菱形体系来表示航海路线，海岸地名垂直地写在海岸线旁，完全忽略了内陆的地方。很显然，至少在这个例子中，这是一种有意识的风格上的选择，而不是由于缺乏信息。从约翰尼斯·凡·科隆(Johannes van Keulen)的东印度群岛大地图中也可以看到这一点，这幅地图于同一年印制于阿姆斯特丹这座被证明是一个无以伦比的生产中心的城市。

三位伟大的制图家——加斯托迪、奥特琉斯、墨卡托笔下的中国

有关亚洲和美洲领土联结的可能性的欧洲地学思想的演变，可以通过研究吉亚科摩·加斯托迪的地理学作品作为例证。吉亚科摩·加斯托迪(Giacomo Gastaldi，约1500—1565)是一位著名的皮埃蒙特制图家，他主要在威尼斯与拉莫修(Ramusio)的随员和极为关注地理大发现的威尼斯精英们一起工作。在其1565年的平面球形图中，加斯托迪画了一块单个的巨大的大陆，因此流入加利福尼亚湾的河流应当发源于中国的群山。整个地区被标注为“未知的土地”(Terra Incognita)，其特点是有虚构的动物，如独角兽和蛇怪。这表明，这位制图家还没有更精确的信息可以传达。

相反，在1569年为拉莫修的版本雕刻的平面球形图中，加斯托迪清楚地把亚洲从美洲中分了出来。大陆上密布着标志和符号，尽管老实地说，我们必须承认这里有着很大的混淆。四个希腊之神被绘在四个角落：菲巴士(Phoibos，气)，他裸身站在一辆由孔雀拉着的两轮车上；又跛又残废的火神赫菲斯托斯(Hephaistos)正在给宙斯铸箭；海神尼普顿(Neptune，水)站在一辆由海马拉着的两轮车上；自然女神(Cybele，土)站在一辆由狮子拉着的两轮车上。在巨大的南方土地上，加斯托迪自由地发挥其想象力，画了一只独角兽、一只从狼嘴里抢骨头的鹤(伊索寓言)、一个蛇怪、一只鹰首狮身兽、一个半人半马的射手。在海上，靠近马尔代夫群岛的

地方站着一个像约翰长老的人……此外，加斯托迪还在西加拿大放了一只犀牛，在其稍微往南一点的地方。在完全虚构的山脉中，他放了一只单峰骆驼和一头狮子。加斯托迪使用了一些具有法国—韦拉札诺（Verrazzanian）传统的地名，如“Nova Franza”、“Norumbega”、“Arcadia”，还有神话中的城市“西沃拉”（Civola）和“基维拉”（Quivira）。只有在最靠西北角的地方，我们才找到了“未知的土地”和“未知的北海”的题字。在另一幅地图中，加斯托迪把日本（由一个单个的大岛和紧邻的两个小岛组成）放在离加利福尼亚比离中国近得多的地方。在所提到的蛮子（Mangi）和行在（Quinsai）省份，加斯托迪标出了“阿尼安省”，它在后来的制图中变得非常有名。

在1570年由安东尼奥·拉弗雷利（Antonio Lafreri）编辑的加斯托迪新版本的著作中，我们了解到他对珍贵货物的兴趣。在珠江河口的前面，我们发现，“这里有很多珍珠”的题注，在一个靠近西藏的湖边注有“满是精美珍珠的咸水湖”；距此不远，我们看到，“这里他们不用货币，用珊瑚”。波罗的“刺桐港”被放在长江河口，紧挨着山东省，注有“这里他们生产真正的瓷器”。沿着海岸，我们看到“广东”、“浙江”、“江苏”和“河北”。在后者的西部，加斯托迪放上了蛮子省，后面跟着的是“大都地区”（Cambalu Regi）；而在广州的北面，我们发现了“Cataio Pro”，耶稣会士鄂本笃可能愿意去那里。在这幅地图里，加斯托迪似乎对朝鲜半岛或其他次要的岛屿如海南岛、台湾岛或琉球群岛并不太关注；而这些岛屿，他和拉弗雷利都可以在不同时期的葡萄牙和荷兰地图当中找到。

然而，我们不能被16世纪制图的美丽所欺骗。在著名制图家安东尼奥·米洛（Antonio Millo）于威尼斯绘制的极为吸引人的手绘地图集中，他试图用艺术上的华丽来弥补知识上的欠缺。他把南京放到了海上，把涂成红色的澳门岛放得过于往东。他在抄录一些地名时犯了很大的错误，例如在台湾岛北部的三王岛（dos reyes magos）被命名为“dirimiga”。

在16世纪，里斯本成了世界上最繁忙的港口，以及驶向东印度群岛的大洋航线的终点站。它是香料、瓷器、漆、玉和所有中国手工艺品抵达的地方。另一方面，在讲西班牙语的低地国家，安特卫普（Antwerp）成了所有这些货物在欧洲，尤其在欧洲大陆的北部和中部的分配中心。安特卫普地处斯凯尔特河（Scheldt）两岸，在中世纪时期，由于其地处不同的陆路和水路交通路线汇集之处的绝妙战略位置，开始了其上升过程；它与布鲁日（Bruges）既互相配合又互相竞争，后者是从意

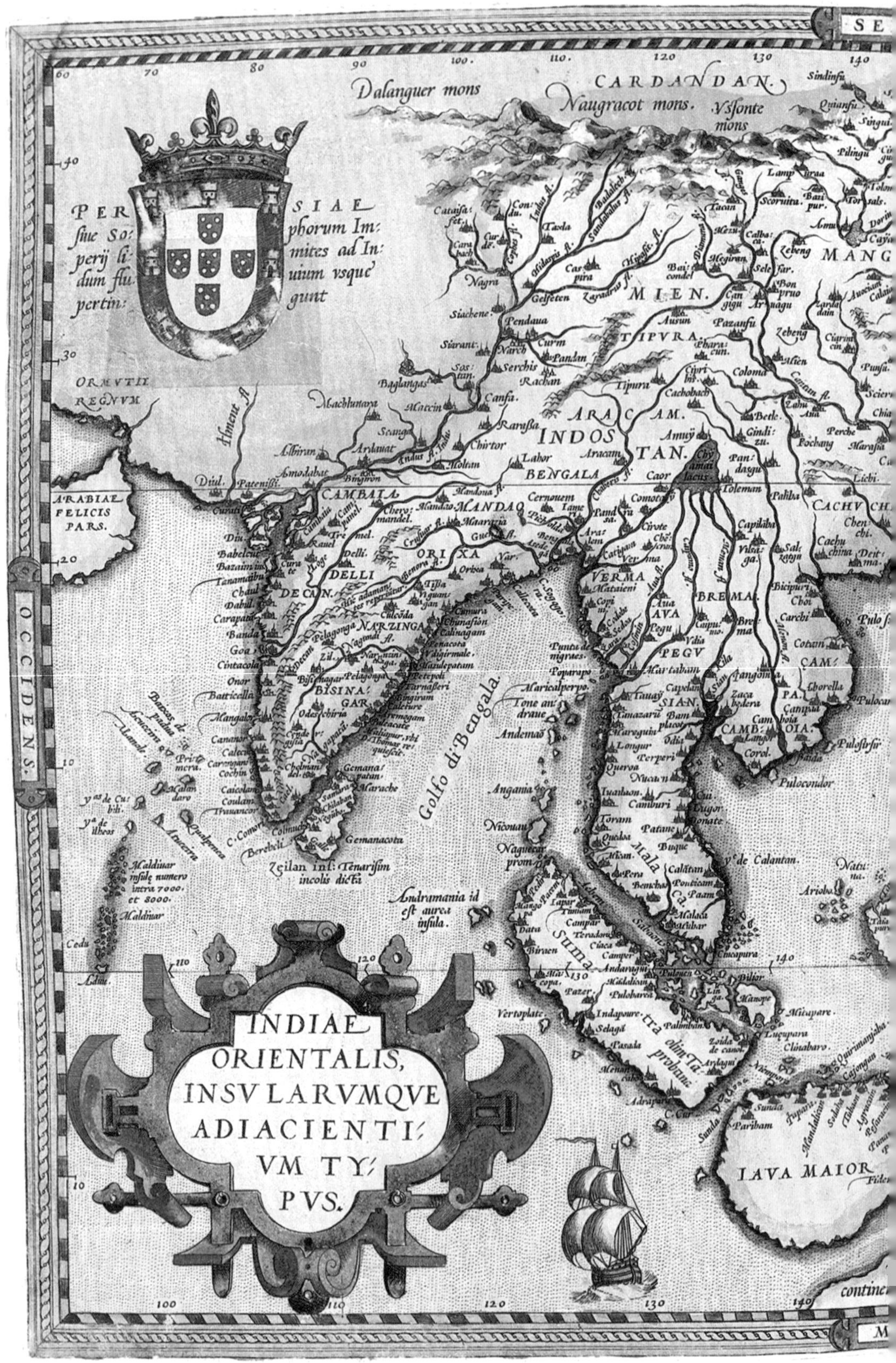

图 46　亚伯拉罕・奥特琉斯,《寰宇概观》。东印度群岛地图

特卫普，1570 年，水彩版画，热那亚，海洋博物馆

大利港口(特别是热那亚和威尼斯)出发、从地中海到北海的海上航线的终点。然而,对布鲁日来说非常不幸,河口逐渐被流沙掩埋、然后移位了。此外,由于船只所载货物逐渐由质轻而昂贵变为更廉价、更沉重,船只的大小和吃水量也在增加,因此它们需要寻找具有同样总体特点的替代性的停泊港。事实上,安特卫普就是正确的可选之处。作为一个河港,它使得船只能够很容易地抵达内陆,即莱茵河地区(Rhineland)和洛林(Lorraine),这应当归功于驳船和平底船。此外,安特卫普还是地中海商船和伊比利亚商船、北海商船,如在德国、斯堪的纳维亚、波兰和俄国分配东方货物的汉撒同盟的汇集之地。最后,安特卫普位于欧洲最富裕和最富有活力的地区之一(佛兰德,Flanders),其特点是制造业高度发达和城市十分密集。

因此,几年之后,安特卫普成了欧洲最富活力和最具世界性的城市之一。在这里,人们可以找到任何一种东方或西方的货物,从外来的农产品如香料,到手工制品和高质量的工业产品及武器。还有富裕的银行家们,如彼得·鲍尔·鲁本斯(Pieter Paul Rubens)和安东·凡·代克(Anton van Dyck),给那些足以与意大利相竞争的艺术学校提供大笔的贷款。当然,安特卫普同时也成了欧洲大陆主要的印刷中心(之一),因为它的公司控制着整个欧洲印刷制品的风格和准确性。例如,法国胡格诺教徒克里斯托弗·普拉廷(Christopher Plantin)在安特卫普避难以躲避宗教迫害,成立了一家绘图企业,很快成为地理制图出版的主要参照依据。在中世纪时期,威尼斯曾经是欧洲的经济首都;而安特卫普在文艺复兴时期发挥了同样的作用,它领导了西方的文化演变,尤其在技术和科学领域。因此,在这里出现一所高质量的、可以与佛罗伦萨或威尼斯的学校相媲美的绘图学校,并不令人惊讶。这主要是由于鲁汶大学(University of Lovanio)的贡献,以及在精密技术中伟大的德国传统(来自这个帝国的移民数目众多)在安特卫普为超乎寻常的发展找到了一个汇聚之地。在这个领域的主要代表人物中,我们必须记住亚伯拉罕·奥特琉斯和基哈德斯·墨卡托(Gerardus Mercator),他们都是德国裔。

亚伯拉罕·奥特琉斯被看作是制图史上最伟大的创新者之一。由于他的《寰宇概观》(第一版于1570年印刷)对后来所有著作的影响,他被看作“近代地理学之父”。然而,我们不能忘记,他并没有绘出什么新地图,只是搜集了当时欧洲市场上最新的地图,并把它们缩到同一比例尺上进行刻版,集中到同一卷章里并附上解释性的注解。在这方面，与托勒密相比，他的著作是新颖的，因为托勒密不同版本的著作中既包括新地图，也包括那些与现实绝对没有任何关系的旧地图；与安东尼奥·拉弗雷利(Antonio Lafreri)及其后继者相比，他的工作也是新颖的，安东尼奥·拉弗雷利在同一年也编辑了近代地图集，但这些图之间既不一致也不同类，因此不能被看作是正规的“地图集”。墨卡托则带来了最终的演变，他花了几年的时间搜集必要的资料和信息，用于绘制全新的地图，最终出版了《地图集或宇宙志沉思录》(*Atlas or Cosmographic Meditations*)。该书可以替代宝贵但已过时的托勒密《地理学》。

奥特琉斯的《寰宇概观》确立了新的标准，并由于译本和版本数目众多，很快地在北欧(低地国家、德国、法国和英格兰)传播开来，在那里，人们没有一个正规的制图传统。相反，奥特琉斯的标准却很难渗透到意大利和伊比利亚国家，它们很自豪地拥有古老而辉煌的制图学派，并且认为手绘作品与印刷地图相比更方便，也更容易修改(尽管也更昂贵)，因为当时的地理探险每年都发现新的陆地和海洋。因此，奥特琉斯著作的固有品质并不在于单幅地图的准确性，而在于代表了他对欧洲制图真正奠基性的贡献的地图总体布局设计和一些固定参数的选择。然而，奥特琉斯首先是一个地图印刷商人，他主要为解决大幅的墙上地图既不方便、又难以查阅的问题，而他达到了自己的目的。

例如，可以考虑一下《寰宇概观》与东印度群岛有关的地图(题为：东印度及附近岛屿的图画)：它显然取材于葡萄牙的资料，我们可以从左上角艾维兹(Aviz)王朝的纹章盾徽推断出这一点(参见图47)。此外，它所描绘的中国海岸线极为犬牙交错，并且没有朝鲜半岛，因此黄海不知不觉地消失在太平洋中，而日本群岛则被画成了一个很大且接近于正方形的岛屿。“蛮子”和“中国”的题注似乎表明了在对这个国家的正确认定中持续存在的一种混淆，以及在近代旅行家的观察与中世纪的知识之间缺乏协调。此外，交趾支那(这幅地图称之为“Cachuchina”)被与“香柏”(Champa)和“柬埔寨”(Camboia)分开来(字母C下面带有葡萄牙文的一撇“”)，这表明对东南亚疆土外延的知识是不充分的。

在亚洲总图(题为：亚洲新图)中，对日本的描绘也是反常的。它被画在北纬30°和40°之间，北方有一个主要的岛屿(Maguche)，南方有七个次要的岛屿，形成一根离中国海岸非常近的长链(参见图48)。“契丹”和“中国”的题注被写在大陆的内部，分别表示Ceromaran河涂成白色的北方地区和涂成黄色的南方地区，这给

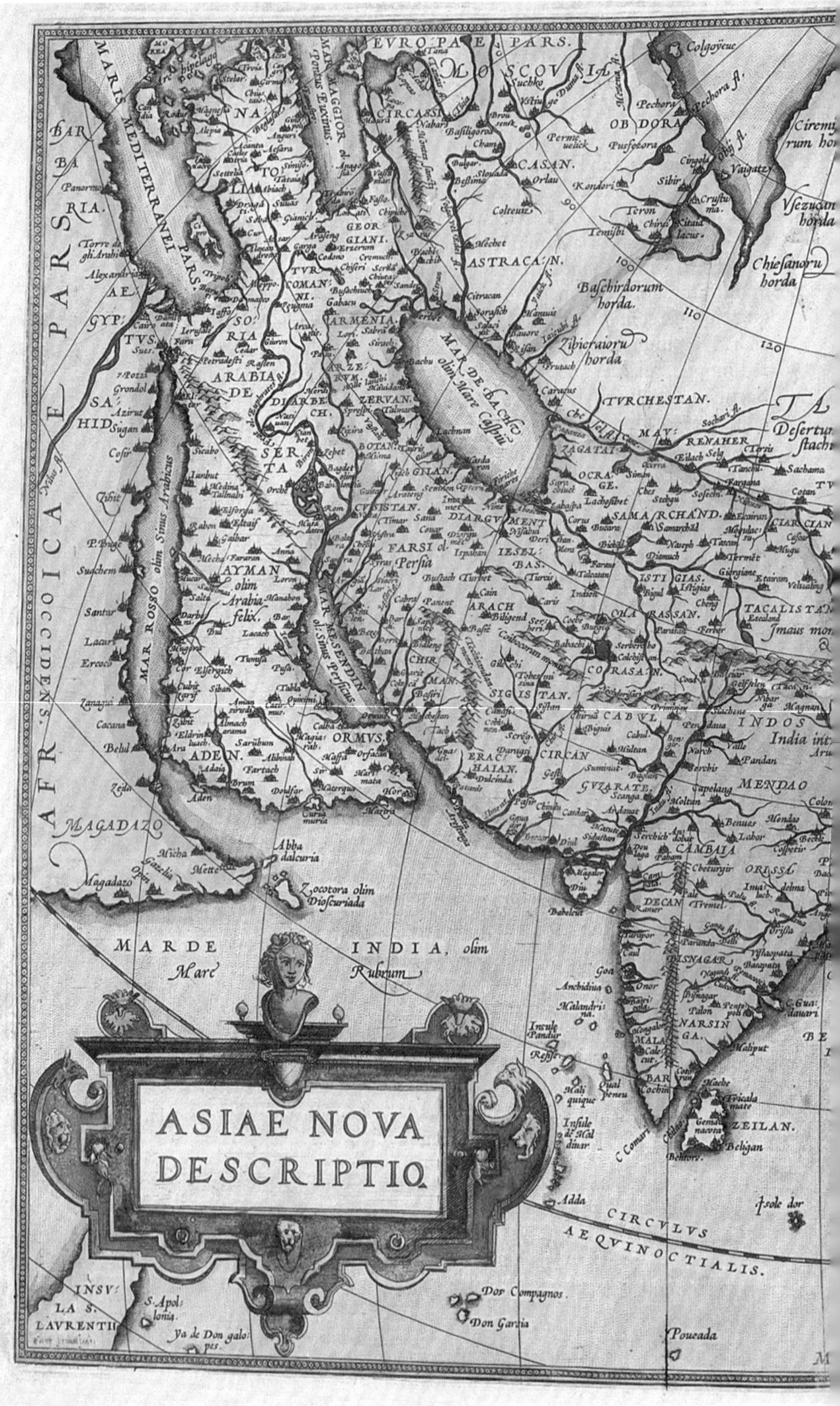

图 47　亚伯拉罕·奥特琉斯,《寰宇概观》。亚洲地

特卫普，1570 年，水彩版画，热那亚，海洋博物馆

有关这个国家的地理学带来了进一步的混淆，而“蛮子”的标注则被放在西伯利亚旁边。此外，印度支那的形状完全与真实情况不符，画得笔直地指向东南方，在湄公河河口，标注为亚洲最大的河流(这毫无疑问是由于其流量)。这幅图清楚地表明，奥特琉斯非常缺乏这块大陆的水文地理学知识。他把南京画成一条很短的河流上的港口，而把“刺桐”(这令人想起马可·波罗)放在了一条长得多的、可能是长江的河流河口上。然而，他既没有提到中国长城，也没有提到黄河。在这个例子里，也没有朝鲜，中国的海岸线几乎一直延伸到北极圈。奥特琉斯谈论“行在”来显示他的学识，但这个城市的位置是完全错误的并脱离周围的环境。用来表示杭州的图画非常特别：市中心看上去被数条河流所环绕，必须通过其他桥梁才能穿越。事实上，一段注解指出：“杭州城，如威尼斯人马可·波罗所断言的那样，周长大约有 100 英里，城中有12 000座桥梁。这些桥中有一些是如此之高，以致舰船可以降低它们的船帆后从桥下穿过。大汗在这里设了一支 30 000 人的常驻军。”类似地，奥特琉斯引用马可·波罗来标注汗八里：“大都(Cambalu)，中国首府，市中心四边的周长有 28 英里。”

在与北亚有关的地图中(很醒目地题为：“鞑靼和大汗的辖区图”)，混淆达到了极致：“蛮子”和“山东”分别被放在中国的北部和东部，将中国与日本分开的海洋被称作秦海。靠近鞑靼和莫斯科，有一些帐篷庇护着几位在位的国王，这特别令人想起中世纪航海图的装饰。在亚洲和美洲之间的阿尼安(Anian)大海峡，日本列岛几乎散布在普林尼的“西徐亚洋”(Oceanus Scythicus)中央，多个文字注解参考了古代和中世纪的传说，构成了幻想多于现实的对亚洲的描述。

在与中亚有关的地图中(题为：俄罗斯、莫斯科、鞑靼图)，奥特琉斯达到了超现实主义的顶点：一些想象的河流流入水滴状的里海；游牧民族营地里的帐篷就像印第安人的兽皮或树皮帐篷；正在吃草的双峰骆驼被画得像非洲的单峰骆驼一样；骑马和步行的弓箭手、剑客、熊以及一系列插图一起构成了长长的与各种亚洲宗教信仰有关的描述。

奥特琉斯对这些信息的重复，表明他对天朝之国的观点仍然有赖于一个魔幻传说中的世界，在那里是不可通约的、梦一般的维度占主导。类似地，奥特琉斯正确地将广州放在河口，但他却把水文地名“Guanzu”解释成一个城市的专有地名。此外，尽管当时是 1570 年，奥特琉斯却没有画出澳门。可能是因为他对贸易交换不感兴趣？然而他却明确指出了可以在每个地区买到的贵重货物：“在广州北部的群山里，你可以找到钻石、绿宝石和红宝石”；在珠江河口，“在这个海湾里有很多珍珠”；“在北京地区，他们生产花瓶，如果打碎就会流出其中的毒素。”又是如此，注意力只集中在不寻常的货物上，而忽略日常物品。我们仍然距卫匡国提供给欧洲读者们平衡的、现实主义的图景十分遥远。奥特琉斯仍把东方看成一个神话。

与此前的地图相比，包括在《寰宇概观》1584 年版中的中国地图大大向前迈进了一步。其中，中国长城第一次被描绘在一幅印刷地图中，并标注为“400 里格的城墙——大约 1 200 英里，中国的国王为阻止鞑靼人的入侵而在群山之中修建”。巴布达(Barbuda)错误地在长城以东插入了一大片水域(事实上是在它西边)。这可能是贝加尔湖，由于来自巴布达的灵感，在很多地图中都描绘了这个湖。在戈壁沙漠中有蒙古包、雄鹿般的骆驼、“航行”在旱地上的有帆大马车。欧洲人在 1530 年就知道了这些马车，并于 1600 年在荷兰建造了第一个原型。巴布达也试图用图示说明东南亚复杂的水文地理学，并在靠近印度的地方画了一些大象和另外两个带帆的马车。神秘的“清迈湖”[Chiama Lacus，清迈(Chiang Mai)]被认为是缅甸伊洛瓦底江(Irrawaddy)和萨尔温江(Salween)以及泰国湄南河(Chao Phraya)的源头，它们都向西流去(事实上是向南)。日本得到了部分的描述，接近于里格的比例尺，而对朝鲜就根本未加描绘。此外，在地图的边界上，巴布达指出“海岸其余部分是未知的”，明确承认有关世界这个部分的知识是不全面的、有限的。

其同时代人及竞争者杰拉德·德·裘德(Gerard de Jode，约 1509—1591 年，他的拉丁名字为“Gerardus de Judeis”)的著作是同样不确切的。1578 年，裘德出版了《世界之鉴》(*The Speculum Orbis Terrarium*)的第一版，是一个分为两部分的地图册。该地图册第一部分包含了世界上有关国家和地区的 43 幅地图，第二部分包含了 47 幅德国省区图。编者是乔安斯(Joannes)和卢卡斯·凡·多廷赫姆(Lucas van Doetichum)，他们发明了一种新的铜版雕刻技术，使裘德的著作比奥特琉斯的质量更高。然而，从地理学的观点看，批评家们指责裘德利用了奥特琉斯用过的很多地图，并且主要集中在德国地图上。像《寰宇概观》一样，《金属镜》(*Speculum*)的地图也在背面提供了地理学描述，这部著作还包含一个引证了 92 位过去和当代制图师名字的目录，但没有奥特琉斯。1593 年，裘德的儿子柯奈利斯(Cornelis，1568—1600)出版了其父著作的一个新版本(参见图 48)，重新加以编辑、改变了标题，并把地图的数目增加到 109 幅。

图 48 柯奈利斯·德·裘德,《世界之鉴》。亚洲地

特卫普,1593 年,水彩版画,伦敦,苏富比公司

图 49　基哈德斯・墨卡托及约德克斯・洪第乌斯，《新地图集

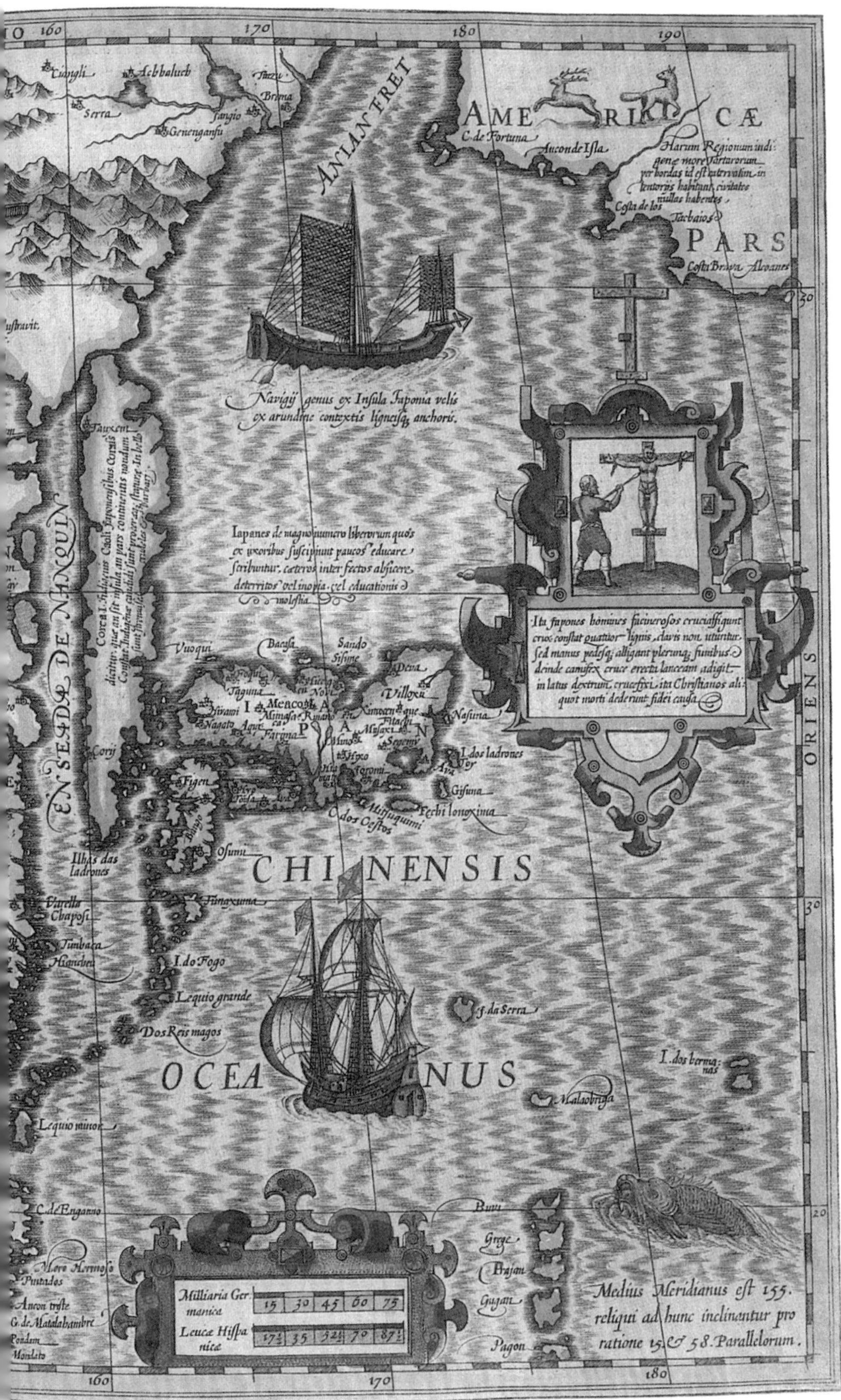

国地图，阿姆斯特丹，1606 年，伦敦，苏富比公司

题为《亚洲新地图》的地图表现出尤其有趣的特点：首先，不像奥特琉斯的地图，这幅图一直向西延伸到伊朗和阿拉伯半岛。其次，在顶部，甚至在中间，我们找到了“蒙古之地，所命名的真正鞑靼”的题注；挨着它的是一个代表大汗的僧侣式人物，有个注解写着“上帝的鞑靼大汗，众王之王和众主之主”，为的是授予他一种圣经的权威。当然，也有一个“阿尼安(Anian)海峡”和一个很长的美洲海岸，靠近古典的基维拉(Quivira)王国，解释为“西印度群岛不太为人所知的部分，与因其银矿而著名的秘鲁形成一块大陆，即美洲”。在两块大陆之间、我们预计会找到朝鲜的地方，有一个标示为“萨梯(Satyr)群岛”的地方。如我们所见，这是古代和中世纪知识与几个近代观念的漂亮结合，为当代公众获得一项迷人的作品。

在1593年的第二版，题为《地球主要部分——亚洲地图》在顶部沿着边框用涡卷饰加以装饰，这些装饰代表了登峰造极的矫饰主义。朝鲜被画成一个又短又宽的半岛，日本被画成了富有特色的、那些时代很典型的“大头朝下的虾”的形状，菲律宾太靠近干旱地区，其他的岛屿则分散到国外，并没有一种真正的排列。对中国的描述则与奥特琉斯相近，长城通常从北部环绕着这个国家，长长的山脉在西部环绕着它。此外，河流流向和平原上的大湖完全是杜撰的。另外一个错误的特点见于放在长城北边、近代满洲的“契丹”和“大都”这两个地名，而在南方用很大的字母写着“中国”这个地名。广州被放在内地，离海岸和任何河流都非常远，而不同省份的名称则在所虚构的位置随机散布。与平常一样，中亚充满了帐篷、战士、猎手和猎物，而海中则布满了各种舰船，例如印度洋中经典的战舰和大帆船。此外，我们还能看到拿着弓或矛的半裸的人，显然是指原始土著人。

在中国地图(题为“中国地区”)的角落，在精致的圆形边框里，有一些非常有趣的日常生活的图示：在左上角，有一个用鸬鹚捕鱼的人，这种技术在中国南方一些省份一直在使用；在左下角，有一个男人和一个女人在拜一个三头神像，代表着日本的十一面观音(ju-chi-men kannon)祭仪，或十一个头的菩萨；在右上角，有一个住在被鸭子包围的“漂着的房子”里的中国家庭；在右下角，有一驾带帆的马车坐满了人，被风吹着前进。总的说来，尽管作者引证了马非(Maffei)和门多萨(Mendoza)的证据，他描绘的还是老一套的中国形象：遥远、神秘而不可及，但由于其特别的异国风俗而极为迷人。另一个特别之处是：根据文字注解所述，长城有500英里长，而不是在亚洲总图中通常所说的400英里长。这是一个令人深思的在同一部著作中不准确性的有趣例子。

制图史家们已经就安东尼奥·拉弗雷利的国籍问题讨论了很久，他出生于贝桑松(Besançon)，但自1544年起住在罗马。然而，这一事实与我们的主题毫无干系，我们更情愿集中讨论他作为雕版师和制图家的作品。检视其最著名的发表于1580年的地图集，我们意识到，拉弗雷利仅仅是保留了已有几十年之久的图像和答案。在其平面球形图中对地球的描绘中，拉弗雷利模仿了加斯托迪的地图，画了一个包括亚洲和美洲的单一大陆。日本被描绘成在大陆南部的一个岛屿，尽管拉弗雷利把它命名为“未知的土地”。

这个先验的选择导致了完全错误的中国图像，不仅因为中国被拉平和压扁到北纬40°以南，更重要的被放得过于往东了。首先暂不考虑这样一个图像的编史学悖论，我们无法否认如果真有可能在陆地上从中国旅行到佛罗里达，那么完全没有包括军事入侵，尤其是相同种类的动植物的传播在内的任何交流，是无法解释的。相反，我们知道，在美洲被发现以后，所有访问过那里的旅行者们都惊异于这个新世界的动植物种群完全不同于旧世界。事实上，尽管有其独特性，绝大多数的中国动物种类(鸡、猪、马、牛、兔)在从北京到里斯本的各处都可以找到。

本章的最后一个、但并非最无足轻重的主人公是基哈德斯·墨卡托(Gerardus Mercator, 1512—1594)，他是伟大的数学家根马·弗里休斯(Gemma Frisius)在鲁汶大学(University of Lovanio)的弟子，专攻地理学和天文学。他的声望如此之高，以致出生于佛兰德(Flanders)的根特(Gand)皇帝查尔斯五世亲自委托他设计了一系列数学和地形测量工具。因此，墨卡托成了地球仪和天球仪生产专家，这为他赢得了声望和财富。他作为制图家崭露头角可追溯至1537年，那时他绘制了一幅巴勒斯坦地图；还有1540年，他画了一幅佛兰德地图。因其异端的宗教观点入狱一段时期之后，1563年，墨卡托在杜伊斯堡(Duisburg)克里维斯公爵(Cléves)那里找到了避难所，公爵任命他为“宫廷宇宙学家”。在这里，墨卡托致力于绘制将为其赢得不朽声誉的新地图，例如在1569年间出版的著名的18页的《水手地图》(ad usum navigantium)，其投影法迄今仍以其名字命名。“等角”投影法建立在根据一个正确角度上经度与纬度之间联系的基础上，它允许航海者们在两点之间开发出恒值的路线。墨卡托将其生命的最后20年献给由他率先命名为《地图集》的一部总地图集的编辑工作。他的研究活动后来证明对科学制图的发展是非常重要的。墨卡托检视了所有此前的制图，对之进行严谨的衡量和多方面的修正，并根据最新的地理发现进行更新，检查这些点的坐标，并使用最适合的投影。墨卡托把他的

图 50　基哈德斯·墨卡托及约德克斯·洪第乌斯,《新地图集》

鞑靼地图，阿姆斯特丹，1606 年，伦敦，苏富比公司

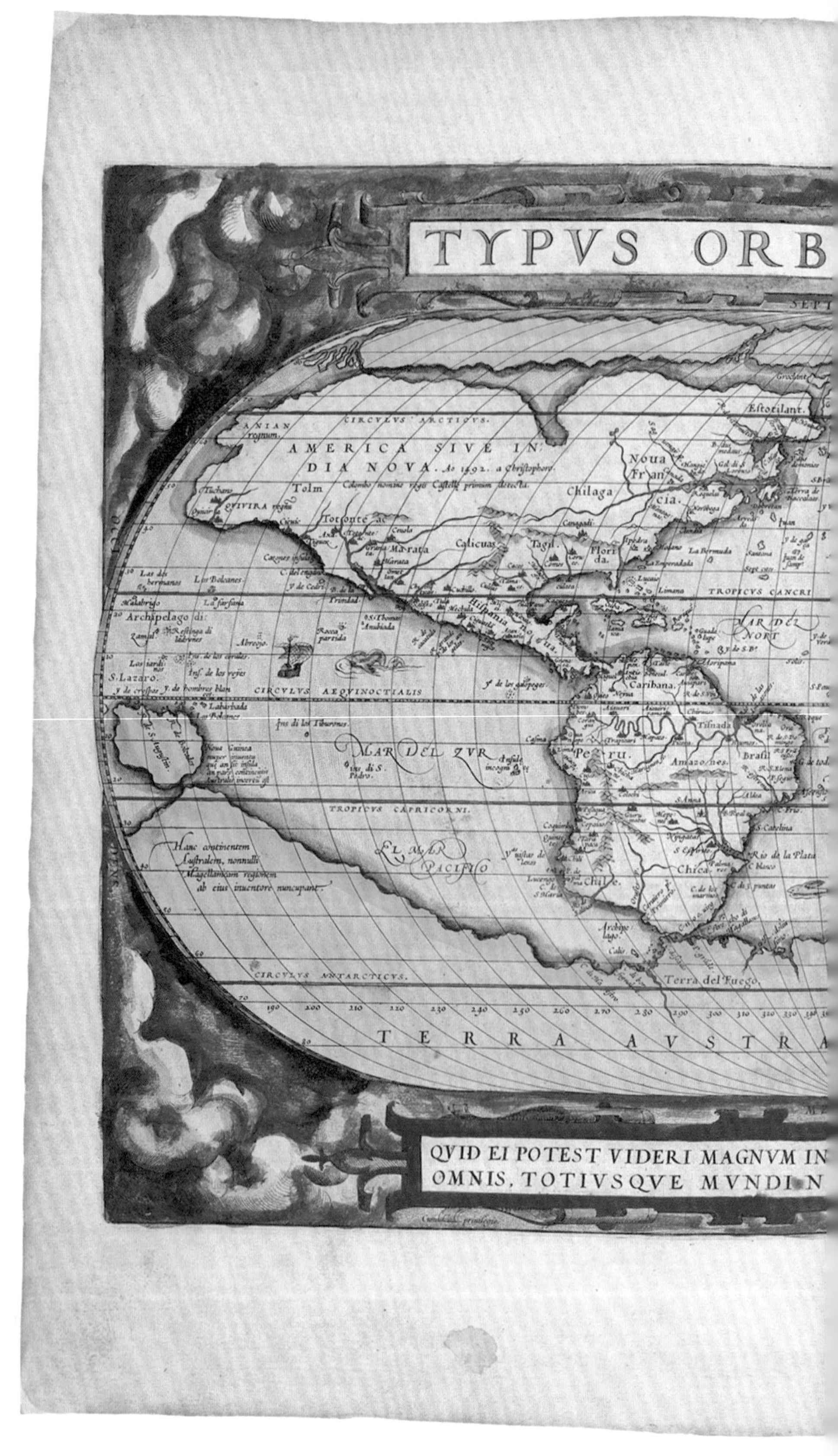

图 51　亚伯拉罕・奥特琉斯,《寰宇概观》。椭圆投影世

图,安特卫普,1570 年,水彩版画,热那亚,海洋博物馆

作品视为一部关于世界起源和创造史的宇宙学专著，就像他在副标题中指出的那样：有关世界的创造及其图像的宇宙学沉思。1585年，在杜伊斯堡，这一巨著的第一部分出版了。它包含有关法国、德国和低地国家的51幅地图，而第三和最后一部分(共计111幅地图)则由其子鲁莫尔德(Rumold)发表于十年之后，即墨卡托死后一年。

在17世纪最初30年里，墨卡托的工作由当时控制阿姆斯特丹制图贸易的洪第乌斯(Hondius)家族继续进行，因此完成了霸权地位从弗兰德向荷兰的转换[然而，董特(de Hondt)家族，据其姓氏的原始拼写方式，也来自南部低地国家]。1604年，家族奠基人约德克斯·洪第乌斯(Jodocus Hondius，1563—1612)购买了《地图集》的印版，在其儿子小约德克斯(Jodocus junior，1594—1629)和亨利库斯(Henricus，1587—1638)协助下，他编辑了各种不同版本的地图集，因而产生了一些非常值得注意的著作，如一共包含了两卷及238幅地图的1633年法语版。

发表于1606年版《新地图集》中的鞑靼地图(参见图50)，证实了欧洲制图对于神秘的阿尼安(Anian)海峡仍旧是非常困惑的。在这里的制图把托勒密的地名"卡提加拉(Catigara)"放到了北纬60°左右，标注了"中国卡提加拉港[Catigara Sinarum Statio(托勒密)]"的字样。然而，根据多位16世纪学者的意见，卡提加拉(Catigara)应放在印度和越南之间。还有，这位制图家确实是骄傲之极，把基维拉城(Quivira，是想象的地方)和阿尼安放到了"美洲部分"。据此前的制图传统，阿尼安应该是在亚洲。这个信息似乎主要是从巴布达(Barbuda，1584)和特谢拉(Teixeira，1595)那里搜集而来，尽管他们也提到了最近的探险结果，例如荷兰人威廉·巴伦支(Willem Barentszoon)在新地岛(Novaja Zemlja)的探险(1594—1596年)，俄国人瓦西里·威赫(Vasilij Wiche)在阿斯特拉罕(Astrahan)地区的探险(1594年)，还有西班牙人沿着新几内亚海岸进行的探险。

对整个亚洲大陆的描述同样令人失望：没有朝鲜(在1606年)，而在同一著作中的中国和鞑靼地图中却都有它。这表明同时使用新地图和旧地图所产生的荒谬情形；在山脉之中仍有题注："Ung als Gog"和"Mongul als Magog"(Ung代表歌革，Mongul代表玛各)，而海中仍充满了古典的幻想，如"萨梯岛"(Satyr Ialand)，"亚宾(Iabin)，据普林尼说是一个海角"；还有"塔莫斯"(Tamos)，据彭波尼斯·米拉(Pomponius Mela)说是一个海角。奥罗修斯[Orosius 命名为萨马拉(Samara)]。一个很大的悖论是：作者根据城市自身的名字，将河流命名为"广州河，以前名为恒河”。与此相一致的是：印度河被画在它实际流经的地方，但却没有名字。

至于日本的主要岛屿，与奥特琉斯所绘的近于圆形的形状相比略长一点，绘图者徒然地炫耀其学识：“日本，即持盘古（Cipango），以前人们所知的金洲（Chrise）”，由此把马可·波罗对富饶矿产的描述和古典拉丁文献及中世纪晚期文献关于神秘金岛的梦想融合在一起了。在所有这些令人困惑的传统资料中，我们也发现了一些最新的信息，如“双屿，对其居民来说即宁波”。如我们所见，尽管有墨卡托及其追随者的努力，但在没有实地观察的情况下，要获得精确的、有关亚洲的总体制图和有关中国的专门制图是非常困难的。

第六章　耶稣会士笔下的中国

第一批耶稣会传教士笔下的中国

耶稣会士在中国的活动对欧洲有关远东的地理知识，起到了至关重要的作用。在他们之前，制图一直可追溯到中世纪乃至古代的前科学因素之影响。相反的是，在耶稣会士，尤其是利玛窦和卫匡国的著作发表和日益广泛的传播之后，发生了一次真正的认识论革命，并在17世纪末和18世纪最初20年里达到了高潮。这应当归功于作为"御用数学家"为康熙皇帝工作的法国耶稣会士的考察。在本章中，我们将单独检视一些作者的贡献，尽管我们不能低估他们所属的宗教教团的作用。

耶稣会(Societas Jesu)由罗耀拉的伊格纳修(Ignatius of Loyola)和他的一些同伴，如方济各·沙勿略，成立于1534年，作为天主教会下的自治组织活动；而且，它不臣服于任何单一欧洲国家的主权。由于这一原因，以及它仅仅服从教皇的权力，耶稣会常常从事独立的地缘政治项目。然而，与耶稣会士对中国的描述有关编史学汇总的大多数文献倾向于不能排除一位作者，借助利玛窦及其同道者的著作方能更好地对之加以理解：皮埃蒙特人乔万尼·波特若(Giovanni Botero，1544—1617)是一位具有广泛国际影响的作者，其著作在所有主要的欧洲语言中得到了广泛的传播。

波特若从天主教的道德观出发，主要讨论伦理和政治问题。在耶稣会多年之后，他决定退出，但并没有放弃天主教。他的泛欧洲民族观，总是建立在基督教信仰使欧洲文明优越于所有其他文明的假定之上。因此，他在对中国的描述以及涉及不同亚洲民族的篇幅中，总是弥漫着一种明显的优越感和傲慢态度。然而，他的评论如此尖锐，他的分析如此恰当，这些都证明欧洲知识分子用以观察即使是最遥远的民族时也具有的极高精确性。其著作的广泛传播，使我们可以认为他是后来的耶稣会神父一个可能的资料来源，尽管他从未亲自访问过远东。

耶稣会士在亚洲史中最重要的人物，无疑是利玛窦。尽管从严格的时间顺序观点来看，利玛窦的著作晚于耶稣会的其他传教者[尤其是方济各·沙勿略、范礼安(Alessandro Valignano)和罗明坚(Michele Ruggieri)，稍后将对之加以研究]。利玛窦不仅给在中国的传教事业留下了最深的烙印并具有最深的影响，而且是这

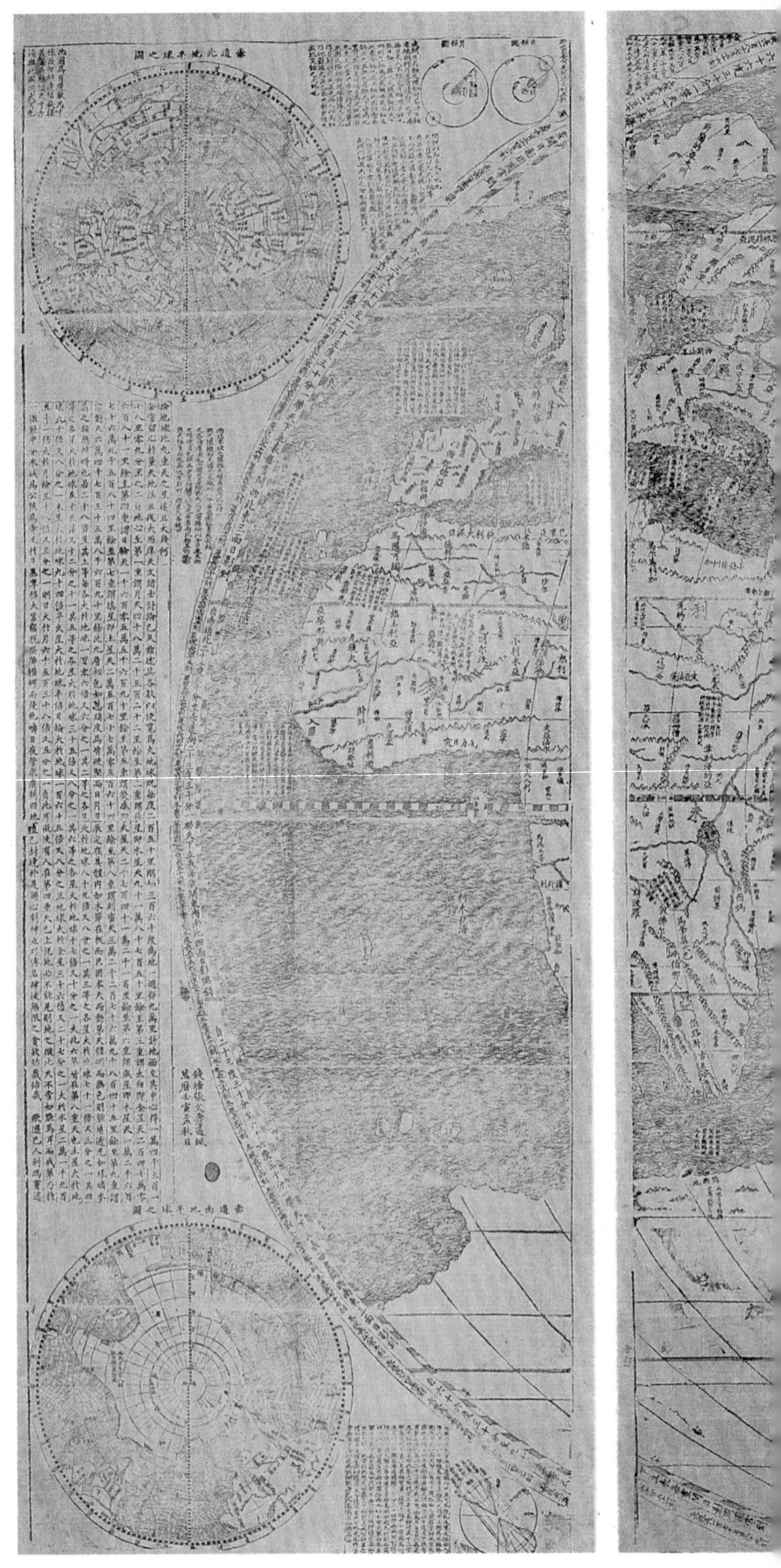

图 52 利玛窦,《坤舆万国全图》。旧世界地图,北

02 年，雕版印刷纸画，罗马，梵蒂冈教皇图书馆

个伟大的东方帝国的地理—制图形象(或简单的形象,参见图 53)。如我们所见,到那时仍完全建立在第二手和第三手资料的基础上。

他是第一个完成了具有中文说明和注解的有关已知世界的平面球形图的欧洲"科学家"。这是一个历史事件,因为欧洲的科学技术经验第一次被用于制造一个特别针对中国受教育阶层的参考工具。因此,利玛窦的世界地图既影响了中国制图家——他们是第一次接触到西方的创新,也影响了欧洲制图家——他们得以更好地了解中国的资料,得以发现一个并不逊于他们的制图学派的成就。在利玛窦看来,应当运用欧洲技术的所有方面来激起中国知识分子的兴趣,而他们对来自远方国度的宗教传道是相当漠不关心的。出于这一目的,利玛窦运用了各种实用知识,从机械表的制造到记忆术的论文,从数学和天文学到地球制图。

为理解其贡献的实际影响,我们需要简要地提及他的生平事迹。利玛窦 1552 年生于玛柴拉达城(Macerata)的一个贵族家庭。1561 年,他成为一名耶稣会成员。然后,他先是在玛柴拉达尔后在罗马学习。在罗马大学(伟大的耶稣会大学),他的数学教师是著名的天文学家克利斯多弗 · 克拉维斯(Christopher Clavius)。1577 年,利玛窦被任命为神父,然后他和罗明坚神父(Ruggieri, 1543—1607)从里斯本航行到果阿,又前进到澳门,直到 1583 年抵达肇庆(在广州内地)。罗明坚神父对欧洲有关中国的制图的发展也作出了重要贡献,这既因为他向罗马寄送了很多包含重要的第一手信息的信件,也因为他绘制了一部 1606 年的《中国地图集》。很不幸,这部《中国地图集》仅有一部手稿存世,至今保存于罗马国家档案馆,最近已作抢救性整理出版。

在获准可定居中国并建立一座教堂之前,耶稣会士曾作过几次尝试,但只有到 1582 年利玛窦获准进入这个帝国的领土并长期逗留后才成功。他大受欢迎,其技术和科学技巧激起了儒家官员们的兴趣,而这些人通常很不愿意接受来自外国的文化。由于中国人对机械装置的酷爱,利玛窦自愿做一个手表制造者。他在一个如衡量时间这样特别具有创新性的领域中获得了声望。此时,曾经设计建立在水钟或日影基础上的精细计时体系的中国人,已没有任何可以与欧洲机械计时技术相媲美的事物了。利玛窦在这个领域的声望变得如此之高,乃至于迄今广州的手表制造商仍把他作为庇护神来崇拜。

在华逗留期间,利玛窦运用了已由范礼安和罗明坚理论化的方法:入乡随俗,即采纳同样的当地装束,吃同样的食物,甚至讲同样的语言。换言之,利玛窦为了劝说中国人放弃他们的中国中心主义，他放弃了自己的欧洲中心主义态度。在写给自己上级的一封信中，利玛窦宣称他和他的同伴们已经彻底地融入到当地的人群中："你将了解到，从衣着、仪式和整个外表来看，我们已经变成了中国人。"

利玛窦竭其所能，在他和儒家学者们之间展开一场对话。他的言行举止都和他们一样，然而他并没有放弃建立在欧洲传统上的逻辑和修辞理论的基础。例如，在一篇广为传播的论文中，利玛窦驳斥了中国的五行理论，将之与经院哲学的四元素说（水火土气）相比较。他用同样的方式驳斥了道家的符号学，将之与摩尼教对善恶的划分相对照。在宗教内部，利玛窦挑选出了一些与中国气质特别趣味相投的斯多葛派哲学的元素。因此，他试图强调天主教中斯多葛的方面（这个策略在中世纪和文艺复兴时期得到广泛应用），以使之变得对他的对话者来说更易理解。

利玛窦运用地理学和制图作为促进文化间对话的另一手段，当然，这一对话的目的是传教，即对一个绝对真理的公告；在那时，中国人还非常不愿意接受这一真理。这就是为什么耶稣会士的贡献如此重要：他们作为东西方之间的中介发挥作用，利用对世界的描述作为手段，以获得更好的相互了解。事实上，在果阿和澳门的大学里，就有地理学和制图著作，如奥特琉斯的《寰宇概观》和墨卡托的地图集，他们从中汲取灵感来进行中文版的修正。

利玛窦及其同伴在教团在华驻地的大厅墙壁上，悬挂了一幅很大的地理学平面球形图。这幅投影图在东方来访者中激起了如此之大的惊讶和好奇，以致他们坚持要一份中文的投影图。当地的制图传统在描绘帝国的疆域方面非常精确（基于管理的、地籍的和财政的原因），但在描绘地球更遥远的部分则非常不足。1584年，在中国度过仅仅两年之后，利玛窦根据欧洲的制图传统绘制了一幅平面球形图的范本（我们没有这份资料），即把欧洲放在地图的中央和较高的部分（与奥特琉斯著名的平面球形图非常相似）。利玛窦的世界地图是用椭圆投影绘制的，以便描绘地球的球体。此外，它还被划分成气候区，以指出欧亚大陆属于这颗行星上可居住的部分；它只画出了两条河流的流向（尼罗河和亚马逊河），其题目模仿类似的中文惯用语——"舆地山海全图"。

然而，交流另一方的反应却相当冷淡。他们可以接受他们帝国的缩影，但不想让它滑到地图的边界，几乎都到了边缘上。事实上，如我们在下一章所见，在中国的制图传统中（与世界上很多国家相似），这个帝国总是严格地被放在居住区的中心。当然,利玛窦的用意并不是要激怒他的东道主,也不是要冒犯他们或激起他们的怨恨。结果在1600年,他修正了自己的数据并画了一幅新的题为“山海舆地全图”的平面球形图,更注意照顾到中国人的敏感性。利玛窦把欧洲挪向左边,把美洲挪向右边,把天朝之国放到中央子午线上。这个更为精确的第二版的成功,被后来在1602年、1603年、1608年和1609年的再版所证实。贵州巡抚、学者郭青螺(郭子章,1543—1612)在其宇宙学著作中插入了利玛窦的平面球形图,这部著作在中国流传甚广。在新版本中,利玛窦逐渐地加入了更深奥的地理学、天文学、经济学、自然的、人种学和人类学的资料。

《坤舆万国全图》(参见图52)是六幅木刻版地图的标题,图“有一人多高”,是与学者、制图家李之藻(1565—1630)合作完成的,他后来取了西名为良(Leone)。这幅地图1602年出版于北京,印制了“成千上万”份,经常被购买者“绘成各种不同颜色”。这幅地图“非常大,有三厄尔[①]高,六厄尔长”,包含“很多王国,与诸多王国和地方有关的重要特点的很多注解,对这部著作更广泛的界定还包括与太阳和星星有关的数学知识和细节”(Della Entrata……,第四册,第十五章,第373页)。

整幅地图装饰着海洋和陆地生物的图画。利玛窦说他们出版了这部著作的两种版本,因为当印刷商为李之藻雕刻木版的时候(这花了一年多的时间),他们秘密地为自己刻了同样多的印版。这个秘密的副版毁于1607年8月31日北京一场灾难性的洪水,大水导致存放秘密副版的房子塌垮。然而,四年后,印刷商因为这份外国人的世界地图而赚了很多钱,“以高价大量销售”(Della entrata……,第五册,第十七章,第552页)。这个版本的几份副本散落于全世界,既有李之藻的印版所印的那些,也有印刷商的秘密版本。

很显然,利玛窦的同化进程开始结出果实了。随着他对汉语掌握得日益纯熟,以及对中国知识分子口味和热情的深刻了解,他找到了欧洲制图与中国人的认同之间有效的妥协。因此,他个人的经历是欧洲对中国看法的一个转折点,就像利玛窦的地图,尽管是用中文写成的,却极大地影响了后来耶稣会制图家们的方法。利玛窦的地图是一种跨文化对话的结果,它们来自欧洲文明和中国文明的科学知识。利玛窦从中国汲取了必要的知识来标注地图,使之成为正规的地理学专著,而非单

① 厄尔(ell):古语,约一臂之长,英国计量单位。

纯的图解表示；利玛窦从欧洲吸收了投影体系，以及他和他的教友们借助星盘搜集的所有直接观察结果。利玛窦引发了对不同倾向的多产的综合，这有助于永久性地改变世界图景。为表明利玛窦著作的重要性，我们可以引用迄今仍存世的一个有趣的制图古董。1625 年，游记的英文编辑塞缪尔・帕切斯(Samuel Purchas)出版了一幅全新的中国地图(参见图 54)。这幅地图建立在帕切斯从约翰・萨利斯(John Saris)手中购买的一幅手绘地图的基础上，后者是英国东印度公司(East India Company)的商人，他在万丹(Bantam)从一个中国人手中得到了它。一个曾是利玛窦同伴的西班牙耶稣会士，为帕切斯翻译了这幅地图。

与此前的著作相比，地理知识的改进是非常显而易见的，至少对中国经度的扩展来说是这样的。用一条黑色的带子代表戈壁沙漠，而在其之上的题注“哈喇契丹(Qara-Khitay)或黑契丹(Cathay)”则表明这一术语已经被接受。中国长城占据了28°的经度，很显然反映了由明朝完成的重建工作，为的是抑制北方边界蒙古部落的压力。在几个地名中，我们看到：北京、南京、上海、广州、澳门。很多河流自西向东穿越帝国，但它们流经的路线却描绘得不明确。这里还分别描绘了一个中国男人和一个中国女人的图示，而第三个图示则是利玛窦的一幅肖像，作为对在英格兰印制的第一幅中国地图的启发者的颂辞。

地图上的位置：中心或边缘?

在中心和边缘之间的关系问题是与哲学论文严格联系在一起的(只是表面上看起来非常抽象)，这些论文使利玛窦及其同伴忙于各种各样的主题(从记忆术到元素的数目，从友谊到风玫瑰图的结构)。自古代起，中国人就一直称他们的国家为“中国”，即“居中之国”或“中央之国”。这个定义无疑将激起欧洲公众的惊讶，因为欧洲人用“远东”的一部分来指代中国。

居于中央的位置，不仅是中国人的优先性，很多其他民族也以同样的方式来描述在有人居住(或可居住)的世界中和想象或传说的世界中他们的位置。在其他将自己的国家放在世界中央的民族中，有埃及人、希腊人、斯堪的纳维亚人，以及阿兹特克人、阿拉伯人乃至朝鲜人。例如，秘鲁的印加人认为，他们的首都库斯科

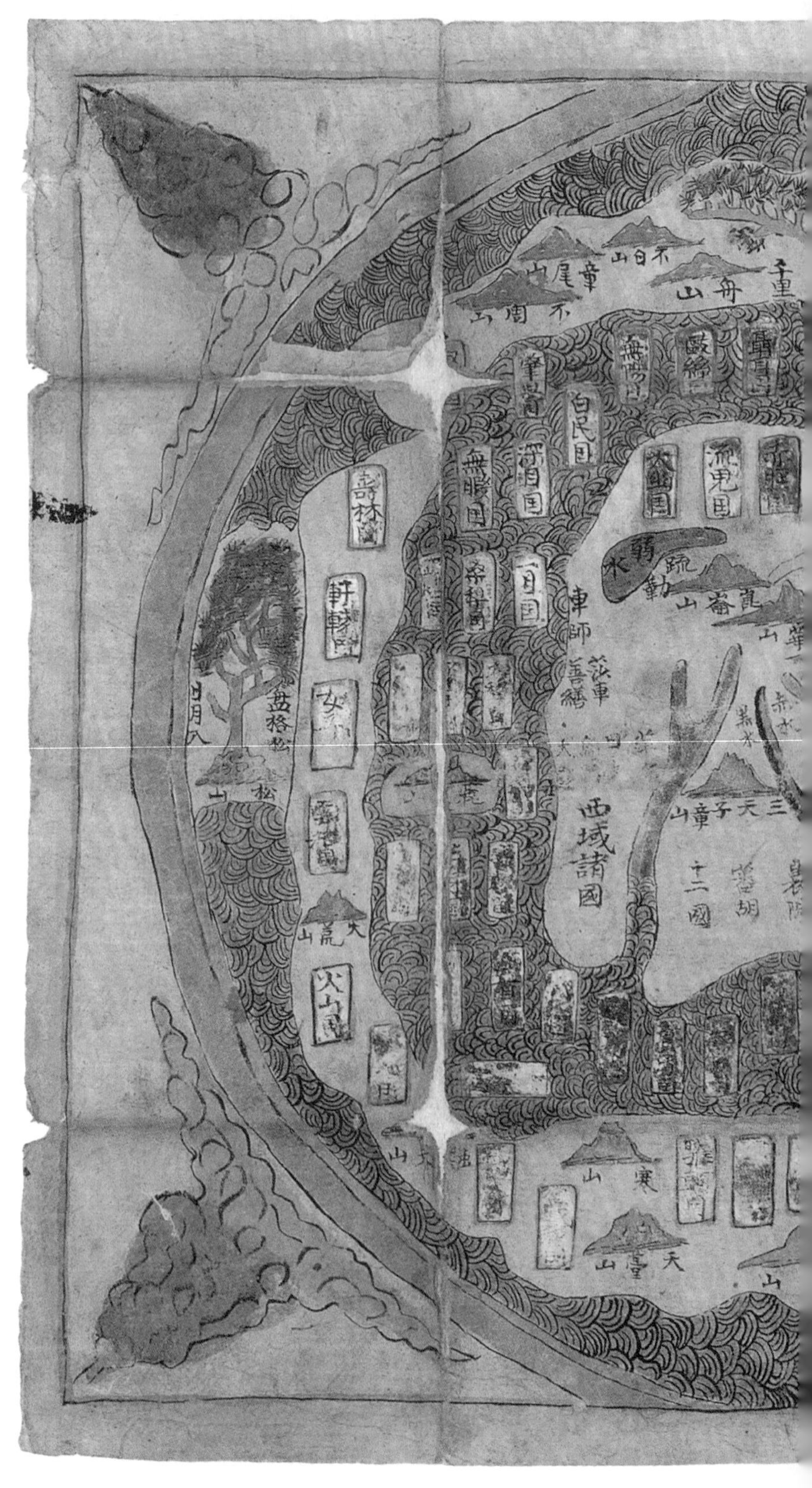

图 53　朝鲜学派，世界地图，18

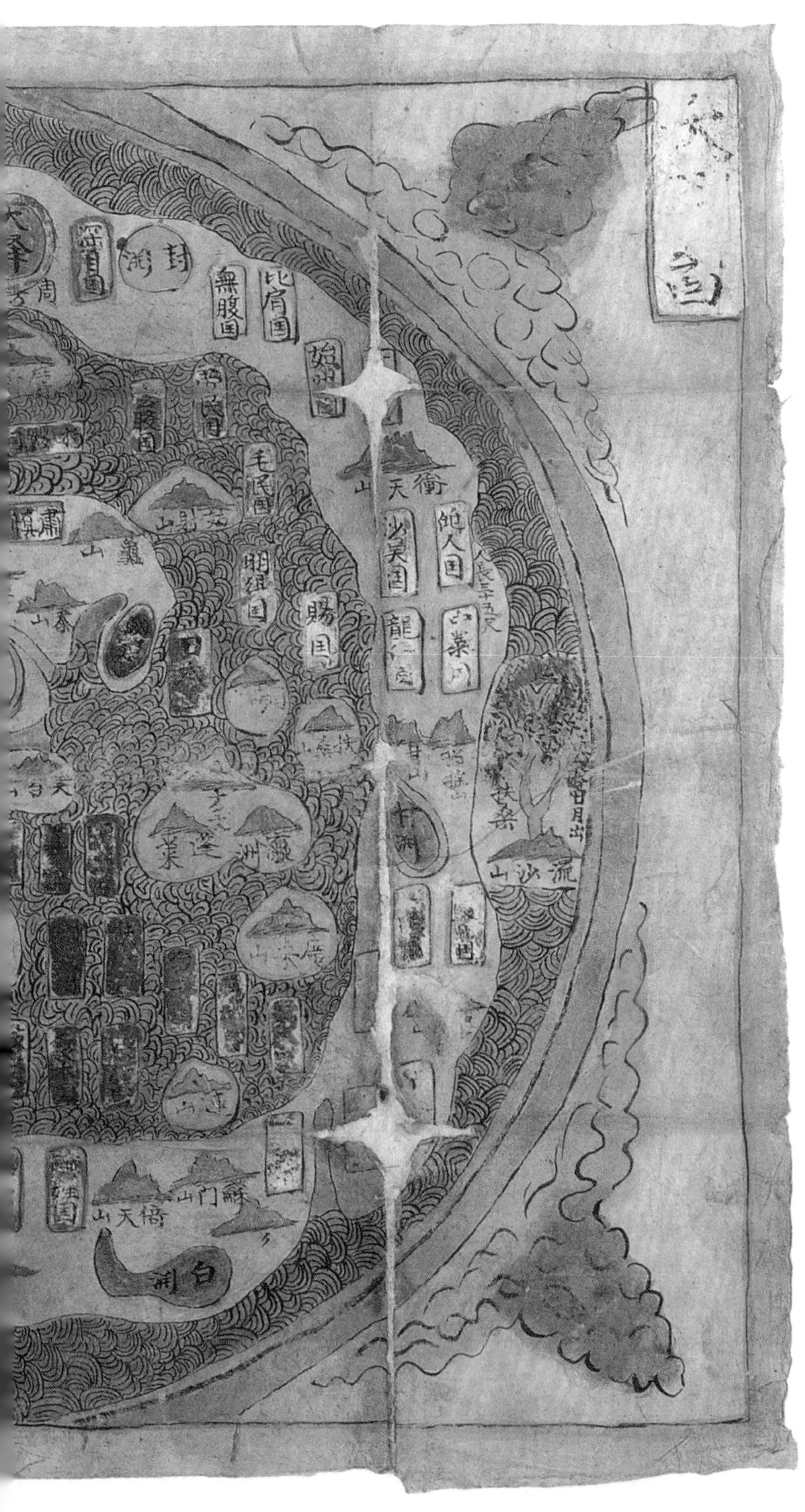

水彩画，伦敦，私人收藏

(Cusco)是“世界肚脐”(根据它在盖楚瓦语中的意思)、塔万廷苏约(Tahuantinsuyo,形成帝国的四个地区)的中心。据古罗马人所言,罗马是世界之都、地中海的中心、著名的执政道路网起始的地方。还有,数个世纪以来,基督徒认为,耶路撒冷是他们至重的圣地;而穆斯林则向着麦加祈祷。这进一步说明,每个民族都倾向于认为自己是在他们(唯一)的神面前被选中的或具有特别恩典的。

因此,借助这一定义,中国人想把自己和围绕在他们周围的“野蛮民族”区分开来,例如东方的日本人、北部的蒙古人、西边的西藏人、南边的马来西亚人。后者格外受到轻视,因为他们贫穷、赤身裸体,并且据说食人。根据16世纪有关这个地区和几个其他地区欧洲人的旅行文献,我们也能找到这种陈腐的说法。尽管有海军将官郑和的海上探险,能够确保获得有关其他世界的趣闻,但中国人似乎对更远的国度如印度、非洲或欧洲并不特别感兴趣。例如,一部成书于16世纪末很流行的中国小说描述了一次虚构的向“远西”的旅行,但这一表述仅用于指恒河印度最东边的部分。

“居中之国”这个地名并没有纯粹的地理学意义。根据道家经典《列子》,这一定义用于指代秩序和文明,所运用的要素与19世纪晚期欧洲中心主义的决定论地理学是相同的,当温带气候被加以赞扬的时候,居住在赤道和极地地区附近的民族就遭到了蔑视。

> 在四海之间就是中国,在黄河的南北两侧和泰山山脉(在山东省内)的东西两侧延伸出一千英里远。多云和晴朗的天空清晰可辨,寒暑互相交替。光明和黑暗的区分显而易见,昼夜互相交替。在其居民中,有聪明和愚笨的人们。自然丰茂,艺术和手艺发展起来,统治者和臣民们各尽其职,道德与正义相互扶持(Eberhard, 1999)。

居中之国的中心性得到了这一事实的证实:野蛮民族都被放置在外围。每当来自大草原的游牧民族威胁到中国的独立和繁荣时,建于秦汉时期的长城就得到修复和扩建,其目的不仅在于保护这个国家,也在中国的定居文明和土耳其—蒙古游牧部落的游牧文明之间画一条象征性的界限。中国文明是有教养的、爱好和平的、精细的,致力于农业、贸易和艺术。相反,游牧文明是好战的、不稳定的、好反抗的,并且致力于家畜繁殖、袭击和战争。因此,这两个文明之间是彻底地、无可挽回地不相容的。在漫长的亚洲疆界史中，两个文明之间的关系几乎总是很紧张。有时一个压倒另一个，直到 18 世纪，满清王朝最终赢得了游牧民族的归顺。

第一位皇帝秦始皇选择了数字 6 作为他的象征性数字，因此他把他的帝国分为 36 个省份。把中国画成正方形，根据中国文化这是每个人类造物的理想形状，帝国的 36 个省份为 36 个野蛮民族所环绕，在正方形的每个边上各有 9 个。道教哲学家淮南子（公元前 179—前 122 年）试图根据当时的地理学知识重新排列中国潜在敌人的客观位置，同时并不放弃总体上的命理学方案，这个方案偏好作为 4 乘 9 结果的数字 36。

据淮南子所言，北方的蛮族只有 7 个，东方只有 6 个，而南方有 13 个，西方（可能包括印度人、非洲人和欧洲人）则一共有 10 个。这些思想在 17 和 18 世纪的中文书籍中也可以找到。与东方相联系的颜色是蓝绿色，因此我们可以说“天朝之国”这个说法并不是对本地语言中地名的翻译，而是反映了一个来自欧洲观点的概念。与中心相联系的颜色是赭石黄，是黄土的颜色，也即中国北部的黄河洪灾冲积出的颜色，这里，洪灾不仅仅是灾难，也是经济的基础。

直到相对晚近的时代，中国地图的作用仍与西方稍有不同。通常，它们被看作是更广泛的文化和智力事业的一部分，不仅涉及到地理学和天文学，也涉及到哲学、文学、艺术和宗教。中国地图常常没有一个固定的参照点，它们甚至根据被描绘对象的相对意义，对不同部分使用不同的比例尺。此外，它们留给文字段落的地方要比留给图画的地方大。海洋被视作一种威胁，它的波浪被画得很狂野，对河流则强调得比较少（可能是因为它们不那么危险），尽管它们被视作在帝国不同部分之间交通的基础线路。在海军将官郑和的伟大航行之后（见第五章），明朝日益感觉到来自外部压力越来越甚的威胁，因此他们决定向外国商人关闭国门，除了广州港每年短期开放以外。

后来源自异族的清朝也坚持了这一策略。因此，认为旱地和大陆是中国文明真正的政治、经济和社会文化归属的典型观念被保留下来。当然，中国地图主要描绘陆地地区就反映了这一观点，这些陆地只是偶然才会被大洋所冲刷。这些地图用对待那些向居中之国称臣的疆土的中国中心主义观点描绘了中国的宇宙。这导致欧洲在太平洋的霸权地位维持了很多世纪。

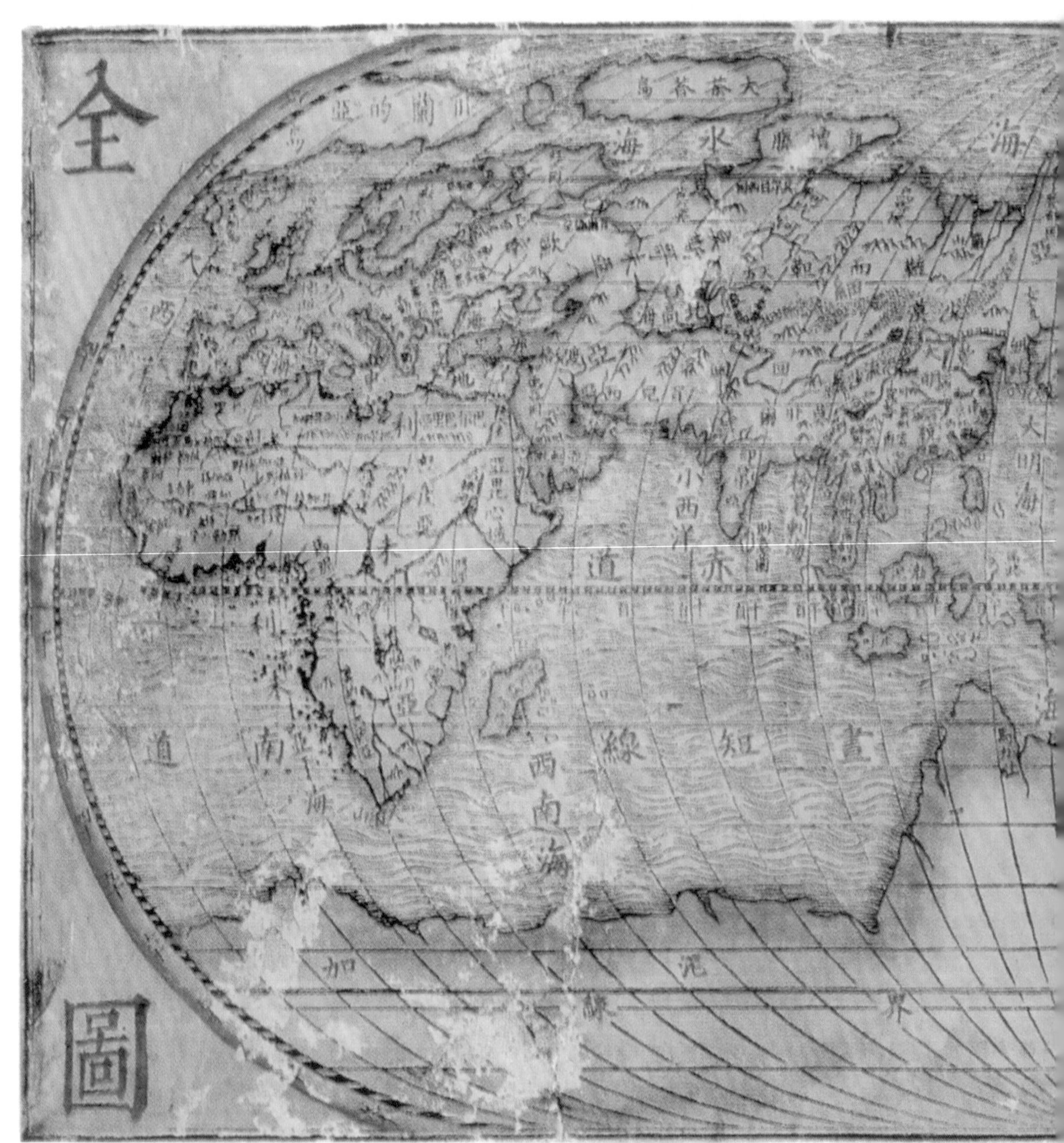

图 54 艾儒略,《万国全图》,约 1623 年

彩版画，米兰，安布罗西亚图书馆

在华耶稣会神父

利玛窦作为哲学家、数学家和天文学家的伟大声誉，为耶稣会士在中国赢得了令人羡慕的地位。他在北京专门成立了一个为编纂历法而进行日常观测和演算的天文观测台，征招了一些在欧洲受过数学和天文学教育的传教士在这里工作。在利玛窦时代，中国受教育阶层已经对欧洲制图感兴趣，并且他们的好奇心驱使他们对利玛窦继任者的著作继续感兴趣。从制图的观点来看，利玛窦的主要继任者是布雷西亚人艾儒略(Jules Aleni，1582—1649)。艾儒略写下了第一部译成中文的欧洲地理学专著，而且他在中国以艾儒略的名字为人所知，即“西来孔子”。这是一个非常特别的头衔，其他人甚至连利玛窦也未能享有这样的荣耀。他用中文写了30多部著作，以期使学者们了解西方的地理学、制度、社会、宗教、哲学和艺术方面。他的著作中，半数是通俗的、辩护的和伦理的，而另外一半则涉及科学、地理学、天文学、数学和几何学。

艾儒略绘制了两幅重要的平面球形图(参见图 54)，题为《万国全图》(10 000这个数字很显然是个比喻，意思是指“所有的王国”)。事实上，这两幅平面球形图是一部著作，但有少许变化，是与米歇尔·杨廷筠(Michael Yang Tingyun)合作绘制而成，他是一个在杭州皈依的中国人。这两部几乎一模一样的著作有两份副本保存在米兰：一份在艺术图书馆(签名于第一个方框中的段落之下)，而另一份则保存于安布罗西亚图书馆。尽管在后一份中并无作者姓名的记录，这幅平面球形图无疑完成于明代，因为我们能从中国中央看到红色题注“大明一统”。1618 年，朝廷命艾儒略完成《职方外记》，1623 年出版。因此，这幅地图可以追溯到同一年。这幅平面球形图的第二版不仅有艾儒略的序言，而且有一些变化，如皇朝的名字作了修正(从明变成清)，这是由于在 1644 年权力已经转移到了满洲统治者手中。因此，这幅保存在艺术图书馆的平面球形图可以断代于同一年或稍后几年(但要早于作者的卒年 1649 年)。

《职方外记》在 1623 年印制于杭州，包括分别与亚洲、欧洲、利比亚或非洲、美洲和南极洲有关的六卷，而第六卷则与海洋、岛屿和航海术有关。每一卷都包括一幅以可能的最精确方式表述当时地理知识的总图。由于非常丰富和完整，它很快就成为东方地理学文献的一部经典,使中国人能够了解非洲和新世界的新胜地,因此完善了利玛窦的著作。

保存于艺术图书馆的这幅平面球形图印制于一张薄薄的糯米纸上。图画由三个几乎一模一样的长方形组成:第一个包括了对世界地图的简要评述,图上附有一些关于人、神和造物的观察结果;第二个长方形则是一个等积平面球形图,而在较靠下的长方形中则有两个分离的半球,每个都有标题和日食和月食的图示,还有表意文字的注解。这一结构反映出对一种惯常的用法,以及在开篇段落上进行更改的可能性。有可能这些地图虽然保持了总体的结构,但在常规的基础上进行更新,并且删掉和修正了一些表意文字来引入新资料。

艾儒略的地图很显然受了利玛窦地图的启迪和影响,包括赤道线、两条回归线和两个极地圈。平行线和子午线在椭圆的边界上和赤道线上都以10°的间隔进行绘制,与奥特琉斯的著作相一致。我们注意到的第一件事情就是:太平洋的位置在新世界的中央,偏右而非偏左,为的是把中国放在画面中央。最初采用这个权宜之计的是利玛窦,艾儒略和其他耶稣会士模仿他以补偿中国人所受的疏远。当他们看到(如利玛窦所写),“不管他们怎么想,尽管他们的宇宙学家已经断言中国至少包括世界的三个部分,事实上,中国甚至连世界的千分之一都没有占到”。两个作者都把本初子午线放到加纳利群岛,所以180°子午线从亚洲和美洲正中央的太平洋穿越而过。

由艾儒略引入的最重要改进是根据西班牙探险家路易斯·瓦兹·德·托列斯的旅行报告,把新几内亚和南部大陆(Magellanica,即大洋洲)分离开来;他在1606—1607年间,设法首次穿越了从第五大陆把印尼大岛分开的海峡,后来这个海峡就以其名字命名。此外,与利玛窦的平面球形图相比,艾儒略回到了托勒密的传统,把中国放到东经140°和160°之间,而他赫赫有名的前任则把它放在更靠西边的东经112°和132°之间,比实际上略少一点。如果接受利玛窦的观点,就意味着大大扩展太平洋的范围,因此难以把从美洲西海岸开始的亚洲东海岸加上去(尽管有重重险阻,马尼拉大帆船每年都沿着这条线路从菲律宾前行到墨西哥)。然而,艾儒略也指出,“人们根据自己所在的地方确定最主要的点,因此没有哪个地方可以是居中的”。因此,艾儒略继续进行由利玛窦开始的关于与中国逻辑相比欧洲逻辑优越性的争论(四个主要的点,四元素)。这些著作和很多其他著作启发了神父阿塔纳斯·基歇尔(Athanasius Kircher, 1602—1680),其著作被视为耶稣会士第一个阶段有关中国知识最完整的综合。这一阶段终止于卫匡国在这个世纪中期发表的《中国新地图》(1655)。

阿塔纳斯·基歇尔(Athanasius Kircher)因其广泛博学的才能而出名(他涉猎极广,从语言起源到组合学,从卢利安艺术改革到古董和地质学),也因其作为收集家的怪癖而出名(例如遗赠给罗马大学的基歇尔博物馆,后来被改造成梵蒂冈博物馆),还因其有关中国和地下世界的"地理学"专著而出名。正如他自己承认的那样,其著作《中国图说》(1667)在很大程度上应当归功于那些被派往远东传教的教士们的著作,其中最首要的就是卫匡国的著作,后者曾是他的数学弟子:"卫匡国神父,生于特伦托,曾是我的数学弟子,也是中国地图集的作者。我从这部著作中获得了很多启发……"。

基歇尔毫不犹豫地承认,他的学生活跃而敏锐的心智使之成为一名科学奇才,以至于在地理学家和天文学家中享有很高的声望。然而,这并不妨碍他在标题页中赞扬另外两位同样值得称道的神父。因此,在这本书开头的精美图表[它印制于著名的扬·杨松(Jan Jansson)位于阿姆斯特丹韦耶街(Weyerstraat)的荷兰工场]中,我们看见一位天使,作为圣智的传递者,展开着一幅由汤若望神父在左、利玛窦神父在右拿着的中国地图。不像卫匡国,基歇尔的知识都是二手的,但他可以依靠出类拔萃的信息提供者;他时不时对这些人加以指导,而他们的著作绝大部分都没有发表。事实上,除卫匡国以外,基歇尔宣称他应归功于德国神父格鲁伯(Johann Gruber)甚多;他在格鲁伯1656年前往中国之前,曾给了非常明确的指示。格鲁伯离开澳门来到北京,在中国居住两年之后,与神父吴尔铎(d'Orvill)一起被召回罗马。他们两人一起开始了"一次史无前例的旅行",即徒步穿行整个亚洲。"走过和测量了整个亚洲的长度,他揭示了他所观察到的、对我们仍是未知的非凡事物",从而使基歇尔能够编辑和出版其全部的观察结果。

这部著作颇受欧洲公众赞赏,结果很快就大为出名。其中的图示非常丰富,既插入到文本中,也插到文本之外的23个图表中,例如作者姿势很奇怪的一幅肖像(参见图58):他的眼睛并不向前直视,而是明显地向右看,好像他想强调:处身于对跖之地,为了看遍整个中国,他需要斜着、横着看才行。无论如何,他的样子都不是直的;而他所发表的地图都来自其他资料。尽管如我们将看到的那样,主题的修正使它们看起来几乎是新的。

图 55A 阿塔纳斯·基歇尔,《中国图说》。汤若望神父肖像,阿姆斯特丹,1667 年,版画,伦敦,苏富比公司

图 55B　意大利学派，卫匡国神父肖像，
1661 年，油画，特伦托，博康西利奥城堡博物馆

尽管他对于语言非常热心(他的著作之一就是研究通天塔的历史),基歇尔看上去对中文并不是很熟悉,因为他不能校正他所用地图中的地名。然而,有时他的翻译却最终丰富了其中的术语。在建立于卫匡国地图集基础上的中国总图中,有一个非常精细的拉丁化的黄河译名,据基歇尔所说,应当用“crocei flu”来表示,即“番红花色的河流”。在约翰·马修斯·哈斯(Johann Matthias Hase)1744 年的亚洲地图中也使用了同样的定义,那里用一个注解解释道:“黄河,对欧洲人来说,就是番红花色的河流。”

然而,从历史和古文物研究的观点来看,基歇尔的制图来自其他作者这一事实和这些细节并不能削弱其著作非凡的重要性。事实上,基歇尔自己写道:他的目标是编纂一部包含所有已获得知识的非重复性的作品,“研究对整个欧洲来说最罕见、最隐蔽、最不为人知的事物,形成一本包含在这个国家可以观察到的所有自然和艺术奇迹的书,让它们各归其位,以满足好奇的人们”。基歇尔这样界定其专著的地理学性质及他与制图的关系:“如果我不曾画出这幅地图——‘一览图’或‘地理学概要’(geographicum schema,用基歇尔的拉丁文)——使读者能够找到这个国家中所有值得赞赏的事物,我就不能深入了解我想与好奇的人们分享的每座城市、每座山脉、每条河流、每个湖泊的所有值得纪念的方面和所有其他事物。”

在最具创新性的方面中,我们必须记住的是对马可·波罗旅程的(也是制图的)重现,如作者承认的那样,直到那时,马可·波罗的旅程仍然是混乱的。作者把第一次重构这个航程的尝试归功于自己。建立在马可·波罗游记基础上的地图包含了他的旅程,还有最近的旅行路线,去除了极富争议的有关契丹位置的所有疑问,特别是鄂本笃(Bento de Góis)从阿格拉(Agra)到中国门户的旅行(1602—1607)、安东尼奥·德·安多德(António de Andrade)神父在西藏的旅行(1624),还有格鲁伯和吴尔铎从北京到拉萨的旅行(1661)。这帮助基歇尔神父成为历史和地理探险最初的和最为现代的作者之一。另一个有趣的方面是涉及中国天文学和地理学知识的部分,是通过对历法的校正(这项工作是由汤若望神父完成和记述的)和制图调查来证实的。对此,基歇尔毫不犹豫地表述了一个毫不含糊的判断:“我很羞于谈到这些以自己拥有所有人类中最为敏锐的心智而自豪的人们,竟然不知道各地的经纬度是多少,而欧洲的小孩子都非常了解这些东西。”基歇尔可能在评价全欧洲的小农、矿工和牧羊人的教育程度时有所夸大。然而,他继续讲述中国关于大地的一些传统观点,他们认为,大地是平的而不是圆的。此外,他们还认为,大地是空的，太阳和月亮落山之后，进到一个洞里然后一直等到第二天。

17 世纪下半叶，比利时耶稣会士南怀仁(Ferdinand Verbiest，1623—1688)是利玛窦、艾儒略和卫匡国最博学的继任者。1658 年，他和卫匡国抵达澳门，然后在陕西作为传教士工作至 1660 年，后被召至北京协助并最终代替他的德国教友汤若望担任“钦天监负责人”。1669 年，康熙皇帝任命他为“钦天监监正”。从此，南怀仁致力于北京观象台的重建工作及很多天文器具的建造，其中一些至今仍可在观测台旁边的博物馆中加以观赏。此外，他还领导了对官方历法的改革(这对中国这样一个实质上的农业文明来说，是至关重要的)，他删除了过去旧历中为使推算与天文观测相一致而增设的闰月。

南怀仁的中文平面球形图之一可以追溯到 1674 年，题为《坤舆图说》，至今仍存于世，收藏在意大利地理学会在罗马的藏品之中(Cerreti，2001，第 56—61 页)。对中国的描述要比同时代的欧洲地图精确得多，尽管未经深入调查就重复了一些有关远东的错误。例如，在日本的地图中没有北海道；美洲和亚洲则由一个非常模糊的海峡分隔开；为纪念新的统治王朝，中国的长城则错误地一直延伸到大清之海，而不是叫做黄海。然而，我们必须注意到有多种多样关于风、降水、云、洪涛、潮汐规律、气候、极点、行星形状、重力、地震、河流和山脉的标示。它证明了对自然地理学方面的早期科学兴趣，这在下个世纪最早的主题地图中得到了完善。

如果我们把制图的成果暂时放到一边而检视描述性的地理学作品，它们对于界定欧洲关于中国的观念是同样重要的。在利玛窦的追随者中，我们发现另一个很少离开罗马的耶稣会神父：德艾聂罗·巴笃里(Daniello Bartoli，1608—1685)。在一位古典学者的序言中描绘这个国家时，利玛窦承认古希腊人和罗马人已经知道赛里斯和秦尼。然而，他故意不提及教会早先在中世纪时的尝试。在利玛窦的叙述中，没有什么比耶稣会士的进取精神更值得铭记，尤其是其奠基人之一、西班牙人方济各·沙勿略。这一方法迫使他不仅省略了罗士勃洛克(Ruysbroeck)和其他圣方济会教士们老练的传教团，甚至连北京教区的建立都被省略了，这是由教皇克里门五世(Clemens V)于 1307 年为孟特戈维诺的约翰(John of Montecorvino)创立的。

从耶稣会士的观点来看，最重要的就是在整个亚洲对带到果阿教堂的罗马教皇训令唯命是尊。在葡萄牙人的殖民扩张中，方济各·沙勿略自己也强烈感受到这一点。因此，我们可以从耶稣会士地理制图的工作中区分出两种角色：一方面是那些案头地理学家们如巴托利、波特洛、阿夸维瓦和基歇尔，他们修订了通过写给耶稣会不同分支或罗马中央办公室不计其数的信件来传递的资料；而另一方面，则是那些依赖于他们的直接经验进行实地研究和观察的地理学家们。

在后者中，我们不应该遗忘葡萄牙人鄂本笃(Bento de Góis，1562—1607)。他生于亚速尔群岛(Azores Islands)的圣米盖尔(San Miguel)，然后作为一名葡萄牙国王的士兵前往印度。然而，1584年，当他在果阿的时候，他决定成为一名耶稣会成员。由于具有良好的语言学知识，1595年，鄂本笃作为代表印度总督的密使出访大蒙古(Great Mongol)。1598年，拉合尔(Lahore)王宫的一个穆斯林商人声称，他来自一个叫做“契丹”的国家。据他所说，他在那里居住了13年，一直担任大使。他讲述了一个广大无边的富饶国度，有1 500多座城市，人口众多，其中有很多基督徒、犹太人和穆斯林。这一消息传到了果阿，那里的人们立即想起了圣方济各的事涉契丹及分布在中国的基督教社区的古老传说和故事，而这正是这个商人所证实的。然而，所有这一切显然都与利玛窦写自中国的信中所言相反，一切都与古代的故事相符合，除了有基督徒这一点以外。因此，他们决定组织一次探险来寻找契丹(如果它存在的话)，以期一劳永逸地清除有关它的所有疑问。

鄂本笃被选中执行这一使命，也应归功于他在此前的年头里经常为耶稣会运用的外交技巧。鄂本笃于1602年10月29日离开阿格拉(Agra)，途经拉合尔城，化装成亚美尼亚旅行者。他向着喀什和塔克拉玛干(Taklamakan，在维吾尔语中是“有去无回之地”和“死亡沙漠”的意思)进发，然后穿越了世界屋顶帕米尔高原。他大体上与在公元6至7世纪之间骑着马的中国佛教朝圣者玄奘走了同一条路；那时，玄奘离开中国前往印度是为了拜访佛教圣地并寻找圣典，以带回祖国进行翻译。这次旅行是漫长的、令人精疲力尽和充满危险的。历史学家们写到，由于强盗的抢夺，这次远征不得不以剑开路。

鄂本笃可能是除马可·波罗外第一个访问这些地方的欧洲人，其他人若要完成这样一项事业不得不等到18世纪末。1603年11月，鄂本笃抵达了喀什，然后继续沿着古老的丝绸之路前进；直到1603年圣诞节，他到达了自己的目的地。面对着嘉峪关，沿着穿越甘肃的中国长城，便可进入中国的疆界。鄂本笃尚未抵达北京，便死于此地附近。然而，幸运的是，他的一位亚美尼亚的旅行同伴把他的日记交给了利玛窦，利玛窦对之加以修订并把它插入到他的《利玛窦中国札记》一书中。这部著作中的军事术语模仿了罗耀拉的伊格纳修(Ignatius of Loyola)，它是一种

“传道使命”的语言，即一种精神征服。

利玛窦精确地叙述了这次探险旅行，但他并不赞成其设计和执行，因为在他看来，这是建立在有关中国世界极其可怜的知识基础上的。然而，在很多16世纪的欧洲地图尤其是葡萄牙地图中，“契丹”常常被画得过于偏西。在诸多例子中，有奥特琉斯的《寰宇概观》中著名的亚洲地图，其中“契丹”被放得太偏于北京的西边，甚至是朝着印度。因此，马可·波罗在罗列他在陆地上的驿站时也非常不精确，我们无法排除这个推测性的制图欺骗了那些组织这次旅行的人。

卫匡国的著作

在先驱人物利玛窦之后，对天朝之国的地理制图理论进行详细阐述的最重要作者就是卫匡国神父。卫匡国生于特伦托（Trento）一个商人的家庭。他 18 岁时成为一名耶稣会成员，在当地大学开始了自己的学业并最终学成于罗马。1640年，卫匡国与 40 位教友被选中在亚洲进行传教。次年，他沿着向远东进发的传教神父们的常规路线，从热那亚（Genoa）到里斯本、从果阿到澳门，经过一次漫长而危险的海上航行后，到达亚洲。经过一段时期的适应之后，卫匡国于 1643 年获准在浙江省兰溪定居，以宣讲福音书。

在充满骚乱的年头里，中国为持续的社会剧变和明清之间的漫长战争所困扰。卫匡国在不同的省份进行传教工作，他同时进行天文、测地学和地形学的观察。1651 年，耶稣会派他回欧洲向教皇汇报有关儒家礼仪的问题。从福建漳州港出海之后，卫匡国被一艘荷兰舰船抓获，然后他被带到巴达维亚（Batavia，即现在的雅加达，当时是荷兰在东方殖民帝国的首府，今天则是印度尼西亚首都）。卫匡国在巴达维亚被囚禁了一年，荷兰东印度公司（Vereenigde Oostindische Compagnie，VOC）的官员仔细地检查了他所携带的大量材料（其中还有 50 本中文书），并把卫匡国在华停留期间所绘的地图集翻译成了荷兰语。

当他们获得了想要的东西之后，荷兰人用他们的一艘舰船把卫匡国带到了欧洲，于 1653 年抵达了挪威卑尔根（Bergen）。次年，卫匡国开始了他的使命，在宗教法庭前成功地为中国传统文化进行了辩护。1655 年，布洛(Blaeu)在阿姆斯特丹的出版公司出版了他题为《中国新地图集》的地理学著作。这部地图集包含 17 幅地图，有 2 100 处中国各地的坐标，170 页文字中满是有关各个省份的知识，例如它们的疆界、总体特点、名称的历史沿革、居民风俗、主要产品，以及它们的行政地位。西方商人在试图进入中国市场时的主要障碍，就是他们对这个国家自然、人文和经济地理学所知甚少。这部包含在百科全书式著作中的纯科学出版物唤醒了欧洲人的意识，消除了很多流传数百年的偏见和虚假的神话。两年后，卫匡国与 17 位传教士再次向中国进发，其中就有南怀仁和殷铎泽，他们在东西方关系史上起到非常重要的作用。回到传教职务上之后，卫匡国在丝绸的主要生产城市——杭州建了一座新教堂，1661 年卒于此地。

不像利玛窦的很多著作，只有后来的推广者才予以部分发表，卫匡国准备让他的著作直接面向广大公众。与大出版商琼・布洛(Joan Blaeu)签订协议的目标即在于此。利用布洛的熟人，卫匡国确保他的著作不会留在档案里被所有的人忽视，对利玛窦的著作来说多少就是如此[其作品主要是通过金尼阁(Trigault)对利玛窦《利玛窦中国札记》集成性的提要而为人们所知，奥格斯堡，1615]。他的地图集最初用拉丁文发表，立刻被译成各种主要的欧洲语言：法语、西班牙语、荷兰语和德语。直到耶稣会士、“法国国王的数学家”们的天文学调查和法国制图家唐维尔(d'Anville)的修订之后，卫匡国的制图始终是后来所有制图家们主要的灵感来源[包括布洛的主要竞争对手扬・杨松(Jan Jansson)]。影响力很大的基歇尔也常常承认他的学生最大的功绩就是创作了这样一部中国地图集：“一部令人称羡的著作，它包含了自然和艺术的每个精彩方面”，特别应归功于 15 幅省区大地图的范围，“说明了整个中华帝国的地势”。

尽管宣称自己曾在整个帝国旅行过(他可能访问过五分之四的省份)，卫匡国很坦然地承认他使用了最好的中国历史和地理学资料作为他的档案：“……不应当有人认为我编造了这一切。事实上，我以德国式的诚实真诚地宣布我从中文的地理学书籍和地图获得了这些知识，这些资料涵盖中国每一个省份，并且由中国人修饰、撰文及印制。目前我还保存着这些资料，可以随时向对这些事物感兴趣的任何人进行展示。此外，任何人只要不是对地理学一无所知，就能很容易地了解我的细心和勤奋。”(卫匡国，2002，第 4 页)引用中文资料来源提及他的“德国式的诚实”是非常有趣的，因为卫匡国似乎对一些有影响的意大利模范很冷淡，因此激励了基歇尔和其他德国神父的自豪感。最近的一些学者，如白佐良(Giuliano Bertuccioli)，已经在附有地图或只有文本的一些著名的中国地图集中确认了卫匡国的资料来源。无论如何，对其著作的仔细研究，清楚地表明他对细节和中国地区与省份的复杂划分更为注意，因此更强调人文地理学而非自然地理学。

这部地图集始于一个历史性的提要，在这里又一次省略了所有的圣方济会修士及其中世纪期间在中国传教的尝试(因为在远东的传教中，这两个教团是竞争对手)。卫匡国根据中国行政管理的传统分级结构，把每个省分成市(府)、临近地区(州)、地方(县)和镇。因此，卫匡国不仅是第一个提到很多地名的欧洲人，也是提供了很多地理学和经济学资料的人。很多地方地理学地图的出现，使我们能够直接看见在地图上描述的城市：也是在这部地图集中，第一次在一份欧洲文件中提到了不计其数的地方。

在中国全图(参见图 59)中也描述了省份的划分，在椭圆图形中，我们读到"中华帝国分成十五个王国或省份，还有大城市、山脉、河流、湖泊和所有值得关注的事物的真实位置"，注意到后来的耶稣会学者，如柏应理(Philippe Couplet)，在明朝仍然继续描绘中国的 15 个省份，但他们并没有描绘在康熙皇帝治下清朝于 1676 年新成立的 18 个省份，其中包括满洲人祖先的疆土。今天，中华人民共和国分成直接由北京统治的 23 个省份、5 个自治区和 4 个直辖市。在数目众多的新鲜事物中，卫匡国也解释了所推测的朝鲜岛国性质的问题："至于朝鲜，在欧洲人中有不同的和不确定的观点，但我可以肯定它是个半岛，而且无论如何是不能环绕它航行的。"另一个重要的创新是将零度经线从北京穿过的决定，这样使得经度计算较为方便，并且对中国的画面予以适当的强调。这样，中国就不再被画在地图的边界上，而是位于居住区的中央。这样，改进就变得极为彻底了：从利玛窦的第一幅地图到卫匡国的地图，居中之国回到了它原来的位置上，至少在中国人的心目中如此。有时卫匡国的断言可能会令人惊讶，但可以通过其源自中国的神话和知识这一点来加以解释。例如，下述陈述就是这种情况："总体说来，中华帝国几乎是方形的，这也是中国地图对它进行描绘的方式。"事实上，根据中国的符号学，城市和每个有人居住的地方总体上都应该是一个正方形。根据我们上文提到过的一个神话，这也包括地表的形状。

甚至今天的紫禁城直到共和国成立时，它仍然是皇权的中心，也具有马可·波罗描述过的正方形轮廓。此外，考古学的证据基本上确认了马可·波罗对北京城轮廓的描述："这座崭新的大城市周长 24 英里，每边都是 6 英里，其形状是每个边都相等的正方形……；要记住它的街道是如此之笔直，乃至每个城门都正对着对面的城门。"

卫匡国和马可·波罗

除了中文资料来源以外，卫匡国也运用了主要的欧洲资料来源，其中无疑有利玛窦的著作（不过几乎可以肯定就是金尼阁的版本）。然而最常被引用（和驳斥）的作者就是马可·波罗，在索引中用其姓氏首字母对之加以提及"M. P. Venetus"。这种区别至少出现了 20 次，目的在于强调利玛窦的著作要比马可·波罗的优越。从第一页开始，卫匡国就指出，马可·波罗是欧洲制图倒退和错误的主要根源之一："至于汗八里、行在、契丹和蛮子，我将清楚地表明它们是什么。我还将解释很多其他的事情。这样，你就会很容易地理解这些都来自威尼斯人马可·波罗，他导致很多人直到我们的时代还在犯错误。"

一方面，利玛窦对对手的选择进一步证实了《马可·波罗游记》在 17 世纪的持续传播，我们在制图和游记中也可以看到这点。尽管有利玛窦和天主教传教团，欧洲人的观点仍深深植根于马可·波罗的神话般的叙述之中。直到今天，马可·波罗的著作仍比任何其他文学作品都更吸引人和令我们着迷。

然而其对比也是真实和明确的，无论在内容上还是形式上都是如此。马可·波罗的游记来自经验。尽管马可·波罗并没有第二手和第三手资料，他所说的通常是"道听途说"（odologic，希腊单词 odòs 意思是道路）的故事。换言之，他的故事直接来自他的旅行经验，没有经验之外的任何概念化或者抽象化。有人认为，《马可·波罗游记》就像一本商人手册，或者稍好一点，它包含了很多在领航员手册中所具有的要素（是指其文本，而非航海图）。然而从马可·波罗的书中，我们只能搜集到充满错误和矛盾的旅程绘图。这并非偶然，它基本上是由符号和奇迹组成，而非客观资料。相反，卫匡国的地图集可被正确地认为是崭新的，因为它是一系列天文观测的结果并依赖于客观的资料。在其献辞中，卫匡国自己写道："我已调查了尽可能多的归顺中国的疆土和王国，通过天空对它们进行了测量。"

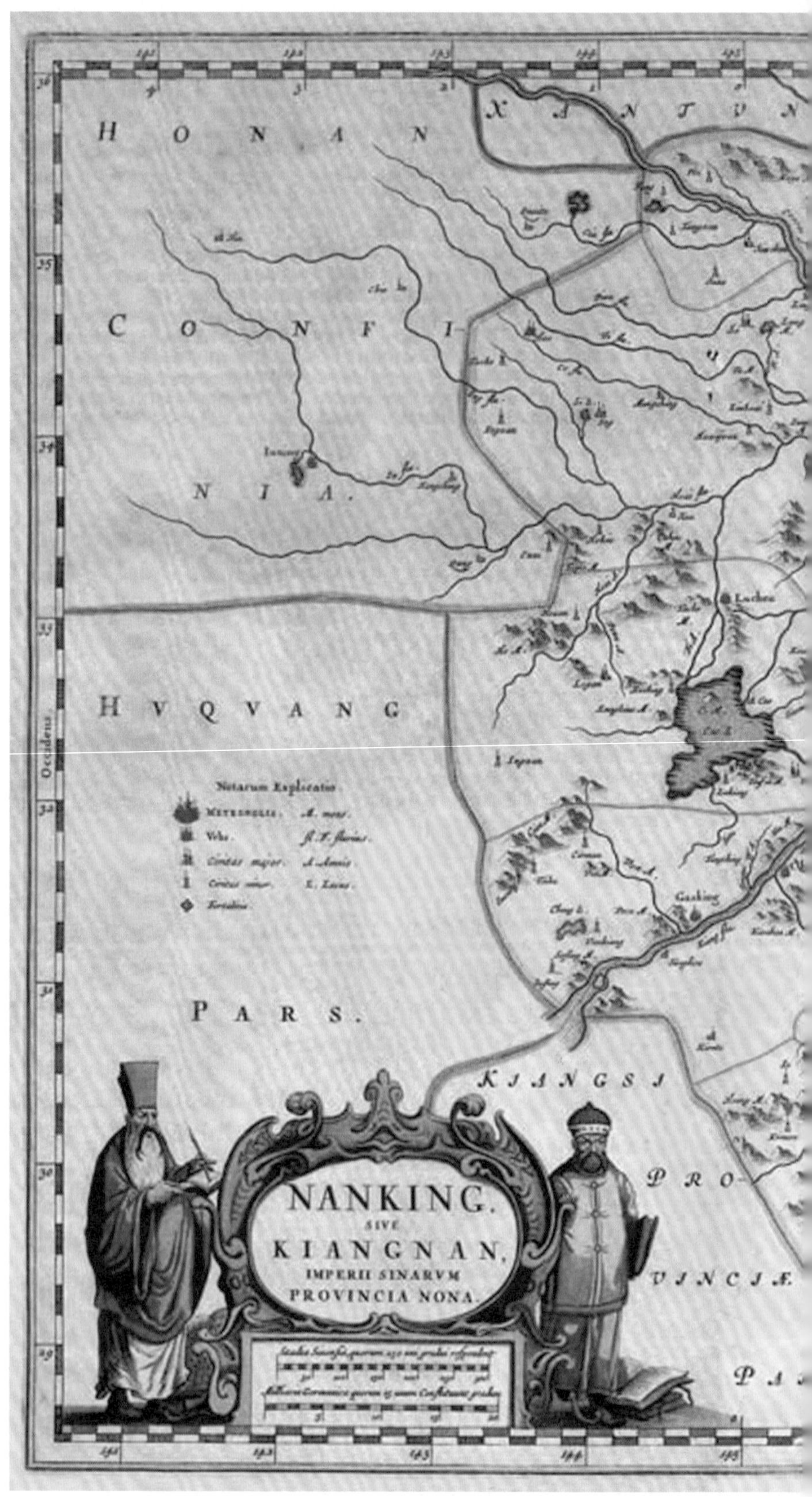

图 56　卫匡国,《中国新地图集》。江南府地图(南京),琼・布洛

姆斯特丹，1655 年，水彩版画，特伦托，博康西利奥城堡博物馆

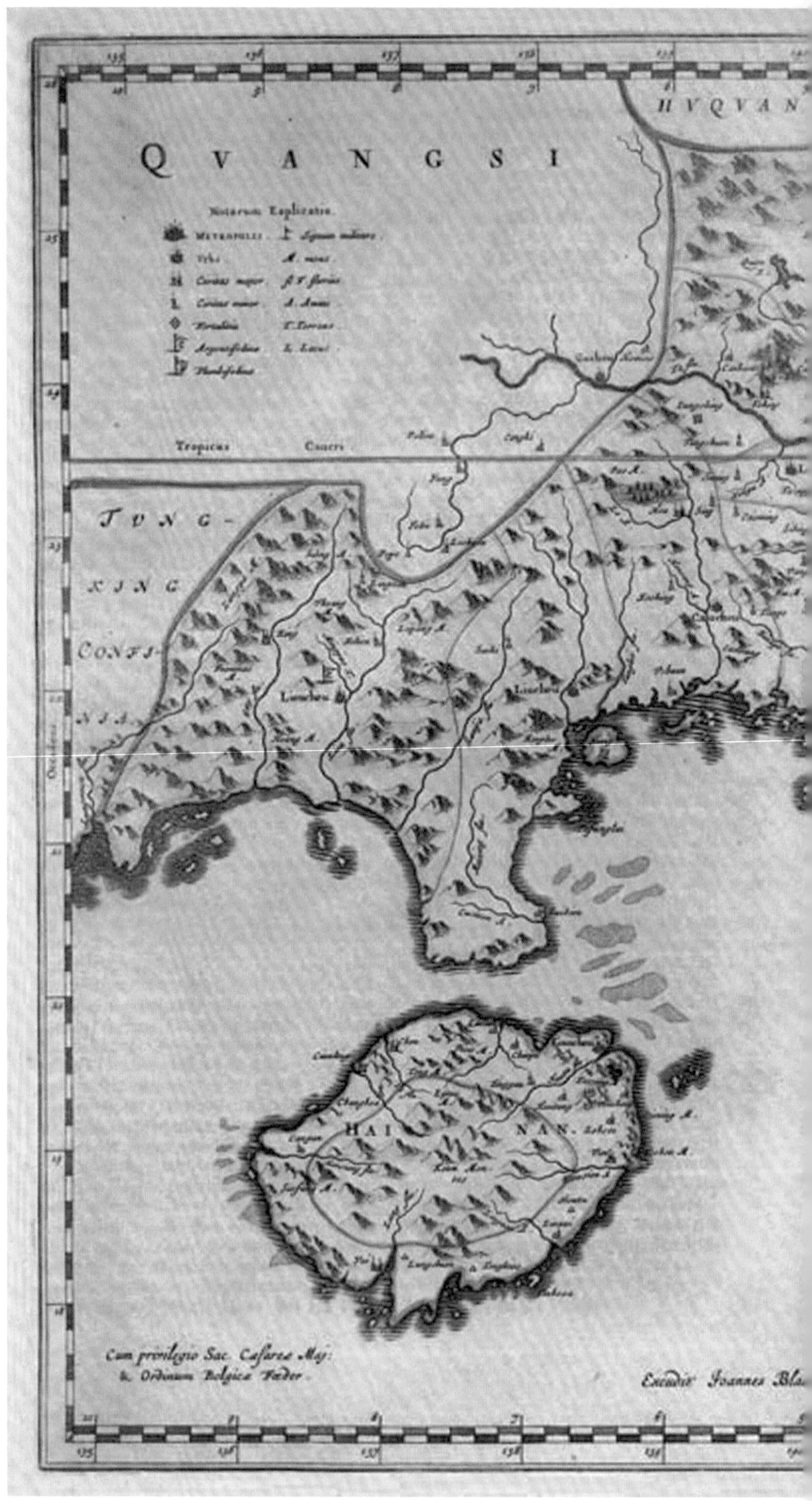

图 57 卫匡国,《中国新地图集》。广东府地图,琼・布洛

母斯特丹，1655 年，水彩版画，特伦托，博康西利奥城堡博物馆

图 58　卫匡国,《中国新地图集》。朝鲜和日本地图,琼・布洛

母斯特丹，1655 年，水彩版画，特伦托，博康西利奥城堡博物馆

从严格的理论观点来看,《中国新地图集》仅仅是回到了希腊数学家的科学地理学,校正了以往的错误认识;这些错误缘于距离过远、接触与联系不足,还缘于因缺乏直接经验而对"奇迹"的编造。最后,对欧亚居住区的最东端来说,(还是由希罗多德酝酿的)古代神话认为所有的奇迹都"集中"在大洋边界消失的地方。在中国居住多年以后,卫匡国可以将任何他没有亲身经历过的事情置之不理。他的地理学主要是"科学的",因为它建立在清楚和准确(至少在他的时代)的天文观测的基础上。他的著作中包括了几个图表,其中有不同城市的坐标。对现代读者来说,这可能并不特别令人兴奋;但对一个 17 世纪的读者来说,这是绝对的、乃至革命性的创新。

包含在这部著作中的绘图,根据球面坐标描绘了诸地名的确切位置。距离和方向不再是必不可少的了,因为纬度和经度足以确定地点。卫匡国仍然使用地中海波特兰传统的地名,但他并不坚持通过与其他地名的关系来确定每个地名的位置。在卫匡国的地图中,尤其是在中国地图中,只有一个宏观的错误:在最西部有一个很大的虚构湖泊(Kia Lacus),由这个湖向南流出五条巨大的河流。尽管东南亚一些主要的河流确实发源于这一地区(如湄公河和萨尔温江),但它们并非发源于一个湖泊,而是西藏东部的崇山峻岭。这表明,一个植根很深的传统将会一代代地传下去,不管为了给绘图的精确描述提供更为科学的基础做了多少努力。

然而,为了使卫匡国的地理学能够真正被接受,教育的普及是必要的。这也正是基歇尔在他对中国地理学知识的批评中所描述的状况,他断言每个孩童都应当知道什么是纬度和经度。依赖于地理坐标,卫匡国能够确定所有城市和地方在图上的特定位置,将它们的位置与欧洲城市的位置相比较。这对那些像马可·波罗这样凭经验行动的商人来说,当然是不可能的。这样,卫匡国一劳永逸地清除了很多欧洲制图家把长城甚至北京都放在北纬 50°的错误,其精确的调查表明这个城市大约在北纬 40°,或者更精确地说,在北纬 39°59′。文艺复兴时期一位主要的绘图家吉亚科摩·加斯托迪(Giacomo Gastaldi),其地图把日本最南端放在北纬 35°,北京则在北纬 50°以北。

在新地理学的创新中,还有一幅图包含单个城市间的距离,这和我们的地图集非常相似。最终,这个《中国新地图集》由琼·布洛在他的《新地图集》(1635—1655)中作为第六卷出版,后被插入到《世界地图集》(*Atlas Maior*, 1663—1672)——这项

17 世纪最伟大的出版事业(根据其版本,有 11 或 12 卷,3 000 多页文本和大约 600 幅双页地图),成为向远东进发的数代商人和旅行者的参考依据。

正因为如此,卫匡国的著作给他带来了声望;但随着法国耶稣会士们更为精确的考察结果的出版,其著作又让他声名狼藉,直至 18 世纪才逐渐被人所淡忘。从那时起,卫匡国的著作被更为先进的地理制图工具所取代并销声匿迹。直到近些年,它才作为 17 世纪一项主要文化事业被重新发现和评价。

第七章　从神话到知识：荷兰制图

17 世纪的航海制图：荷兰人的世纪

低地国家北部省份的叛乱主要是那些加尔文教徒反对天主教反改革势力最重要的支持者之一——哈布斯堡家族的统治，这之后荷兰就成了新的海上强国，并很快介入到利润丰厚的远东交通中来。在很多绝对君主制的国家中，荷兰是一个从古希腊和中世纪意大利海上共和国的民主思想中获得启发的商人共和国，而且它试图为自己在国际贸易中争得一席之地。荷兰人主要是为实际的需求所驱使。叛乱之后，西班牙政府向来自七个联合省份的舰船关闭了伊比利亚和还有葡萄牙的港口，于是这些船只就被排斥于主要的交通路线之外。

因此，他们在寻找替代的路线以使他们能够获得宝贵的东方货物，其中最首要的就是香料。协调商人和绘图师们活动的机构就是所谓的 VOC，即成立于 1602 年的荷兰东印度公司，目的在于根除早年间成立的互相竞争的小公司之间的破坏性竞争。这是私商之间的自由联合会，完全独立于政治权力，虽然它通过一个特许状从政府那里获得了自治和特权，还有向哈布斯堡王朝的统治斗争而得来的自由（“海洋乞丐”的独立战争）。

从政治观点来看，荷兰东印度公司在很多殖民征服中都发挥了主要作用，常常损害了其他强国如葡萄牙和英格兰的利益。在那些时代，殖民地被当作是国王或一些私人团体的私产和动产、而非臣服于政府权力的领土，这不应当令我们吃惊。因此，我们在很多地方都能看到荷兰人，在葡萄牙人的果阿[例如“间谍”林斯豪腾(Jan Huyghen van Linschoten)，他为该城的大主教担任秘书]、在马拉巴尔海岸或在巴达维亚(Batavia，来自那些最初住在低地国家的德国人的拉丁名字)、在爪哇岛、在长崎[他们在出岛(Deshima Island)有个永久基地]、在日本(1624 年将西班牙人赶走和 1639 年将葡萄牙人赶走之后，他们是仅有的获准与日本帝国保持有规律贸易的商人)、最主要的是在热兰遮(在七个联合省份中最南部的省份得名)、在台湾。

1620 年，一个荷兰探险者把台湾描述成一个林木茂密的美丽岛屿，盛产雄鹿和野味，但没有能接纳大舰船的海港。事实上，中国人从未向这个岛屿投资，当时略靠东南方、半无人居住的海南岛也一样贫穷。然而，向大海索要土地的荷兰人并

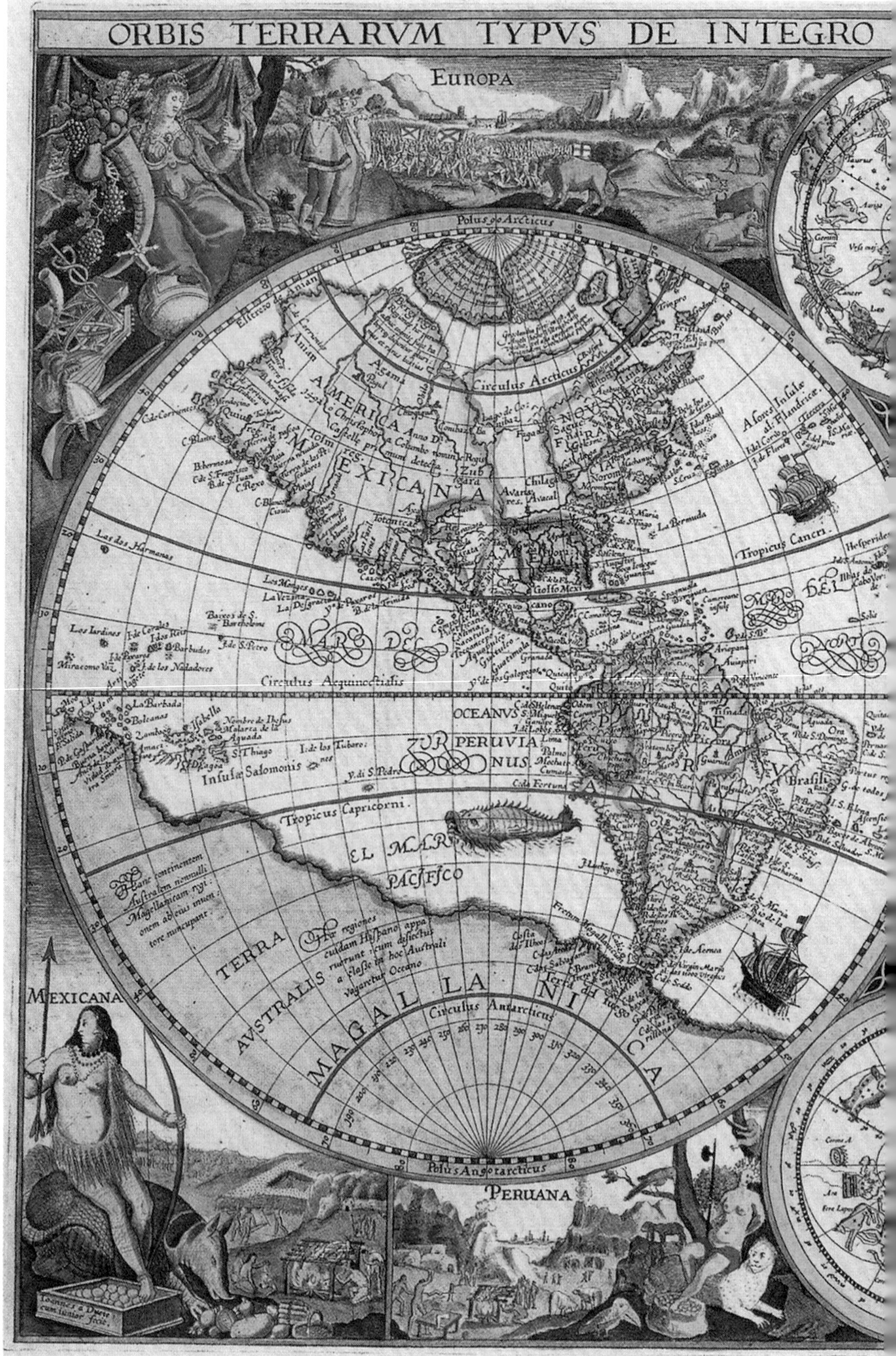

图 59　皮特鲁斯・普兰修斯，两半球世界地图，皮特・凡・登

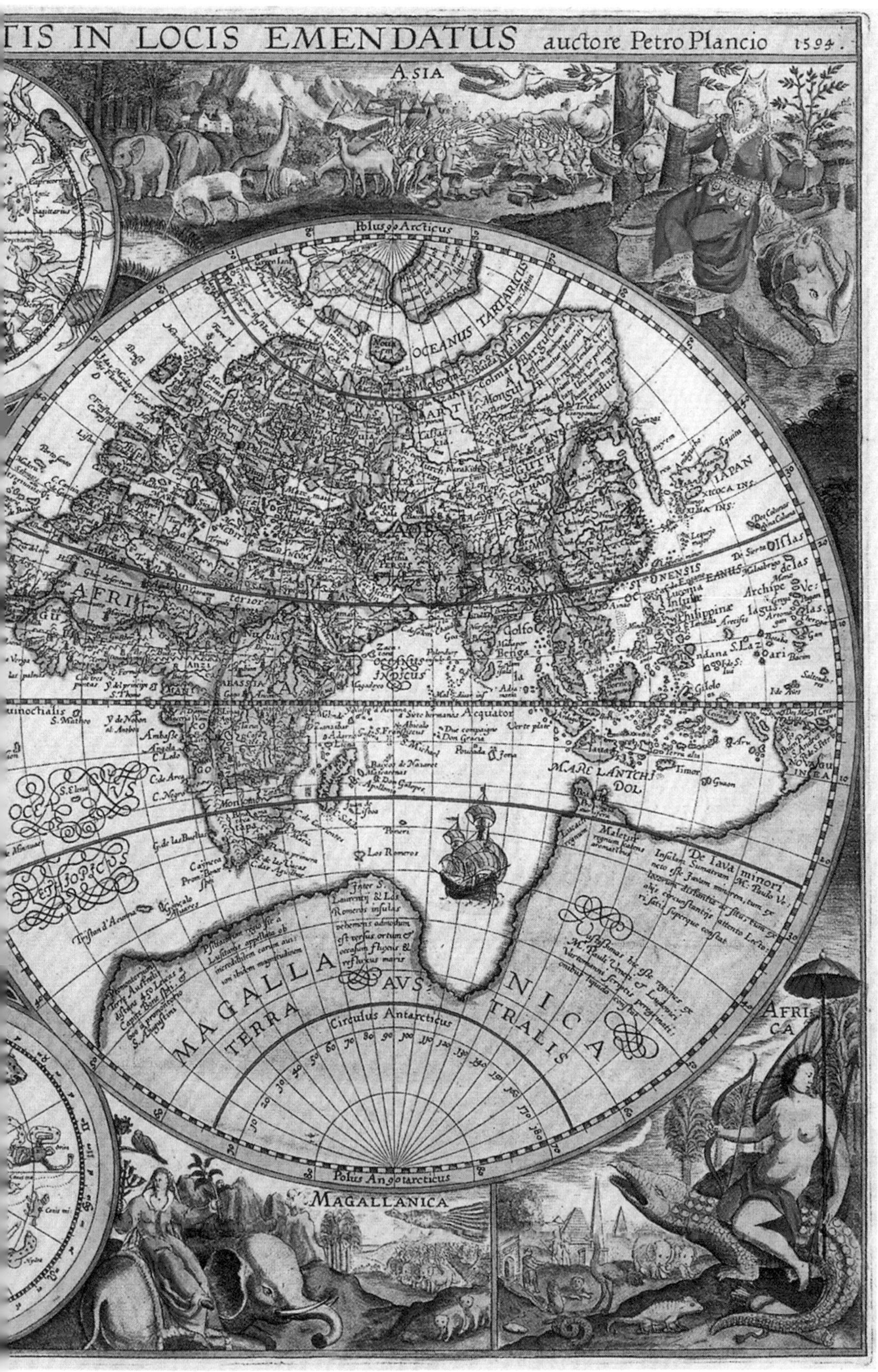

尔编，阿姆斯特丹，1607 年，水彩版画，伦敦，苏富比公司

未被这一障碍拦住脚步。事实上，两年后他们开始在热兰遮建造一个人工港，用一个强大的要塞加以防护。这样，荷兰人控制了一个非常靠近中国和日本的前沿基地。这使他们创造了一个能够替代并与葡萄牙人以果阿为中心的贸易圈和西班牙人以马尼拉为中心的贸易圈相竞争的贸易圈。

当然，绘图师的注意力集中在经济方面：货物、贸易中心、产品和货栈。荷兰人解决宗教问题的方法，是与他们最近获得信仰自由的斗争结果联系在一起的。将天主教徒赶走之后（他们主要移民到低地国家、即现代比利时），荷兰成了一个加尔文教派新教徒占大多数的国家。加尔文支持路德的"意志奴役"学说（即彻底否定自由意志的必要，把所有事情都归因于上帝），根据那些时代传播最为广泛的解释，使改宗的问题变得不那么迫切。因此，荷兰人没有感到向所有亚洲民族进行传教的深切必要，而葡萄牙人则反复地试图传教（遭到中国人的拒斥，但受到一部分日本人的欢迎），还有西班牙人在菲律宾获得了成功。荷兰商人认为，他们个人在经济上的成功就是圣恩可见的证明，也几乎是他们注定获得永恒拯救的确认。因此，他们对其对话者崇拜何种神并不感兴趣。当然，加尔文主义者也建造教堂和用于礼拜的场所，但他们只为欧洲殖民者而建，并不试图让当地人改宗。要记住，就在同样的年头里，荷兰人在南美（安的列斯群岛、圭亚那）和北美也支持对宗教问题的宽容和冷漠态度。他们在北美以低价购买了曼哈顿岛，然后在岛的最南端建了一座小城（新阿姆斯特丹），用一座篱笆或墙壁来加固它，即现今的"华尔街（Wall Street）"所在地。

荷兰东印度公司成立于反对西班牙的战争期间，并很快成为一个非常活跃和有活力的企业，有时甚至对其对手来说是非常可怕的。在几年之内，它设法摧毁或征服了葡萄牙在印度洋和太平洋的几乎所有殖民地，给这个伊比里亚小王国只留下了几个孤立的前哨（其中有澳门，尽管进行过数次围攻），并获得了对香料的垄断。由于捷报频传，他们立即获得了优势。通常很支持自由意志主义的荷兰人，接受了荷兰东印度公司正在获得越来越多的权力和独立、成了国中之国这一事实。直到 1795 年被镇压时为止，荷兰东印度公司已成为世界上最大的贸易公司之一［仅次于 EIC（东印度公司）］。其疆土从好望角一直延伸到摩鹿加群岛，在本国有数千个雇员，其舰队有数百个各种类型和规模的组成单元。由于它所占领地方在战略上的重要性以及其经济价值处于成败攸关之中，1619 年 2 月 12 日，国家元首授予一种涉及制图的特权：为传播与驶向东印度群岛的路线有关的制图文件，不论手稿还是印刷品，都需要荷兰东印度公司指挥机构的授权。他们还决定遵循与情报更新有关的精确参数来满足一些实际的需求。

此事的倡导者之一是皮特鲁斯·普兰修斯(Petrus Plancius, 1552—1622)，荷兰归正宗的牧师和为荷兰东印度公司工作的著名制图家。为了给他的移民国(他出生于由西班牙统治的南部低地国家)提供与新发现的土地有关的最新知识工具，他搜集了很多有关探险过的国家尤其是远东的葡萄牙航海图和海图集。因此，一开始，荷兰人的绘图依赖于此前的葡萄牙人产品。在公司内部，普兰修斯规划了新的探索性远征，他还在阅读新术语地理图的基础上就最新的航海题目训练了领航员。例如，普兰修斯在荷兰海员中传播墨卡托投影的知识，因此方便了菱形线的定位。

普兰修斯于16世纪末(1594年)所刻的地图(参见图64)表明，他非常留意最出色的葡萄牙著作，无论其绘画还是他们的地名，虽然台湾被分成三个岛屿[其中有“大琉球”(Lequio maior)和“福摩萨”(Fermosa)]，澳门(即真正的十字)看上去像是在旱地之上，离一个耶稣会教堂不远。卢西塔尼亚式的地名非常多：“特拉阿尔塔”(Terra Alta)，“迷人角”(Cabo de Engano)，“里约杜萨尔”(Rio do Sal)，等等。在建立在普兰修斯1594年世界地图基础之上[其边界用来自法兰德斯布里(Théodore de Bry)编辑的游记中的图案进行装饰]、由皮特·凡·登·基尔(Pieter van den Keere，约德克斯·洪地乌斯的姐/妹夫)于1607年出版的两半球世界地图中，明确地显示出从亚洲大陆北部而非南部抵达东印度群岛的可能性。换言之，他们提示了一个代替那时还被葡萄牙人所垄断的经好望角前进的路线，这个新路线穿越北冰洋[在这里，它被命名为“鞑靼洋”(Oceanus Tartaricus)]，尚未被任何人控制，可以自由地加以探索。特别是俄罗斯公司成立以后，英国人在这个方向尝试了几次，想找到一个可行的东北航道。普兰修斯考虑了他们的发现，为的是画出这些地球上遥远地区的边界。

然而，普兰修斯主要是从巴托罗缪·拉索(Bartholomew Lasso)所绘的25幅地图中搜集资料，他是西班牙国王菲利浦二世的绘图师。这些地图被两个海员[柯奈利斯(Cornelis)和弗雷德里克·德·豪特曼(Frederick de Houtman)，后者领导了荷兰人对香料群岛的第一次远征]于1595—1597年秘密地带回荷兰，但也有林斯豪滕(Linschoten, 1563—1610)秘密地在果阿搜集的其他地图。林斯豪滕在传播对远东的兴趣上起到了主要作用，他主要是通过出版三部重要著作：《葡属东方

图 60　皮特鲁斯・普兰修斯，香料群岛地图，杨・威司

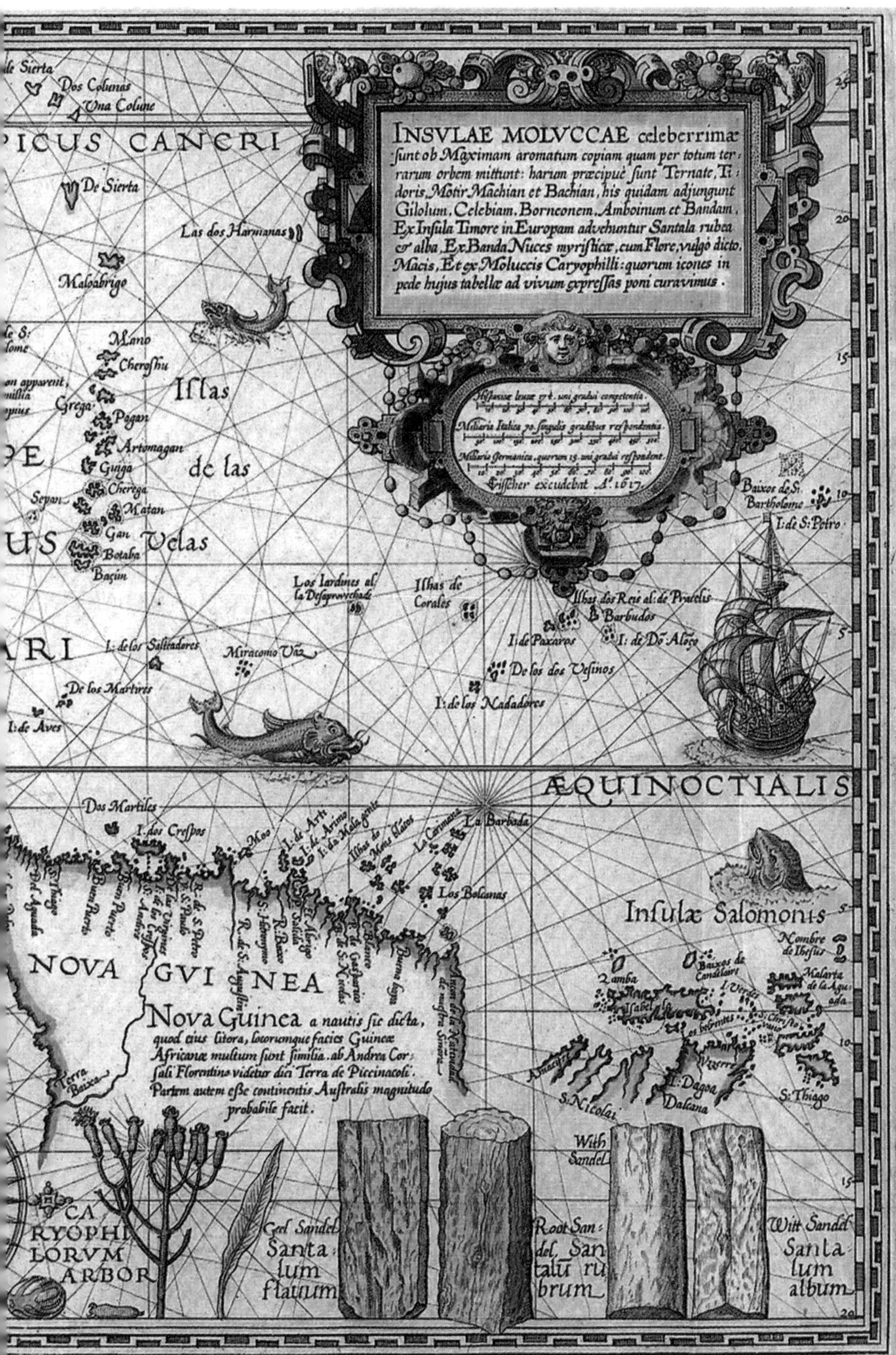

姆斯特丹，1617 年，水彩版画，伦敦，苏富比公司

航海旅行记》,1595 年,这部著作包含大量的航行指导,不仅针对葡萄牙和东印度群岛之间的航行,也针对印度、中国和日本之间的航行;《大西洋的特征及沿岸描述》,1597 年,这部著作包含向东方进发的航线沿途的补给点和停泊港;还有《林斯豪滕的葡属东印度航海旅行记》,1596 年,这部著作提供了葡萄牙在东方海洋制海权实际重要性的精确说明。

除了这些海洋的详细地图以外,林斯豪腾在不激怒葡萄牙人的情况下,提供了向新教列强打开东方贸易之门的"钥匙"。林斯豪腾避开了马六甲海峡,并通过苏门答腊岛和爪哇之间的巽他(Sunda)海峡进入印度尼西亚群岛,从那时起,这也成了驶往中国和日本的海船的常规路线。事实上,依照加尔文教徒的说法,从宗教的观点来看,将世界分成西班牙和葡萄牙统治下的两个半球的教皇诏书是一个不敬神的文件;而从法律的观点看,它们更是无效的。因此,普兰修斯绘图的目的在于利用葡萄牙统治的弱点,使荷兰人积极地渗透亚洲,就像林斯豪滕已经清楚表明的那样。

普兰修斯的主要合作者之一是柯奈利斯·格拉斯松(Cornelis Claeszoon),他于 1551 年左右生于南部低地国家的鲁汶(Leuven),随后皈依了加尔文教派。格拉斯松与自己的同事——恩克华生的卢卡斯·扬松·瓦格涅尔(Lucas Janszoon Waghenaer of Enkhuizen)一起,对印制地理学知识在荷兰人中的传播作出了很大贡献:不仅在领航员、海员和商人当中,而且几乎在所有的社会阶层。瓦格涅尔是北欧第一部印制地图集的作者,该地图集题为《航海明镜》,出版于莱登。该地图集有两卷:第一卷发表于 1584 年,描绘了从须德海(Zuiderzee)到加的斯(Cadiz)的欧洲海岸;第二卷则出版于 1585 年,描绘了波罗的海和北海。如我们所知,加尔文教的道德观强调个人对《圣经》的阅读和深思,因此极大地促进了读写能力的普及。手绘和印制地图尤其是壁挂图的广泛流行,因其出现在画家约翰内斯·维米尔(Johannes Vermeer, 1632—1675)及其同时代人的室内画中得到了间接证实。约翰·巴普迪斯特·威伦兹(Johann Baptist Vrients, 1552—1612),格拉斯松的商业伙伴也工作于同一时期:1598 年,奥特琉斯死后,他获得了《寰宇概观》的出版权并重新发行了几次,加入了他自己的新地图。

16 世纪末,绘图数据资料的主要提供者是约德克斯·洪第乌斯,如我们所知,他是一位积极从事地图、地球仪和地图集生产的专业化企业家,后来成为墨卡托的衣钵传人。然而其活动并不局限于单纯的出版商角色,因为他也在不同来源、相互矛盾的版本中精心选择适合的材料，而且他很重视荷兰航海者们所建议的修正。在他的中国“新”地图中（它事实上是建立在巴布达和特谢拉著作基础上的），包含了墨卡托地图集的第二版（1606 年）。此外，他还用影线表示海洋，这是他颇具特色的风格。我们可以找到一些特别有趣的装饰：在北美洲西海岸极为靠近亚洲的地方，他画了一匹狼和一只雄鹿；在右上角有一艘有着粗帆和木锚的日本舰船；向日本进发的西班牙大帆船后面跟着一个海怪，在右边一个十字架下面有涡卷饰，描绘了等待着日本基督教徒的悲惨命运，作为对天主教扩张的一个明确警示。中国的疆界用一座从日本海延伸到北部湾的长长山脉加以表示，其间有长城分隔南北，图中的长城是用风格化的墙来表示的（参见图 66）。水道学（河流和湖泊）几乎完全是杜撰的，有虚构的盆地和河流，而一些分散的山脉（尽管它们是千篇一律的）似乎与现实更为接近一些，至少其位置是如此。澳门港被放在广州东南的一个半岛上，用一个小的城市符号加以表示，靠近现代香港，尽管我们知道它实际上与广州在同一经度上。总的说来，其描绘要比此前的稍好一点，因为居中之国被“正确地”沿着南北方向定向，而不像在奥特琉斯的版本里那样延伸。在后来的版本中，还有一系列的注解被逐渐加以细致分析和改进。

洪第乌斯的女婿（也是其继承人）扬·杨森（Jan Jansson，1588—1664）为控制荷兰的绘图市场而与布洛相竞争。1650 年，他发表了欧洲史上第一部对开本航海地图集。他的地图集的第二版包括了很多东印度群岛的新地图，都是最近才被荷兰人征服的地方，其中有苏门答腊岛、爪哇和婆罗洲。这些地图是直到那时为止出版的地图中最精确的。另一方面，与此前的地图相比，杨森发表于 1658 年的《世界地图集》（Atlas Maior）中的日本和朝鲜地图既是一个进步，也是一个倒退。他的地图中包括了从荷兰探险家马丁·菲利斯（Maerten Vries）的发现中搜集的新资料，此君是从巴达维亚到日本的历史性航行的主导人物。

菲利斯提供了有关主要大岛本州岛的重要知识，欧洲人此前从未访问过这个岛屿，而这些消息使杨森能够完善他的地图并增加新的地名。菲利斯也在北部进一步探索了这个地区，但后来描绘这一地区的地图却截然不同：扩大了本州和北海道之间的海峡，他们把北海道和北方的库页岛以及东方的千岛群岛（Kurili Islands）连在了一起，因此创造了更靠近东边的一个虚构的“公司的岛屿”（当然是指印度公司），还把将这个岛屿与北海道分开的海峡叫做“菲利斯海峡”。这个构图一直“折磨着”制图家们，直到 18 世纪晚期。那时，俄国人、英国人和法国人的探险最终给描绘世界这个部分的地图带来了秩序。关于朝鲜，尽管菲利斯校正了它的形状并去掉继承自特谢拉的“胡萝卜一样的尖角”，他还是把它当成一个岛屿，虽然他认为它离旱地更近一些。最后，在与中国有关的地图中，这个国家的形状要比墨卡托一个半世纪以前画出来的准确一点。然而，洪第乌斯的描绘仍然是：狭长的边界内，中国为长长的山脉所环绕，一道墙隔开南北，以此来表示长城。此外，洪第乌斯对水系的描述虽然已经不那么程式化，但同样是虚构的。

1616 年 12 月，荷兰东印度公司决定，任何从东方返回的海员、商人或旅行家都必须存放一份地图或在旅程中画的草图，还有航海日志或文字的描述等等文件的副本。这些副本被存放在万丹，巽他海峡的一个爪哇岛屿上。毫不夸大这样一个决定的后果，它主要依赖于单个旅行者的好意和诚实，这是向着瓦格涅尔(Waghenaer)和普兰修斯已经预言的地理信息共享迈进的重要一步。更多地受益于这一集体遗产的科学家，可能是赫赛尔·西里特松(Hessel Gerritszoon，卒于 1632 年)。他自 1617 年起就是荷兰东印度公司的官方制图师，也是保存于巴黎国家图书馆一幅美丽的 1622 年手绘太平洋地图的作者。在这幅地图的顶部，我们看见一些参加他这次探险的伟大船长们的肖像：西班牙人巴尔菩亚(Vasco Núñez de Balboa)，他第一次从巴拿马地峡的海岸注视着太平洋；(为西班牙人工作的)葡萄牙人斐迪南·麦哲伦，他穿越了整个太平洋并在太平洋不计其数的岛屿中的某个岛上死去；还有荷兰人雅各布·勒梅尔(Jacob Le Maire)，他和他的同事威廉·斯考滕(Willem Schouten)发现了合恩角，以他家乡城市的名字(Hoorn)为之命名。

西里特松死后，威廉·杨松(Willem Janszoon，1571—1638)成为阿姆斯特丹最重要的出版商[他被昵称为布洛(Blaeu)，意为“蓝色的”，以避免和他的竞争对手杨森同音]，他曾经是伟大的丹麦天文学家第谷·布拉赫的弟子。和他的儿子琼二世和科尼利斯(Cornelis)以及其侄子琼三世一起，同时与芬伯翁(Vingboon)家族合作，他在与洪第乌斯家族进行的公开竞争中创造了一个真正的制图家王朝[父亲约德克斯(Jodocus)，他的儿子亨利库斯(Henricus)和他的姐/妹夫扬·杨松]。鉴于其功绩和能力，1633 年，布洛被任命为荷兰东印度公司的官方制图师。此外，他还获准使用包含在航海论文、公司的官方报告和公司成员个人备忘录中的机密信息，以便修正和绘制他的地图。

布洛于 1645 年出版的新地图集中的中国地图与杨森的地图惊人地相似，因为他们都依赖于墨卡托的原本。这证明了荷兰制图师之间互相抄袭的倾向，这一倾向在他们最具创造力的整个辉煌时期一直持续着，因此产生了同样绵延不断的山脉、同样夸大的水系，以及对朝鲜和日本同样不准确的描绘。在布洛的地图中仅有的差别就是更为精细，也更为优雅的海岸线，以及不那么“咄咄逼人”的颜色，这使得我们能够更好地看清包括地名在内的一些细节。这个国家被“挤”向东边，并且不同于其线条平滑的特点，几乎拉直的海岸线与浙江构成了一个夹角的形状。然而，幸运的是，大约十年之后，一位由荷兰东印度公司推荐的特伦托的耶稣会神父进入了布洛的实验室，从而对天朝之国的地理制图图像发生了彻底的革命性变革。归功于他的贡献，琼・布洛在荷兰出版市场上取得了优势，而且成了整个欧洲远东绘图的一个参照点。

杨森和布洛的继承人不得不和五家出版公司竞争这一市场，特别是由德维特(Frederick de Wit，1616—1698)成立的公司。德维特是一个企业家王朝的祖先，这个王朝在荷兰制图产品中执牛耳达三代之久，这应当归因于他们购买了布洛和杨森所拥有的地图和城市风光印版。德维特王朝生产了大约 400 份地理学绘画，都包括在地图集中。第一部是《小地图集》(*Atlas Minor*)，其第一版在 1634 年出版，而《大地图集》(*Atlas Maior*)则在 1675 年和 1707 年之间不断地以各种版本出版。公众认为，后者是其所在时代地理学知识的精确和可靠的呈现，同时凭借高超艺术品质的装饰元素的陪衬，更透出精致与卓然不俗。

这幅亚洲地图的特点是在左下角有着精美的涡卷饰，描述了代表着贸易的商人、搬夫和赶骆驼人这类经典的形象。远东的总体形态是非常准确的：朝鲜被画成一个半岛，日本群岛大体上与现代的描绘相一致，中国的海岸线很正确地向北弯曲，环绕着它的群岛位置都很正确。作品总体上显示出一种平衡和真实性，这无疑是对以前材料长期修正的结果。唯一位置不当的可能就是中国的长城，形状像个锯条，形成了中华帝国北部边界的屏障，这是在整个欧洲正逐渐消失的文艺复兴式文化征象的一个遗存。总的说来，这是一个制图学派的成熟之作，这一学派已经尽其所能并很快将让位于其他学派。

商业利益既是荷兰制图的动力，也是其局限之所在。海岸线都描绘得很精确，岛屿和海港的位置日益明确，新发现被迅速而有效地加以记录，但内地的绘图却被大大忽视了。荷兰的在华外交使团[其中有 1655—1658 年的使团，可能是由于利玛窦搜集的消息引来的。扬・纽霍夫(Jan Nieuhoff)加入了这一使团，他写了一部

《一个由东印度公司派出的驻华公使见闻录》的著作，1659年出版于阿姆斯特丹。该著作包含35幅风景图、一幅地理图和很多专门的论文]支持了荷兰东印度公司的经济需求，但并非共和国的政治需求。因此，中国的确切现实基本上仍是未知的，仍保持了一种未知和不可渗透的氛围。尽管荷兰人在这一地区的利益确实非常明显，而且荷兰东印度公司占据了中国台湾省整整四十年。1662年，他们被郑成功赶了出去，这位神话般的海盗是已被废黜的明皇族的一个亲戚，这个家族曾遏制满洲人多年。

类似地，有关朝鲜和日本，荷兰人只简单地针对与欧洲贸易交通交往较多的南部海港标注上了一些信息。然而，他们并不调查这两个国家的实际形状和大小，因为我们可以从很多荷兰地图中推测出这一点，在这些图中，朝鲜被画成一个岛屿，而北海道则被画成一个大半岛。例如，考虑一下上文提到的布洛的1645年亚洲总图，其中朝鲜通常被画成尖尖的形状，而日本则有一个"波浪"形。此外，朝鲜和日本被各种舰船和鲸鱼所包围，而这个地图的边界则装饰着一系列的东方图画。还有亨利克·唐可(Hendrick Doncker，约1626—1699年)的东印度群岛的装饰性地图(包括所有不同的东方世界，从非洲海岸到日本海岸，荷兰人对这些地区的兴趣更为强烈)，是《海洋地图集或水世界》的一部分，1659年出版于阿姆斯特丹，沿岸的城市清晰可见，而内陆则满是描绘常常与这些地区毫无关系的人物和动物的图片。最后，考虑一下乔纳斯·凡·科隆(Johannes van Keulen，1654—1715)的作品，他出版了一系列重要和广为传播的航海图集，其中有《新改进大海图集或水世界》，1680年出版于阿姆斯特丹。在东印度大地图中，也从非洲东海岸延伸到日本和澳大利亚海岸，北海道被画成一个半岛，而亚洲内陆则是空白，这表明了对海岸的压倒性的兴趣。

要了解内陆的制图，他们必须等到翻译和对照了中文地理学著的耶稣会士们在中国的长久居留后的资料。然而，我们必须承认，给荷兰人增光的是荷兰东印度公司迅速地认识到他们这些实地研究的重要性。荷兰东印度公司还在卫匡国返回欧洲的旅途中将其俘获(可能是由于有人告密)，为的是获得一些从战略观点来看极为重要的知识。此外，他们还用他们的一艘舰船把他(一个天主教传教士)带回西方，并允许他和那个时代最为重要的欧洲出版商——琼·布洛发表他的中国地图集，这位出版商也是这家公司的"官方制图师"。保存于海牙国家档案馆的一份文件记录了荷兰东印度公司的阿姆斯特丹会议厅奖励了这位传教士100个荷兰盾，以及为其提供的服务。这又一次表明了荷兰人无与伦比的宽阔胸怀，因为他们非常明白这些资金将会被用于传播天主教的信仰。

这一主题所涉及的参考文献堪称海量，任何一卷的篇幅都很难将其讨论充分。不过，这里我们无需装模作样地做这种皓首穷经的论述；简而言之，我们可以断言（这对绝大多数的荷兰作品都是对的），他们在数十年中都使用了同样的制图模式，用各种装饰物和图示来加以装饰，这样做可以取悦那个时代的受教育阶层，却并未改变其基本的科学结构。问题在于印刷版的绘图需要雕刻昂贵的铜版，是一个既累人又复杂的程序，要花费很多时间才能完成，因此在接受创新的时候必然会慢一些。反之，由于其固有的易变性，手工制图允许绘图师持续地修正地图，根据市场变化对之加以调整，并迅速记录由航海者和探险者报告的新发现。因此，在印制地图中，虽然形式压倒了内容，但是它们在市场上更为广泛的传播，让更多的人搜集信息，还可能依据他们自己的经验提供一些校正。因此，绘图作品的作者和出版商们总是要求旅行者们提供一些反馈，就像在 1588 年，领航员兼绘图师卢卡斯·扬松·瓦格涅尔强烈呼吁的那样。

无论如何，由于荷兰绘图市场上的激烈竞争，几年之内，他们出版了有关同样主题的数目众多的地图、地球仪和地图集，极大地促进了地理绘图文化在荷兰人中的传播。然而，为了避免破产的风险，主要的制造商（普兰修斯、洪第乌斯、布洛、杨森、德维特、凡·科隆）倾向于使用轻微改动过的同一印版，由此产生了一个繁荣的二手印版交易市场，以及为获得最好的印版而产生的激烈竞争；但他们并不一定关心其内容，因为他们通常寻找最美的或保存更好的铜版。因此，最初的荷兰市场如此富有活力和善于接纳产品，以至于它允许很多描述"新"发现的、被欧洲殖民的土地的著作同时出版。随着他们逐渐在大陆上获得垄断，生产商们放慢了推出新版本的速度并重印同样的地图。然而，这却对知识的科学可靠性产生了负面结果。

从这个观点来看，17 和 18 世纪之间制图师作品最为精确的出版商之一（也追溯到此前几十年）就是小兄弟会修士文森佐·科洛内里（Vincenzo Coronelli，1650—1718），他在威尼斯的弗拉里荣耀圣玛丽亚（Santa Maria Gloriosa dei Frari）女修道院工作。他是意大利绘图学派最后一位伟大的代表人物，也是一些杰出作品的作者，包括直径 110 公分的地球仪和天球仪，还有威尼斯地图集（1690—1698 年）；后者包括 13 卷和 1 200 幅图表，其中 200 幅是通常的地理图，其他的则是建筑和城市风景、肖像、纹章、舰船和不同的对象。由于发行量很大，而且绘画和印刷质量都很好,所以他的地图在整个欧洲都得到了传播。因此,它们促进了数代读者地理学知识的积累,所以值得跻身于所有时代和所有国家的主要出版事业之中。研究了他在法国(他在这里制作了两个直径 4 米的地球仪,都代表太阳王)和荷兰旅行期间搜集的资料之后,科洛内里把这两个国家的航海家们最近的地理发现加了进去,包括环太平洋地区和南海诸岛。

从总体上描绘中国的地图被分为东部和西部两个部分,都题献给"罗马大学数学教授、尊敬的耶稣会神父安东尼奥·巴尔迪奇亚尼(Antonio Baldigiani)……"。这强调了意大利关于中国的绘图与耶稣会学者和传教士之间不断增长的联系。在顶部的注释指出了科洛内里研究的创新价值,他远不是描绘过去的格式化元素的单纯修订:"有些人认为是岛屿的朝鲜半岛被命名为高丽(Corey, Tiocencouk 和 Caoli)。"这个国家及其海岸线的形状似乎同样准确,至少在那个时代是这样的,因为绘图师更新了他搜集到的信息。内地很优美地画满了山脉、河流和平原,看上去与现实还是有关联的。最后,需要注意有关中国南部省份的很有趣的专门地图,与欧洲人和其他亚洲人的贸易都发生在这些省份。也是这幅图中,涡卷饰中有一个对耶稣会士的致敬:"中国的省份、山东和福建,向耶稣会士、尊敬的卡洛·特里格纳(Carlo Trigona)神父致敬……"。海中满是格式化的中式平底帆船,给 17 世纪这一海域中所使用的这种船提供了一个相当准确的图例。这是科洛内里的典型风格,因为他习惯于把这种图例分散在全部的绘图中。

欧洲制图中持续存在的神话

归功于耶稣会士带回欧洲的地理学知识的传播,西方绘图关于中国的观点逐渐从一种"神话般"的看法转向了更为客观和科学的看法。我们可以通过一些特定元素的演变来举例说明这一进程,尤其是描绘中国长城的方式,还有一个有关美洲和亚洲之间虚构海峡的假说(这个海峡和西北通道一起使得海员们可以从西欧出发,无需穿行合恩角或好望角即可抵达中国和日本)。

耶稣会士在中国的传教事业于 1692 年达到了顶峰。当时,康熙皇帝颁布了类似于"宽容法令"的诏书,使天主教和其他宗教在帝国境内具有同样的地位。这标志着罗耀拉的伊格纳修(Ignatius of Loyola)的继承人为在这个伟大的东方国家进行灵魂的"征服"所采用的理性和实际的方法获得了胜利。方济各·沙勿略、范礼安、利玛窦和其他传教士在这些年里一直致力于从事传教，他们的伟大梦想似乎就要实现了。中国就要向罗马教会开放了，而且有可能成为哺育灵魂的沃土，因此将在更大的范围内重复日本于16世纪末和17世纪初所发生的事情，那时幕府的将军还没感到他的权力受到威胁，尚未采取严酷的镇压措施。

耶稣会神父对中国传统文化的调和态度，以及他们对于中国受教育阶层科技知识的更新所作的贡献取得了预期效果。事实上，皇族意识到了欧洲人在人类知识不同领域中的成功(天文、军事、艺术、地理等等)，因此在中国授予天主教以特别的恩惠，同时认为它有可能对满洲政权构成一种支持力量。这一过程也涉及一些皇族成员的皈依。

然而，这个田园诗般的时期是非常短暂的，这一切都取决于与沙皇俄国外交谈判期间中国是否愿意担当对传教事业予以支持的责任。诸多不同因素阻碍了耶稣会士的最后成功，如其他教团的嫉妒，特别是多明我会和圣方济会，它们与西班牙的利益连在一起，因为他们来自菲律宾，由马德里赞助。相反，耶稣会士是由里斯本(通过果阿)赞助的，而且在那些时代，联合维持了60年以后，西班牙和葡萄牙之间渐起争执。两个托钵修道会的教团都恳求对屈从东方习俗所致的文化"污染"持更坚决的不妥协态度。这也是由于他们和普通人、如深受税赋和劳役压制的农民和手艺人联系更多这一事实，而不像耶稣会那样常常与有教养的、优雅的、精英阶层的满清官吏或满洲贵族互相往来。

在欧洲处于严重宗教冲突期间，对任何涉嫌诋毁天主教的想法或处理方式总体上的反感，导致了对耶稣会与儒家伦理相妥协的政策的不信任。同时，满洲宫廷不同派系之间的矛盾，其中有一些派系公开反对任何外国信仰，还有一些满清官员因为感到西方科学家式的神父威胁到了他们的特权，故也加以反对，他们宣称这将会在中国人中引起叛乱。此外，欧洲列强显然意在进入这个富庶的中国市场，它们的强大压力威胁着这个帝国的完整性，这更滋养了耶稣会士就是更凶猛的军队的先遣队的信念。最后，罗马教皇在礼仪问题上的摇摆态度消蚀了耶稣会士在皇族和宫廷面前的信用，从而使得满洲贵族们开始反对他们。

几年之内，局势终于明朗。1717年，康熙皇帝厌倦了无尽的争辩，决定驱逐中国境内所有的耶稣会士(200多个)。导致这一极端措施的原因是多方面的，主要问题之一是传教士们的不同态度，因为他们不再愿意遵守中国的举止、服饰，而最首要的还是宗教问题。因害怕詹森教派的批评，梵蒂冈的神学家们以与利玛窦及其后继者们所建议的相反的方式解决了礼仪问题，而他们的决定对亚洲的基督教产生了致命的后果。教皇克里门十一世(Clemens XI)派出的铎罗(Tournon)神父禁止举行儒家礼仪，他认为，这是异教信仰和偶像崇拜。尽管葡萄牙人一直把他囚禁在澳门，因为他们知道他的决定对天主教在中国的传播有多大的危害；然而这一切仍未改变皇帝的决定，仅有几个留在宫廷的耶稣会士完全是个人的选择。

此外，耶稣会失去了葡萄牙、法国和西班牙国王的支持，因为它在不同国家宫廷的影响被看作是教会对单个国家内部事务的不适当干预。因此，1773 年，罗马教廷决定解散这个教团，因为它已被认为是对现有权威的危险的破坏者。

最后，引导耶稣会士了解中国的强烈的传教士精神也没能保持到两个世纪以后。伴随着耶稣会声望的下滑，一直与“托勒密的”(因此是地心的)宇宙观相联系的、在地学和制图领域的权威也走向了终结，而其他欧洲国家已经看到了“革命的”哥白尼日心说的兴起。地理制图的“天主教”思想的衰落和与此同时的“新教的”荷兰(加尔文教派的)、英格兰(英国国教的)和瑞典(路德教的)制图产品的传播相一致，当然，在 16 世纪期间最重要的制图家(其中有加斯托迪和奥特琉斯)还是在罗马正教下工作的。

无论如何，与耶稣会地理学家和制图家们无以伦比的造诣相比，所有与中国有关的欧洲制图都是相当令人失望的。例如，德国人乔治·马特乌斯·苏特[Georg Matthâus Seutter，《新地图集》，奥格斯堡，1728]所提出的省份划分显然不如卫匡国在几十年前提出来的精确，我们可以看到这些名字：“辽东”、“北京”、“山西”、“陕西”、“河南”、“山东”、“南京”、“浙江”、“福建”、“江西”、“湖广”、“贵州”、“广东”、“广西”、“云南”、“四川”。

由出色的摩德纳绘图师吉亚科摩·坎泰利·达·维尼奥拉(Giacomo Cantelli da Vignola)绘制的“中华王国”的地图，由德罗西(de Rossi)出版在《地理学使者》(即世界各地地理指南，罗马，1684)，毫无疑问，都不如卫匡国的地图资料新颖，尽管它有一些部分很显然照抄自卫匡国的地图(水系网络和地名的安排)。周围岛屿如台湾岛和海南岛的描绘无疑更加糟糕，更不要说朝鲜(还有黄海)和北海道的描绘了。

荷兰绘图家赫曼·莫尔(Hermann Moll)在其《笔下的世界》(伦敦，1719—

1736）中发表的中国地图（使用的是英语）也是如此，虽然在左下角的注解中有个很夸大其辞的声明——“中国，根据最新和最确切的观察，由地理学家赫曼·莫尔所绘”，但朝鲜和日本完全变形，中国的内陆则模糊地类似于文艺复兴时期的绘图，远远早于卫匡国和其他耶稣会士所作的基础性贡献。

取自18世纪法国地图集的一些图也是如此［如让-巴蒂斯特德·诺林（Jean-Baptiste Nolin）的地图集和纪尧姆（Guillaume）的地图集］，除了因新的印刷技术和精美的手绘而产生的表面上的秩序和美感以外，在与城市和省份的位置、河流的流向或山脉，以及岛屿和群岛的形状有关众多错误之中，我们可以看到卫匡国和其他耶稣会士的巨大功劳。一些绘图师无法只选择一个版本，结果他们同时用了多个版本，在读者中制造了巨大的混淆。唯一的例外是唐维尔（Jean-Baptiste d'Anville）的作品，很显然比其他同时代的绘图更为精确和更为新颖。这是由于他参加了附在耶稣会士杜赫德（Jean-Baptiste du Halde）1735年的名著之中的地图的创制工作。

然而，唐维尔的例子是相当少的，因为那些时代绝大多数的绘图师就是重复以前的欧洲地图集中的知识。只有“国王的常任绘图师”，由于其特权地位允许他接触最好的当代资源，可以使用市面上最新的地图；如有必要，他们还可以重刻这些地图印版并加上新的元素和变化。在吉尔·罗贝尔（Gilles Robert）和迪迪尔·罗贝尔·德·沃冈迪（Didier Robert de Vaugondy）的《通用地图集》（*Universal Atlas*，巴黎，1757年）中，中国地图显然近似于唐维尔的地图，我们可以从朝鲜又大又方的形状看出这一点。然而，它在空白处的解释性注解比较少。其海岸线的精确性、柔和的轮廓线、庄重的色彩和精致的装饰清楚地显示了法国产品达到了很高的质量水平。由科尔伯特构想的、并由路易十四赞助的法国皇家科学院在巴黎成立，把法国的科学研究工作重新带到欧洲很多人类知识领域的前沿。此外，它的成立还导致很多地形考察技术的发展，这些技术确保在有关中国的绘图中产生非凡的结果。

耶稣会士遵循了概念上很简单的方法，尽管非常吃力。简而言之，他们试图在一个地方长期居住，并在中国境内尤其是内陆地区尽可能多地旅行，学习当地语言并参阅当地的地方志。我们无意过分强调中国科学的优点，也深知他们的绘图作品受迷信、禁忌和偏见的影响（在中国和所有其他地方都是如此），但是不得不承认，中国的文化精英阶层非常了解他们的疆土，而且这个帝国的行政管理建立在中央和地方之间非常严格的等级结构之上，频繁的土地普查、计算和测量等等是必不可少的。正因为如此，古老的传统尤其是非常大的连续性是中国制图引以为傲之处，印刷术的早早引入这一因素也不可忽略，它对任何后来的精细制作都是绝对必要的。

因此，为什么最好的欧洲绘图师在几十年里都没有设法摆脱那种老套的、从现实的角度来看毫无用处的幻像呢？为什么16世纪的绘图师们仍如此之多地依赖马可·波罗甚至是托勒密、相信博学的权威而非实际的经验呢？换言之，为什么欧洲绘图在科学地描绘美洲海岸线的轮廓时非常精确，而在描绘远东时仍然严重地依赖于神话呢？

唯一似乎可信的解释就是：在欧洲和中国之间实质上缺少切实的联系。例如，可以考虑一下有关东南亚地图的绘制情况（Suarez，1999）：在每一年，西班牙人都会对其殖民地菲律宾及其舰船去往美洲和返程路线的周围地区有进一步的了解，同时也在寻找能缩短航程的替代路线。对摩鹿加群岛和印度尼西亚群岛的其他岛屿来说，也是如此。在二十年的时间里，荷兰人的地图画得相当精确，他们在葡萄牙人和英国人之后控制了这些岛屿。相反，中国依然是一块实质上不可接近的领土，因此欧洲的商人和旅行者们通常止步于几个海港，而没有在大陆上探险，至少直到19世纪仍是如此，尽管那时各种地缘政治的利益之争已经开始了。

由于中华帝国的势力和广阔疆土，而且其技术水平在很多方面优于西方，在那些时代，欧洲人没有考虑像占领世界其他地区那样武装占领这块大陆。另一方面，统治王朝所实施的闭关政策阻止了商业渗透，这是出于对欧洲列强掠夺的合乎情理的担心。因此，当数代欧洲探险者所垂涎的目的地终于达到的时候，它并没有伸出臂膀来欢迎他们，而是将他们拒之门外达数百年之久，允许他们住在澳门这一小块飞地上，每年参加两次广州的集会。事实上，直到19世纪中期，除了对耶稣会神父和其他少数几个人以外，天朝之国的边界是严禁入内的。中国文明直到欧洲探险者能够在整个国家到处旅行之后，才开始袒露它的秘密。

西方制图中的中国长城

中国的长城由一统中国的伟大帝王秦始皇下令修建，为的是拦住来自西伯利亚大草原、试图穿越中国北部边界的游牧部落。在短短十年里(公元前229—221年)，他们建造了一座3 500多英里长的城墙，也利用了以前列国修建的单独城墙。它的一些部分是用石头和砖修造的，而其他则是用石头与树干或藤条相间、一层层地修起来的简单防堤。在最初的几百年里，他们主要在平原上修建；在明代期间，他们开始沿着山顶修建我们现在所知的城墙，以及有城垛的城墙和堡垒。

罗马人知道中国的长城，并且也修建了类似的建筑物，虽然要小一些，如在臣服的不列颠人与未被征服的皮柯特人之间北部边界上的哈德良长城(公元122年)，大约120公里长，6米高。公元4世纪，历史学家阿米阿努斯·马瑟林努斯(Ammianus Marcellinus)记述说，“向东有高墙围绕着赛里斯，他们因其王国的富有和广阔而闻名”(《历史》，第31卷，第二十三章)。这幅图景并未过多涉及长城的真实状况，它只是沿着国家的北部边界向东西方向延伸。对当时占统治地位的观念来说，这座墙应该能够保护帝国不受任何方向来的入侵。然而，这一观念似乎并未影响到基于不同假定的古代绘图。在中世纪期间，与中国长城相似的仅有元素，就是阻止了歌革和玛各离开群山之间的山谷的防御工事(见第2章)。这一工事有一个铁门或者由堡垒加固的城墙，在这种情况下，可能的入侵者显然就是来自北部大草原的游牧部落。

如我们所见，描绘了中国长城最古老的印制地图是巴布达地图，在奥特琉斯1584年版的《寰宇概观》之中。在墨卡托1595年出版的《地图集》中，我们看到了几乎相同的注解：“400里格的城墙，中国国王为防止鞑靼入侵而建。”

然而，无须面对长城就可以到达北京，经一条从撒马尔罕(Samarkand)起始的陆上路线，然后沿着黄河，从这一伟大防御工事的南部经过。如前所述，对马可·波罗叙述的真实性质疑的原因之一，就是缺少关于中国长城的叙述，所以激起太多的猜疑。在这种情况下，通常并不宽容的卫匡国开释了马可·波罗不可信赖的罪名，他说：“我甚至愿意声明，威尼斯人马可·波罗是从南方而非北方的省份进入中国。我可以从他的作品和他没有提到长城这一事实来证明这一点。尽管很多人说，马可·波罗没有提到中国长城的原因，并不是鞑靼人破坏了它，而是因为他的故事是假的；这与实地见证及所有的中国故事都是矛盾的。其实原因很简单，就是他从未抵达过长城。”

可能是由于他过于依赖此前的中文地图集，或者因为他没有把历史资料与当代资料区分开来，卫匡国误把更为古老的秦长城当作更为晚近的、在北京附近修建并在几十年前由明朝重建的长城。因此，卫匡国把对更为晚近的长城的直接观察应用到整座防御工事上，从而为自己招来了很多后来史学家们的批评。在其著作《中国图说》(1667)中，阿塔纳斯·基歇尔也收入了一些在描述欧洲对中国的看法方面非常成功的图片，例如用作瞭望哨的三层大塔。纽霍夫的描述包含了一些可能是他从中文来源得到的测量数据：900英里长，15米高，7米宽。

几年之后的1685年，南怀仁神父提高了中国长城的声望，声称他已亲自游历过那里。据他所言，长城要比所有的世界七大奇迹都更庄严。除其他事情以外，卫匡国指出中国长城非常靠近北京和北纬40°，而其他制图家(卫匡国没有提到的，如约德克斯·洪第乌斯)则把它放在北纬50°(参见图72)。在德国人马特乌斯·苏特(Matthâus Seutter)于1728年所绘的亚洲大地图上，我们看到了一长串的堡垒和防御工事把天朝之国和蒙古分隔开来。在南部，所谓的"云南"地区清楚地与尼泊尔区分开来，在那里，我们通常会找到是四条大河源头的大湖。

在这幅宏伟的地图中，我们还注意到对西太平洋诸岛的进一步关注，甚至是最小的那些。例如，我们找到了靠近中国海岸线、在台湾西北部的岛屿名称。与马里亚那群岛(Mariana)和九州岛有关的地名数量，也非常引人注目。然而，北海道岛却太大了(绘图师们最晚近的观察将明确它是大陆的一部分，还是一个靠近日本的岛屿")。还有一块巨大的、虚构的"公司之地"的图示(即荷兰东印度公司的土地)。两个图片都来自荷兰的绘图。只有在有关这个国家最北部的地方，绘图师才坦率地承认："地球探索的界限；海岸线转向西北的荒野。"

亚洲和美洲之间分界线的绘图描述

在数百年的历程中，精确描述大陆形状的需求变得越来越重要。在中世纪，马可·波罗的读者们并没有这个问题，因为他们都相信居住区只包括三块已知的大陆：欧洲、亚洲和非洲；一个大洋把它们全部包围于其中。没有人想知道浮现出来的巨大陆地的另一面是否还有一个形态不同的疆域，因为他们都知道欧洲，以及它最西侧海岬的西边被看作边界，也即是尽头：赫拉克勒斯(Hercules)之柱，朝圣之旅的目的地加利西亚(Galicia)，孔德波斯特拉的圣詹姆斯教堂(Saint James of

Compostela)，康沃尔(Cornwall)，爱尔兰和冰岛。

美洲的发现提出了一个新问题：最近发现的岛屿和海岸是否属于亚洲？

无论如何，这个问题的解决意味着一系列的后果。从神学的观点看，根据一些西班牙法学家的说法，所推测的诸大陆的结合体应把虽然是未知的美洲包括在古代居住区的边缘。这将使他们可以把美洲印第安人视为"人类"，但也将增加他们的"过错"，因为他们没有皈依基督教。从经济学的观点看，中国处在一个巨大的大陆地区的中央，而不是在亚洲的东部边界。然而，贸易将被山脉、森林、土著民族所延缓，因此将在新大陆上产生第二条"丝绸之路"，山区的居民将享有垄断权。最后，从地缘政治学的观点看，更遥远的海上通道将有利于欧洲的海上强国(尤其是西班牙、荷兰和英格兰)，而陆地上的通路则会使美洲暴露于来自大草原的游牧民族骑兵，就像成吉思汗在旧大陆上的入侵。

如我们所见，欧洲人关于天朝之国的看法，与这一问题的解决强有力地联系在一起。16 世纪的绘图师们不愿意在未知土地上留出空白，因此在这种情况下，他们试图并且多少也成功地猜出最可能的答案。只有在 18 世纪期间，丹麦地理学家和探险家维图斯·白令(Vitus Bering)在俄罗斯宫廷的赞助下，围绕后来以他的名字命名的海峡进行了一次勘查。直到那时，绘图师们还在依靠假说和猜想。但应该注意到，无论美洲印第安人还是亚洲民族都从未试图获得有关这一地区的正确知识。正如一位意大利制图史家所言，这两个假说可以追溯到两个猜想性的答案：所谓的阿尼安(Anian)海峡和所谓的阿斯塔罗特(Astarot)地峡(Milanesi，1992)。

我们并不想重构这两个假说的冒险史，它可能应当从哥伦布(他把古巴和海地当成了日本)和韦斯普西(他开始怀疑这是另一个世界)开始，还有胡安·德·拉·科萨(Juan de la Cosa，1500 年)和 1502 年坎堤诺地图佚名的葡萄牙作者所感到的绘图上的巨大"阻碍"，这一阻碍一直持续到下个世纪。我们可以引述洪第乌斯 1606 年的地图及关于住在美洲大陆、面向亚洲这边海岸的民族的说明：美洲的一部分。这些地区的土著人依据鞑靼人的习惯生活，即他们被分成部落……，而且他们住在帐篷里，没有自己的城市。

安东尼奥·扎达(Antonio Zatta)的北极地区地图(参见图 61)，即《新图片地图集》，包含最著名和最近的地理学家的所有观察和发现，威尼斯，1775—1785)，考虑到了俄罗斯人的最新发现，因此囊括了更多的细节。在北部海岸，在发源自大盐湖的河流的河口，被注明"在西方流动的大河"，我们读到："扶桑；中国的殖民地。"

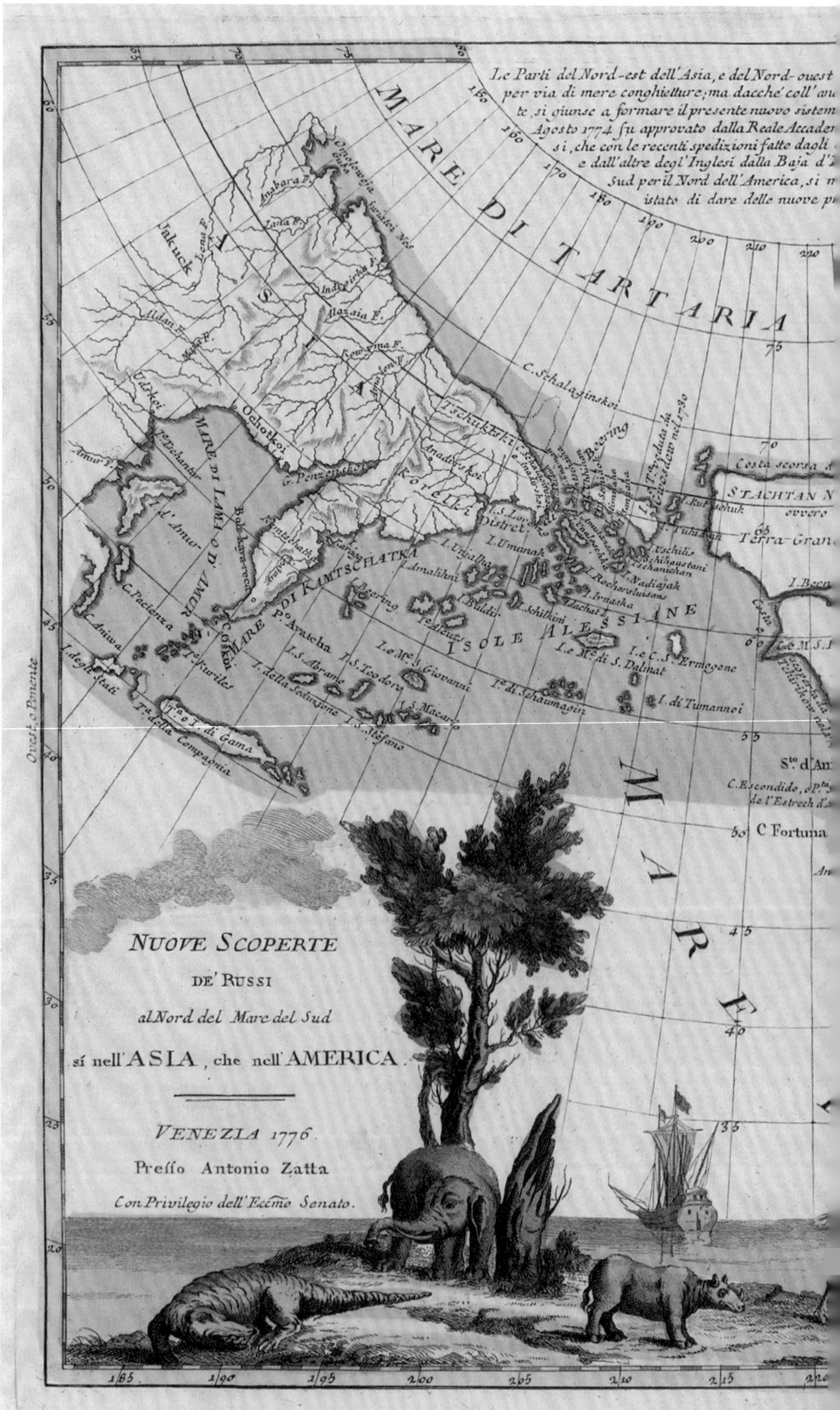

图 61　安东尼奥・扎达，《新图片地图集》。带有俄罗斯人的新发现的北太平

图，威尼斯，1775—1785 年，水彩版画，热那亚，博罗尼亚大学

在它下面就是阿尼安海峡。在南部，我们看到“基维拉”(Quivira)这个地名，在北美洲的绘图中，人们经常使用，在它下面有个地名“加利福尼亚”。在一个很长的注解中，扎达提出了一种想法：“东北亚洲和西北美洲还仅仅是通过猜想来加以了解的。不过，在过去一段时间里，人们已经有了一些重要发现。当前的地理学体系已经建立，1774 年 8 月 31 日，巴黎皇家科学院正式对之加以承认。我们希望，借助西班牙人在加利福尼亚北部的探险和英国人为进入南海、向北美进发而在哈德逊湾进行的探险，地理学家们将能够绘制新的地图。”

第八章　法国与中国

作为"御用数学家的法国耶稣会士"

当西班牙人和葡萄牙人继续其殖民和传教活动时，法国人正全神贯注于宗教冲突，似乎不太可能会超出有关东西印度群岛历史的著作或译作，这些作品却"增强了好奇心，安慰了焦虑"，法国地理学人文主义出色的"创始人"丹维尔(Dainville)神父这样写道。法国国王亨利四世开始向地平线以外的近东和大洋以外的加拿大眺望。在这一扩张期间，地理学和制图将大大受益，耶稣会士和方济会士最早利用了西班牙人和葡萄牙人在这一领域中垄断地位的衰落。

特别是在17世纪中期前后，法国对海外的呼吁作出了反应。如我们在《耶稣会士书简集》中读到的那样，当"他们有可能进入中国和相邻王国乃至日本时……，很多耶稣会士从法兰西的各个省份赶来，充当这次神圣远征的志愿者"。一位著名传教士对散布在所有主要城市的各所大学的巡访，引起了一股难以描述的热情和强烈使命感，而这种热情此前就因为年轻人对冒险的着迷而被煽得很旺了。

在丹维尔分析性的前言之后，他们无法再期望比这更有利于地理学利益的形势了：

> 对传教团的爱戴，肯定使很多人埋头阅读教师们能够提供给学生们的地图和地理学著作。此外，既然好奇精神的梦想和灵魂的要求都被海外的召唤所唤醒，"除了地球的圆形之外，没有限制"，探索和发现就发生于世界地图之中。耶稣会士不是遍布各地吗？他们当中的一个人写道，只有南极洲还在等着他们(Dainville，1978)。

正当他们刚刚开始谈论神秘的"澳大利斯地"(Terra Australis)时，对新世界和旧世界来说，形势有所不同，因为传教士将对其地理知识作出巨大贡献。有人估计，1600年至1660年间在法国发表的460部关于遥远国度的著作中，超过三分之一是由传教士所作，特别是耶稣会的神父。至于美洲的情况，在耶稣会士的作品中，特别是阿夸斯塔神父(José de Acosta S. J.，1539—1600)的作品中，都发现了东印度群岛，尤其是在1617年的《中国基督教徒远征史》一书中，有金尼阁和利玛窦的观察;在皮埃尔·杜·雅克(Pierre du Jarric)所作的《葡萄牙人在东印度及其他国家传教史》一书中,作者查阅了很多葡萄牙语文献,还有索利埃(Solier)神父所著的《日本群岛王国教会史》(1627—1629)一书,他从很多传教士的信件和回忆录中获得了启发。至于在法国境外发表的著作,如卜弥格(Michael Boym)神父的记述,阿塔纳斯·基歇尔的《中国图说》,还有最重要的卫匡国的《中国新地图集》,它被法国地理学家皮埃尔·杜·瓦(Pierre du Val)视为发表过的对中国最好的描绘之一。

然而,我们不应当认为,所有去国外的耶稣会士都是博学的地理学家。1627年,当一位耶稣会士被问到中国的真实位置时,他毫不犹豫地承认中国尚不为人知,“因为三年前第一批去那里的神父们都是好人,他们对问答式讲授远比对地理学感兴趣”(Dainville, 1978)。

然而,在利玛窦成功之后,在宣称地图和天文地理科学是福音使者让人们接受的最佳工具之后,地理学的教学在耶稣会大学中变得更重要了,尤其是在法国。在这里和其他地方一样,学习地理学仍然意味着学习怎样阅读地图。对数学课和修辞学课程来说也是如此。事实上,这些课程明确地提及地图研究:“看着地图。”雕版和印刷的进步给所有学生们提供了搜集良好地图的可能,允许他们进行时空旅行:从巴勒斯坦到中国、到新世界,从古希腊到尤利西斯(Ulysses)、到当代战争的场面。

耶稣会士的方法不仅在学校中加以运用,在那里,他们教育王子们和公爵们[例如13岁的波旁(Bourbon)公爵,他对地理学比对拉丁文诗篇和演讲的名人更感兴趣]。专业的绘图师也利用他们的知识,尽管他们不总是对之满意。

著名的尼古拉斯·桑生(Nicolas Sanson)被看作是法国绘图学派的创始人,在其发表于1658年的地图集中,指出鲁杰里、卜弥格和卫匡国的中国地图常常互相矛盾。因此,他得出结论:他不能过分依赖来自这么远的地方的知识。然后,他作出了公正的决定,把这三个版本的地图都加以出版。

最中肯的答案是由金尼阁神父预见到的,他早在桑生之前就注意到了关于中国的不同地图间的差异,而且他知道以后的绘图师会特别批评经度的计算。他宣称:“我愿意服从他们的权威,而且我相信,我们应当尊敬最后的而非最初的观察。”

金尼阁是一位很好的倡导者,因为在几年之内,他们就为重建中国的绘图打下了基础,因此超出了束缚桑生的所有地图。法国耶稣会士又一次超出以往,在这个更新的过程中起到了主要作用。他们的事业值得讲述，因为如丹维尔(Dainville)所述，它表明了科学在1680年左右主要关心什么，也因为“他们的贡献代表了伟大的耶稣会对近代地理学进步的贡献”。

科学院的作用以及莱布尼茨的指导

最初是南怀仁神父的热切呼吁。他用拉丁文写给欧洲所有耶稣会士的信于1678年8月15日印刷于北京，同年9月被翻译成法语，发表在《风流信使》杂志(*Mercure Galant*)上。这封信劝说路易十四和科尔伯特赞助一个旨在“获得所有的直接知识以完善艺术和科学，尤其是地理学”的法国传教团。由于科尔伯特的去世，这个项目中断了，但在1684年，在皇家科学院特别是卡西尼(Cassini)的帮助下，这一项目由卢瓦(Louvois)和塞纳莱(Seignelay)重新开始了。他们要求教皇提供“大量的优秀传教士，具有足够的数学知识，以在旅途和实地进行必要的观测，以校正海图和地图，最重要的是学习中国的科学和艺术”。

卡西尼一直在计划制作一个最新的、比此前任何一个都要精确的平面球形图[让-巴蒂斯特德·诺林(Jean-Baptiste Nolin)于1696年出版]，为此，他在巴黎天文观测台的大厅里筹备了一个非常有系统性的项目，它意味着从海上和不同的陆地路线抵达中国以获得更多的知识。这一项目公开后，因其能力而被选中的耶稣会士[洪若翰(Fonteney)神父，白晋(Bouvet)神父，张诚(Bouvet)神父，李明(Le Comte)神父和刘应(de Videslou)神父]被任命为“在印度和中国的御用数学家”。此外，科学院的成员们就“他们应当在中国搜集的信息和送回法国的物品”，给出了明确的指示。除了国王提供的器具以外，他们还收到卡西尼计算出来的木卫蚀推算表，这在确定经度时非常有用。这个方法建立在围绕着太阳系最大行星旋转的卫星的“出现”与“浸没”(出现和消失)相循环的基础上。了解到它们在具有特定经度的某地的重现规律，根据不同的时刻，就可以测定世界另一边某地的经度。

关于科学院的指令，这34个主题“提供了一个在17和18世纪充满欧洲人心思的、对在不同世界进行勘查渴望的精彩例子。这些问题涉及地理学、文化、科学、技术、社会学和经济学，同时伴随着对植物、香料、动物和从中可以搜集到的相关知

图 62　让-巴蒂斯特德·诺林,《世界概览》。鞑靼地

黎,1720 年,水彩版画,热那亚,海洋博物馆

识的显著兴趣”(I. Landry-Deron，2002)。

这还不是全部，1689年，莱布尼茨设计了一个更深入的调查表。莱布尼茨与闵明我(Grimaldi，1639—1712)神父有联系(在南怀仁死后，闵明我被任命为北京钦天监监正)，而且他有与法国传教士有直接联系的特权，产生了所谓的“光明交易”(commerce de lumiere)，他们对此期望甚高。莱布尼茨常常要求在华耶稣会士“把与物理学、力学、历史学和地理学有关的中文知识加以搜集并予以研究，以使其条理化，这一工作将给我们带来无与伦比的启发”。因此，莱布尼茨给他们寄去了一份有30个问题的问卷，其中有关于亚洲和北美之间是否存在一个海峡的问题、是否存在“虾夷地”半岛(北海道岛)的问题。

最后，有关与卡西尼和观测台之间的合作问题，很显然，传教士参与了测量地球的总工程，世界地图只是其多方面的成就之一。除了传教使命以外，他们是被特意派去测定经度的。下述事实表明了这一点：1692年7月科学院集会期间，古叶(Gouye)神父在巴黎公开了由“御用数学家们”搜集的最初观察；修道院院长加洛伊斯(Gallois)、卡西尼的合作者指出，这项工作“已经由皇家科学院实施，作者们在科学院的帮助下并遵照所收到的指令搜集信息”。

纪尧姆·德利尔(Guillaume Delisle，1675—1726)第一个部分地利用了这些由派往世界各地的不同远征队所提供的数据，他是为了解决那个时代一些最为艰深的地理学难题。他是取代桑生王朝的新制图家王朝的奠基人，统治着18世纪上半叶的法国市场。当时，荷兰学派正在失去他们曾一直拥有的卓越性。像尼古拉斯·桑生一样，克劳德·德利尔(Claude Delisle)也是家族的奠基人，还是一位地理学家和史学家，他的四个儿子在各自的职业中都发挥了重要的作用，尽管最著名的是纪尧姆。

据称，纪尧姆在9岁时就画出了自己的第一幅地图，显示出对一个扩展中的主题的兴趣，这时法国在世界的地平线上正变得日益突出。27岁时，他成了皇家科学会会员。随后，出于对其毋庸置疑的功绩的肯定，他被授以首席皇家地理学家的正式头衔。他对以前地图的批判性态度，是基于他从卡西尼那里获得的数学和天文学训练，这为他赢得了在这一主题上、在他的时代“头号科学制图师”和最熟练的专家之一的名号。纪尧姆·德利尔将其著作建立在一些极为重要的理论假说的基础上：对相邻地区使用相同的比例尺，依据天文观测来确定点的位置，对所有的绘图资料来源进行精确的检查，并且利用由旅行者记载下来的信息。

其研究的准确性可以从中国和东印度群岛地图(参见图 76)中得窥一斑,这幅图包含在 1730 年于阿姆斯特丹由扬·柯文斯(Jan Covens)和柯奈利斯·莫蒂埃(Cornelis Mortier)出版的《新地图集》中。除了一些不相关的细节以外,海岸线的形状和现代的非常相似。朝鲜被正确地画成一个半岛,尽管有些短粗并且比实际上要方一些。日本也多少是现代的形状,尽管有点“鼓”并且离海岸线太近。

对中国的描绘给出了正确的水道学知识,黄河和长江都画得很清楚,湖泊也都处在它们的实际位置上。地名也是如此,对细节如省份的划分及其各自首府的关注是值得赞许的。一些东印度岛屿的精确性稍差一些,可能是由于荷兰人把这个地区当成了他们的“后花园”,采取了排他性政策而缺乏直接证据。总体说来,这是一个与过去形成鲜明对比、更多依赖实际的资料而非猜想的成熟的绘图作品。

杜赫德的描述和唐维尔的作用

看上去,洪若翰(de Fonteney)和科尔伯特(Colbert)在天文台谈话时(卡西尼也在场),科尔伯特似乎在试图劝阻传教士进行这样一次危险而漫长的旅行,指出科学“不值得穿越大海和到远离家乡和朋友的另一个世界居住”。耶稣会士有可能回答说,科学可能不值得如此,但福音传教当然是值得的!此外,地图和航海方法的完善应该拯救了很多传教士的生命。无论如何,1685 年 3 月出发的神父们几乎旅行了三年,于 1688 年 2 月 7 日(在南怀仁死后几天)到达了北京。第一批神父(洪若翰、白晋、张诚、李明和刘应)成立了法国耶稣会在华使团,后来几乎成了自治的团体。

这个使团在中国面对诸多困难,当它回到法国后也是如此,因为它卷入了礼仪之争当中。然而,当白晋于 1697 年回到法国后,和 11 名传教士于次年离开。第二年,洪若翰也是如此。又一批传教士[尤其是雷孝思(Régis)、马若瑟(Premare)、巴多明(Parrenin)、赫苍璧(Hervieu)和殷弘绪(Dentrecolles)]献身于地理学和绘图研究。1703 年,他们组织了和冯秉正(Mailla)及其他人的新远征。对第一批传教士的不断补充使得法国耶稣会士能够满足康熙皇帝的诸多要求,并在略多于十年的时间里完成对整个天朝之国的新绘图。

所有这些我们在第一章研究过的重要贡献，都被杜赫德(du Halde)神父囊括在其1735年在巴黎由皮埃尔・吉尔・勒・梅西埃(Pierre-Gilles Le Mercier)出版的四大卷、有50幅图的《中华帝国全志》之中。在其序言中，杜赫德向27位传教士致谢，他们寄自中国的信件对他的作品颇有裨益；这部著作在基歇尔的《中国图说》之后，无疑是17和18世纪之间所绘的最著名的一部。

这部书声望极高，而价格也高得令人却步，所以第二年就在海牙有了盗版，有四开本，也有平装本。这无疑促进了其更为广泛的传播。曾赞扬过耶稣会士在中国获得的天文学地理学经验的伏尔泰，就有一册较为便宜的第二版。在后来的年头里，接连有了英语、德语和俄语版(只有前两卷)。这部著作在整个18世纪及其后来都流传甚广，经常在百科全书和重农主义者的出版物中，以及很多法国学者们的通信中被引用。在国外，哥德(Goethe)于1783年阅读了它；但最重要的是，由舰队司令安森(Anson, 1742)和大使马戛尔尼(Macartney, 1793)领导的英国驻华外交使团都将这部著作带在身边。

这部绘图著作有43幅地图，其中18幅与中国有关。它们被分成总图(参见图77)和详图，根据行政区划分成15个省，而其余的25幅图则涉及其他省份和自治区，如内蒙古、新疆和宁夏。其余部分则包含了展示中国生活方式不同方面的图示性内容。

在其绘图作品中，杜赫德借助了唐维尔(Jean-Baptiste Bourguignon d'Anville, 1697—1782)的帮助，后者是18世纪最伟大的制图家，尽管在1735年他只是一个“普通的地理学家”，而后成为“国王的首席地理学家”。也应归功于这部由当时最主要的雕版师德拉海伊(Delahaye)雕版的著作。唐维尔(他是艺术音乐学院的一名成员)设法成为皇家科学院的助理地理学家，以及很多外国科学院的通讯院士。

这部著作出版于1733年，在其推销辞令中，他们承认绘图来源的重要性：“包含在我们作品中的新地图……仅靠它们自身就丰富着学问的王国。我们最熟练的地理学家对地处中国、中国鞑靼、朝鲜和西藏之内所有大国都只有很模糊的认识。然而，康熙皇帝任用传教士所绘制的这些疆土的地图，用现代的测量方法覆盖了中国和鞑靼的巨大国家。此外，即使是最为人熟知的国家的地图，他们也尽其所能为我们提供了所曾见到的最准确的知识。”

在这段文字的另一部分，康熙皇帝所委托的、完成于1708年和1717年之间的这项调查，被界定为“根据艺术的规则绘制的最广泛的地理学作品”。只有关于西藏，杜赫德不得不承认，由于禁止传教士进入，“传教士们亲自教授和指导鞑靼人，由他们进行测量和计算之后把数据传递过来，根据他们非常细致的旅行路线以及递送过来的测量数据”搜集资料，绘制出相关地图。另一个让学者和绘图师大大受益的创新，是所有的地区图都用同一比例尺和统一投影绘制。这“就好像所有的图能组成一幅单一的地图，而它们确实能合成一幅地图”，比方说一幅壁挂地图。

除了作为这部著作主要目标的不同省份详图以外，还有中国主要城市的平面图、中国总图、（归功于张诚神父的知识而绘制出来的）鞑靼图，也包括日本和用上述方法绘制的西藏地图，还有在卷首的亚洲总图，其区域涵盖了各幅详图的领域。最后一个有趣的细节表明，所有地图都没有浪费一点空间，而且在提要里强调了一个图解：“除了地图、图表、城市轮廓以外，所有的涡卷饰和图示都用中国最独特的人物、符号、动物和植物加以装饰。”

尽管这幅地图如丹维尔（Dainville）神父所述，在地理学上是精确的，但用想象的图画填满了旧地图的古老神话也被放到了涡卷饰里面。虽然伟大的荷兰作品中很典型的巴洛克式的华丽涡卷饰的惯性仍然存在，但他们已经采用了一种更朴实、更几何化、较少运用寓意画的风格。这种态度在杜赫德那里也可以看到，他没有沉溺于对轰动效应的追求，他在自己的描述中收录了“沙皇派遣白令船长去寻找一条通往北美的通道，在他从托博尔斯克（Tobolsk）到堪察加（Kamtschacka）旅行期间所做的发现的地图和说明”。

这幅地图得自波兰国王的馈赠。此图编入该书，给作者们带来了麻烦，因为此时白令的发现在俄国还没有发表。这幅地图的引进也宣告了一个历史时期的终结。这一历史时期的特点是抱着宏大和互惠的愿望来探索西北和东北通道。意大利的、英国的、西班牙的、法国的、荷兰的和俄国的地理学家和制图家们都确信，他们能够找到一条捷径来弥补因葡萄牙人进入富饶的中国市场而具有的竞争优势。然而，这条捷径只有创造了乘飞机穿越极地的路线才能发现。

在我们的分析所涉及的时代里，新的高纬地图出版的效果同样是引人注目的，正如《特雷乌回忆录》（*Mémoires de Trévoux*）于1737年指出的那样。这本杂志把亚洲向美洲的靠近和将北中国从欧洲去除归功于杜赫德的《中华帝国全志》：“杜赫德神父编写的新历史将中国的鞑靼放到更遥远的地方，而俄国则更加遥远……，它在原来的1200里格上又加了500或600里格，因此使得俄罗斯更靠近美洲了。”

当路易十四见到卡西尼时，指责他用科学的精密性作为武器缩减了自己的统治范围。路易十四也应当以同样的态度指责耶稣会士，他们是卡西尼的弟子，因为他们的绘图计算使法国的影响力在更广阔世界的扩张变得更困难。

然而，没有满洲帝王宫廷的帮助，整个运作将是徒劳的，因为他们允许耶稣会士在他们的领土范围内自由旅行；参考当地的绘图资料（包括印刷的和手绘的），在北京天文观测台和其他任何地方进行任何种类的计算和测量。

耶稣会士能接触到康熙，是因为满清王朝对北亚和中亚的兴趣，包括他们在内的最后的外国侵略者也来自这里，土耳其—蒙古游牧部落仍在这里威胁着这个帝国的边界。1696 年，满清王朝在耶稣会士帮助下打败了游牧民族。耶稣会士们参与建造了一种极好的火炮装置，这种装置使他们第一次打败了游牧民族的轻骑兵。对这个地区实行控制，阻止任何竞争者联合当地部落和尝试新的入侵，是满清王朝的宗旨所在。

然而，他们对陆地边界的关心，使他们忽略了海岸地区和他们与外国的商业关系。作为“部落的武士总管，他们现在成了农村中国官僚政治的总管，满洲人对长江流域和东南海港繁荣的商业发展还很不熟悉。海上贸易和海军实力在他们的优先顺序中居于次要的地位。他们不喜欢实业家，他们试图使其臣民远离贸易并惩处任何出国之人。总的说来，他们似乎有一种封闭的、倒退的以及一种防御性的、恐外的态度”（Fairbank，1986）。长远看来，这种态度对中国的繁荣和独立是致命的。

北京政府的主要任务之一是控制与外国人的边境贸易，它采用了一种附庸国体系加以处理。外国统治者被看作外部的附庸国，他们比内部的附庸国要远，后者从中国的省份和相邻的国家，如韩国和安南，获得它们的年度份额。附庸国体系被用作一种防御性的外交武器，是建立在中国更大的商业财富和更大吸引力的基础上。距离最近的国王们统治着中国军队轻易就能入侵的领土，定期向北京缴纳贡赋，甚至有时亲自前往北京。在他们的交流中，他们采用了中文的书写体系、符号和历法。他们的特使及其本人都在皇帝面前叩头行礼，他们也带回皇帝回赐的礼物。

因此，附庸国体系开始被看作一种商业活动。在明朝期间，来自中亚的精明的穆斯林商人把他们送到北京的产品假充作他们君主的贡赋。在曼谷，中国稻米商人装船后向中国进发，把它作为暹罗的贡赋来撑场面。简言之，附庸国体系已经成为与其他国家建立平等外交关系的巨大障碍。1793 年，来到中国试图建立两国间官方关系的英国全权公使马嘎尔尼勋爵(Lord Macartney)拒绝叩头,由此引发了一次国际事件。然而,他给皇帝带来了精美的礼物,他的继任者阿姆赫斯特(Amherst)勋爵在1818年也如此照办。

我们将简要地将俄罗斯制图作为本章的结束,它多少是与法国制图相联系的。然而,由于沙皇的疆土与中华帝国相连,以及他们在中亚共同奉行的扩张主义政策导致它们互相敌对,俄国的制图也作出了一些有趣的独立贡献。由于这一原因,1689年8月27日,在耶稣会士外交和语言的调停作用下,双方签订了中俄之间第一个国际条约,即所谓《尼布楚条约》,这是依据解决阿穆尔河争端的仪式举行地点来命名的。根据这一条约,俄罗斯失去了对鄂霍次克海(Okhotsk)的直接控制,但它获得了与满清王朝建立永久性商业关系的机会。引起争端的俄罗斯军事基地雅萨克(Albazin)必须被放弃和摧毁。两个帝国之间的界限被限定在斯塔诺夫山脉(Stanovoy)分水岭和额尔古纳河(Argun)。在耶稣会士的帮助下(他们当然是因其可靠和遵守规矩而被任用),这个条约被翻译成五种语言：俄语、满语、中文、蒙古语和拉丁语。这是与欧洲国家在平等基础上签订的第一个条约,它调整了中俄之间一个半世纪之内的关系,除了在1727年的有限调整以外。

第一幅重要的俄罗斯地图是沙皇鲍里斯·郭多诺夫(Boris Godunov, 1598—1605)统治期间绘制的手绘大地图,随后又有描述帝国向南和向东扩张的其他版本。17世纪下半叶,他们开始了西伯利亚的绘图：皮欧特·戈都诺夫(Piotr Godunov)总督委托制作了这一地区东部的地图(1667年),它依赖于探险者的知识,第一次描述了俄国的太平洋海岸。这部地图的南部被放在上面,错误地把科力马河(Kolyma)和勒拿河(Lena)画得流向太平洋。与以前的传统,即托勒密和马可·波罗的传统相比,地名是全新的。1698年至1701年间,雷米佐夫(Semyon Ulanovich Remezov, 1642—1720)出版了这个几乎无人居住的巨大地区的第一部地图集,殖民者刚开始进行移民。这些“第一”的例子表明,俄国的制图出版并未提供特别惊人的成果。因此,1699年,彼得大帝恩准一位荷兰印刷商雕刻了一系列俄国地图。几年后,绘图师瓦西里(Vasily Kiprianov, 1706—1717)在莫斯科成立了一个私人企业,既出版俄国地图,也出版世界其他部分的地图。

在同一时期内,沙皇下令进行全国调查并开始培训一批熟练的专业地形测量员。在那些即将要被加以探索的陆地和海洋使用这些适当的绘图工具,主要是支持俄国向东在太平洋和向南在印度洋的扩张。这项庞大的事业由国家大臣的雇员

图 63　约瑟夫·尼古拉斯·德利勒,《北太平洋、北美和亚洲地图》

黎,1752 年,水彩版画,渥太华,加拿大国家档案馆

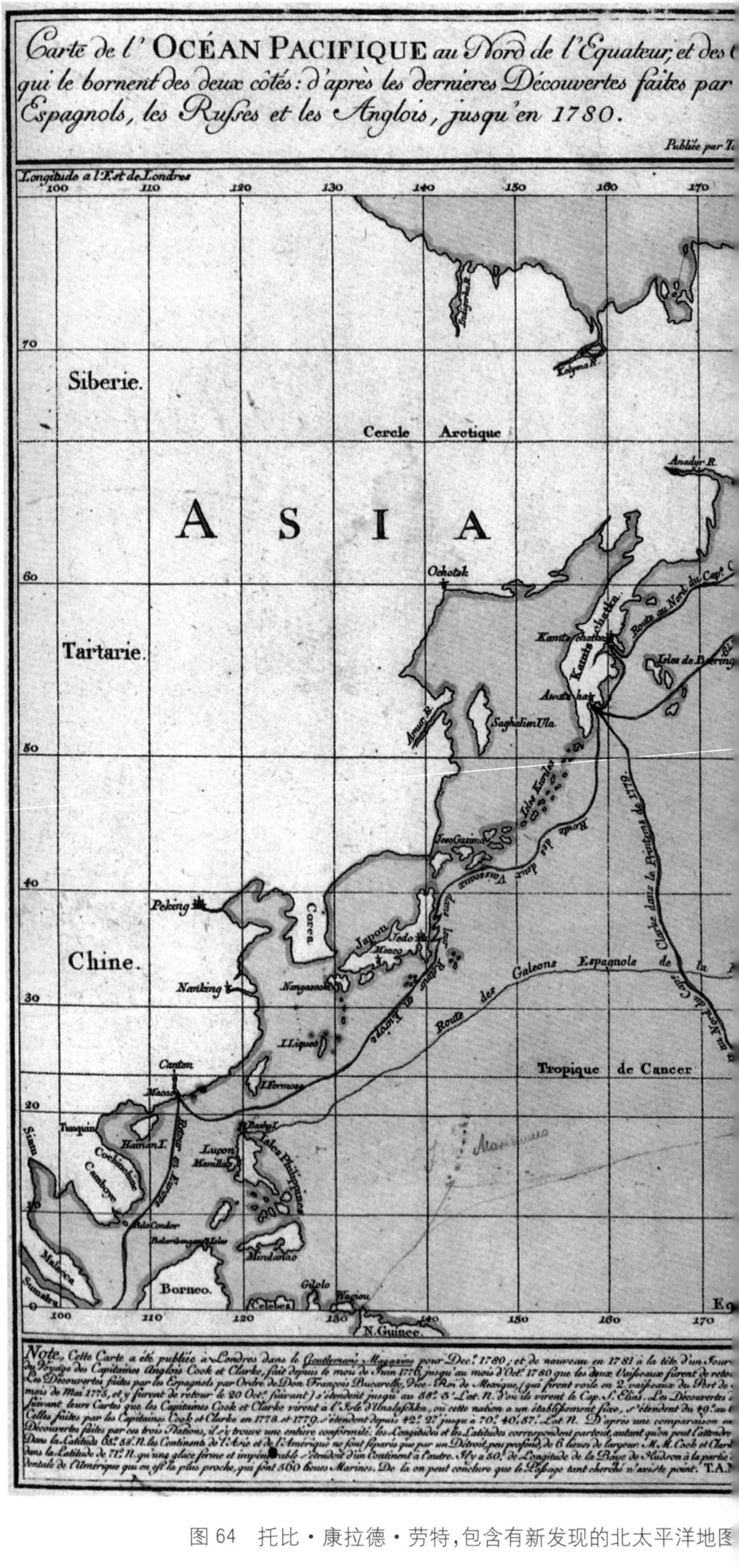

Carte de l'OCÉAN PACIFIQUE au Nord de l'Equateur, et des C
qui le bornent des deux côtés: d'après les dernieres Découvertes faites par
Espagnols, les Rußes et les Anglois, jusqu'en 1780.

图 64　托比·康拉德·劳特，包含有新发现的北太平洋地图

…e des STILLEN WELTMEERS im Nördlichen Aequator und der Küsten
auf beiden Seiten einschrænken: nach den neuesten, von den Spaniern, Rußen
…ngellændern bis 1780. gemachten Entdeckungen.

…Augsbourg.

…ent de Glace ferme

Glace flottante

Borne des Découvertes des Anglois

Borne des Découvertes des Rußes

Cap Prince of Wales

Norton Sound

Retour au Sud

Route au Nord

Bristol Bay

Deux Volcans

Hinchinbrook Sound

Sandwich Sound

Cap S. Elias

Borne des Espagnols en 1775.

Providence Harbour

Isles de Sanganuida

Isle Unalaschka

Port Remedios

Cap Engano, ou de S. Hyacinthe

Port Bucarelly

Isles de San Carlos

Retour au Sud du Capt. Cook dans l'Automne de 1778.

AMERICA

King Georges Sound

Riviere de West ou Entrée d'Aguilar Decouverte en 1603.

Route de Capitaine Cook a l'Amerique en 1778.

Cap Blanco

Port S. Trinidad

Cap Mendocin

Port de François Drake, ou de la Bodega

Port de Monterey

Cap de la Conception

…pulco dans la Nouvelle Espagne

Isles de Guadaloupe

Morro Hermoso

Baye de Christoval

California

Mexico.

Cap San Lucas

Port S. Blas

Cap Corrientes

Isles de Sandwich

Route au Nord en 1778.

Isle des Tortues, inhabitée

…Charte ist heraus gegeben worden zu London in dem Gentleman's Magazine für Decbr. 1780. und widerum 1781. vor dem Tagbuch der Reise (in 8.vo) welche die eng… …pitains Cook et Clarke von dem Monath Juni 1776. bis in den Monath Oct.r 1780. gemacht haben, wo die zwey Schiffe nach Londen zurük kamen. Die von den … Befehl des Don Francisc Bucarelly, Vicekönigs von Mexico, gemachten Entdeckungen, (welche im Monath Mai 1775 mit zwey Schiffen aus dem Hafen von Sanct… …ten und den folgenden 20. 8bre wieder dahin zurükkamen) erstrecken sich bis auf den 58.° 3.' Nördl. Br. von wo aus sie das Vorgebürge S.t Elias sahen. Die … …n der Rußen, zufolge ihrer Charten welche die Capitains Cook und Clarke auf der Insel Unalaschka sahen, wo diese Nation eine beständige Niederlassung … …n sich vom 49.° bis zum 68.° Nördl. Br. Die Entdeckungen der Capitains Cook und Clarke in 1778 und 1779 erstrecken sich von 42.° 27' bis 70. 40.' 57." Nördl. … …genauen Vergleichung der von diesen drei Nationen gemachten Entdeckungen, findet sich eine vollkommene Gleichheit dabei: die Längen und die Breiten … miteinander überein, so sehr man es in einem solchen Fall erwarten kann. In der Nördl. Br. von 65.° 58.' sind die festen Laender von Asien und Amerika … …e Meerenge getrennt, welche wenig tief und 6. Meilen breit ist. Die H.rn Cooke und Clarke funden in der Nördl. Br. von 71.° das ein festes und undurchdring… …ch von dem einen festen Lande bis zu dem andern verbreitet. Es sind 50.° Laenge von der Hudsonsbay bis zu der westlichen Küste von Amerika, die diese… …chsten ist, welches 560. Seemeilen ausmacht. Hieraus kann man schließen das die so sehr gesuchte Durchfahrt nicht existirt.

格斯堡，1781 年，水彩版画，渥太华，加拿大国家档案馆

图 65　绘有东印度公司在广州货栈的折扇，

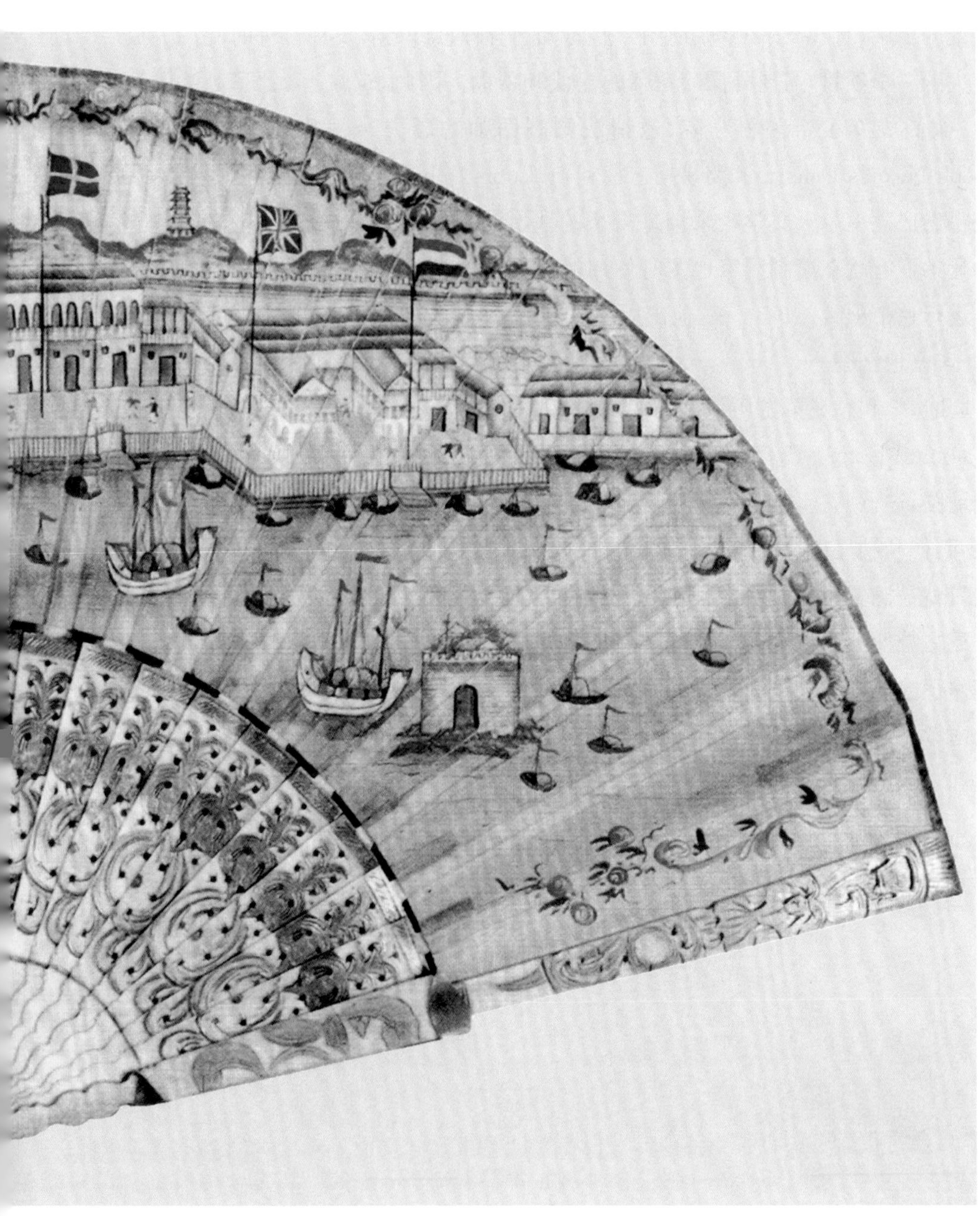

775 年，绘于丝绸之上，纽约，私人收藏

伊万·基里洛夫(Ivan Kyrilov, 1689—1737)领导,他策划了一部三卷本俄罗斯地图全集的出版,有300—400幅地图。然而,他们很快意识到,要在合理时间内完成这样大的一个项目,需要外国绘图师的建议和帮助。因此,1724年,沙皇赴法国旅行后,他们成立了帝国科学院,邀请法国制图师约瑟夫·尼古拉斯·德利勒(Joseph-Nicolas Delisle)和路易斯·德利勒(Louis Delisle)、著名的纪尧姆兄弟,在圣彼得堡成立一个天文学校来训练未来的地形测量员。不幸的是,基里洛夫和德利勒兄弟没有就在绘制国家地图时使用的调查方法达成一致,因此基里洛夫决定独自进行这个项目。1734年,他出版了其地图集的第一部分,包括一幅俄罗斯总图和14幅地区图。

同时,德利勒兄弟游历了整个俄罗斯和西伯利亚,在瑞士数学家莱昂哈德·欧拉(Leonard Euler, 1707—1783)和丹麦探险家维图斯·白令的帮助下搜集资料,绘制地图,进行调查。白令曾两次穿越西伯利亚,并探索了太平洋的北部海岸。毫无疑问,德利勒兄弟也利用了基里洛夫的资料。然而,基里洛夫死后,这个地图集的项目就被搁置一旁,可能是由于几个错误,更可能是由于嫉妒。1745年,约瑟夫·尼古拉斯·德利勒和帝国科学院之间的关系变得紧张起来,因为前者认为这项工作仍未完成,而后者则急于将之出版。此外,宫廷中的某个人不喜欢有这么多的外国学者,认为他们是潜在的被别国收买的间谍。最后,《俄罗斯地图集》以一幅总图和19幅地区图出版。后来,学院地理部负责人米哈伊尔·罗蒙诺索夫(Michail Lomonosov, 1711—1765)修正了地图集,直到在俄罗斯(及欧洲其他地区)绘图调查几乎成为武装力量独占的特权。

第九章　《南京条约》之前和之后的中国图像

19 世纪早期

在近代最初的几百年里，在欧洲和中国之间的贸易结余无疑是有利于后者的，大约是六比一的比例。除了被当成奢侈货物或奢侈珍品（如利玛窦所造的机械表）这类市场很窄的产品以外，总的说来，中国出口到欧洲的货物要比它从欧洲进口的货物更多、质量也更好。这个国家丰富的原材料以及工匠的手艺，阻止了西方同类产品进入其很有前途的市场。

为了平衡帐目，兴起于主要西方国家（英国、荷兰、法国、瑞典、西班牙、丹麦和奥地利）的不同的东印度公司从世界各地——从中欧到日本，但主要是在南美搜集白银，用来购买中国的茶叶、瓷器、香料、漆器、玉器和丝绸。据估计，在美洲尤其是墨西哥和秘鲁开采的半数以上的白银被用于支付昂贵的东方奢侈品，因为欧洲以及那些住在殖民地的富裕阶层离不开它们。

很显然，这一利润丰厚的交易暗含着一些不便之处，特别是由于满清王朝的保护主义政策。事实上，1757 年，乾隆皇帝下令：欧洲人只能住在澳门，只可以在春秋两季的年度集市开放时造访广州这个唯一向西方世界贸易开放的港口。他们的舰船获准沿珠江上行，直到城市河谷中的黄埔停泊所；在船上配有加农炮的时候，他们从未获准接近禁地。所有的交易都要通过政府雇员来进行。他们成立了一种特别的公司叫做“行”，在交易期间，西方商人被限定在港口中一个有边界的区域里，那里有 13 座仓库（代理店）飘扬着不同国家的国旗。没有商人能获准进入城市或者与当地人发生联系，除了在官方的同意下短暂逗留。

尽管有这些严格的限制，这个存在了近一个世纪的体系还是使西方的贸易公司获得了财富，它们在自己国家的市场上高价出售中国产品；这个体系也增加了中国皇家的岁入，其收入的六分之一左右来自手工制品向欧洲和美国的出口。在西方人认为他们强大到足以挑战这个中国巨人前，一直如此。

英国是当时世界上主要的海上和商业强国，它对中国在技术水平上的优势和在国际贸易中的垄断所导致的日益严重的财富枯竭深感焦虑。因此，英国试图找到一个可选的解决方案，使它能够至少部分地平衡这种不均衡。这个办法就是在英国最新的亚洲殖民地孟加拉平原上大规模种植罂粟，然后向中国市场出口。中国似乎对这种毒品非常感兴趣，不仅在过去为医学目的使用，而且为获得一种心醉神迷和忘乎所以的状态。

因此，这种可以导致成瘾和抑制生产力的麻醉剂开始在广州港大量销售，其销量每年增长五倍。因此，中国到那时本还是净出口方却变成了净进口方，白银的流向逆转了。中国的手工产品不足以支付每年大量运抵这里的鸦片，他们不得不使用非常多的银条，因此导致了国库的枯竭，并对人民的健康和生产率产生了致命的后果。

中国政府试图阻止这种道德上的颓废，因为有两百万瘾君子；也试图阻止一直到那时都提供了帝国岁入的贸易盈余的消失。一位特别有责任心的官员在广州命人焚烧了鸦片箱，给英国人提供了期待已久的发动一次针对这个帝国的军事复仇的良机。

第一次鸦片战争爆发于1839年，而其结果则完全出人意料。从理论上说，中国人更可能赢得这次战斗。与人数很少又远离母国的英国人相比，中国人在数量和位置上都占优势，因为他们可以依赖巨大的人力物力资源。然而，英国人的武器却比人们认为的更强大。此外，这支被派来报复这次公开侮辱的小远征舰队强大到足以占领香港、封锁珠江(广州)和宁波港，并在1842年封锁了长江(上海)。

由于中国人无法用其平底战船做出反抗，这些船从技术的观点看显然是比较差的；也由于他们害怕海上封锁的消极影响，会切断与外国的所有贸易并导致贫困阶层饥饿而死，因此在1842年8月29日，清朝政府被迫同意签订《南京条约》。中国宣布彻底放弃对香港岛的主权，从那时起，这个岛屿取代澳门(澳门的海底正在为泥沙所覆盖，对大吨位的轮船来说，它已经变得太浅了)成为西方在远东的主要前哨。

此外，沿着海岸线的另外五个重要港口也向英国商人开放了，所谓的“条约港”，即广州、厦门、福州、宁波和上海。在这里，他们可以享受优惠的关税和财政条件。1843年的《虎门条约》授予了英国公民治外法权的特权，确保他们在中国境内犯罪或针对中国公民犯罪时只接受英国法庭的审判。还有，英国被授予“最惠国”待遇，确保英国商人有权获得授予任何其他国家的特权。几年以后，法国和美国获得了同样的条件，由此开始了与西方列强签订的一直持续到1945年的所谓“不平等条约”。

在布莱克(Black)1842年发表于爱丁堡的《布莱克通用地图集》(参见图81)

中，亚洲总图描绘了处于实力和扩张巅峰时期的中华帝国。外蒙古也被纳入它的版图，还有整个黄海海岸（一个半世纪前从俄罗斯那里窃得），以及朝鲜、印度支那、马来西亚和缅甸，它们仍被当作附庸国。很显然，不像澳门，香港的港口没有被标出来，因为英国人在当年才刚刚得到它。而上海还没有获得它后来所具有的重要性，它由于建筑物的纪念性而被称为"东方巴黎"。

这个国家的形状与现代的形状非常相似，这表明关于居中之国的地理学知识在加强。然而，在其北部和南部边界，我们看到两个威胁性的力量像老虎钳子一样要把中国"夹碎"：沙皇俄国正要报复 1689 年的失利，英属印度正要向北方和东方扩张。如我们所见，1842 年是中国与世界其他部分尤其是与欧洲关系的一个转折点。在一度是这个行星上最富裕和最发达的地区之后，与西方相比，中国将要起到较为次要的作用，前者依靠其在产业革命中获得的巨大经济和技术实力，将之转化为军事实力来使世界其他部分屈从于它的要求。

当然，这些事件对西方公众观念中的中国形象的演变和这些年的绘图有着直接的影响。由于新的形势，他们不再需要生产康熙皇帝在 18 世纪要求耶稣会士们绘制的有关内地的新的精确绘图，因为每个帝国主义势力都有它的海军基地。海因里希·基佩尔特（Heinrich Kiepert）提供了一个有趣的例子，他是一位德国绘图师、伟大的地理学家卡尔·李特尔（Carl Ritter）的弟子兼合作者。他的亚洲地图（包含在亚洲地图中，海因里希·基佩尔特编绘，收录于《通用地图手册》，魏玛，1856 年）系统地指出了被欧洲人占领的地方。

除了其真正的经济重要性以外，着色的注解还标出了英国人、荷兰人、丹麦人、法国人、西班牙人和葡萄牙人的殖民点。领土的征服还没有进入到大陆内部，欧洲人控制了很多海岸和海上路线，而内陆地区（某些地区除外，如印度）则刚开始加以探索。事实上，只有最近的技术发展，才允许他们沿河流逆流而上进入内地（因为有蒸汽发动机）；它也使得他们能够抗拒土著人的袭击（因为有后膛装弹的轻型燧发枪），尽管后者在数量上优势极大；还有疟疾的根除（因为有奎宁），这种疾病致死人数超过战争死亡人数。

第二次鸦片战争（1856—1860）由英国人和法国人参战，同时有俄国和美国的外交援助。法国参战的借口是对一位传教士的处死，而英国的借口则是捕获了一艘悬挂英国国旗的中国走私船（亚罗号）。然而，其真实目的却是扩大其在华势力范围并获得特殊的外交、商业和传教权利。英国和法国于 1857 年 12 月征服了广州，并在 1857 年 12 月占领了北京的主要入口——天津山谷里的大沽港。鉴于他们的形势，1858 年中国人同意签订《天津条约》，并又向国际贸易开放了 10 个港口，将鸦片贸易合法化，向法国传教士授予了特权。然而，英国人、法国人和美国人试图用武力强行攻占大沽口，这阻碍了中国人签订这一条约，并导致西方国家严重的军事损失。因此，西方列强重新开始战斗，在 1860 年 8 月一直进军到北京，抢劫并毁坏了圆明园。这导致 1860 年《北京条约》的签订，以授予西方国家更深入的一系列特权结束了战争。例如，外交代表获得了在北京居住的权利，而贸易公司则获准在中国的河流上航行。英国还得到了正对着香港的九龙半岛，因此加强了其在华实力。另一方面，俄国得到了满洲相当大的一部分，他们立刻就开始从西伯利亚向那里殖民，并建立了海参崴港（Vladivostok）。

在后来的几十年里，一系列由秘密团体煽动的漫长的社会叛乱（其中有太平天国）摧毁了中国，这些叛乱旨在改善为税赋和穷困所苦的农民们的生活条件和废黜满清王朝，这个王朝被看作没有能力抗拒外部压力的异族篡位者。所有这些变化对欧洲制图产生了极为不利的影响，它正逐渐失去对中国的兴趣。尽管上面提到的事件是相当有限的，但却破坏了认为中国人总是英明、镇静、沉着和稳健的老观念。

从那时起，西方人开始把中国人看作欧洲以外他们逐渐开始接触的众多民族当中的一个，也是在后来的殖民扩张阶段中注定的牺牲品。尽管由于后勤上的原因以及数量众多的人口实际上的抵抗，并没有正式的军事占领，一系列国际港口的成立却是全球帝国主义的结果。

当一个亚洲国家也开始把死气沉沉的中国当成“猛禽”来围着它转的时候，形势更加恶化了。我们所说的是日本，它刚刚很突然地跳出了封建的中世纪，在 1868 年恢复了皇权，开始了近代化和工业化，因此进入了强权国家的圈子。到那时为止，这个日出之国还是中国的附庸国，但几年以后，它设法去除了所有种类的心理上的臣服，开始在亚洲和太平洋推行侵略和扩张的政策。

领土上的接近，使日本得以对居中之国施加更有效的军事压力，并获得贸易和产业上更优惠的条件。1894 年，这一点变得非常明显，当时日本军队占领了朝鲜并抵达了辽东半岛，占领了渤海湾中的主要基地旅顺港，在 1895 年 4 月 17 日的《下关条约》中，渤海湾被划分为日本的势力范围。也是在这方面，欧洲认为中国是个泥足巨人，无法面对即将来临的危险。就像那位糟糕的慈禧太后，她把打算用来加强舰队的一部分资金挪用于重建 1860 年被英法联军毁坏的圆明园。

1898 年，英国人获得了租用九龙半岛后面的新界 99 年的权利（1997 年到期）。在约翰·G·巴托罗缪（John G. Bartholomew）1899 年出版于爱丁堡的《公民世界地图集》中，“根据一个条约向西方商人开放的”这个远东海港被加了下划线。事实上，注解宣称：“在中国、朝鲜和日本，根据条约向外国贸易开放的海港加有下划线：上海。”在左下角的方框里描绘了珠江口，还有澳门和香港与广州的相对位置，而右下角的方框则描绘了区分鞑靼城和中国城的北京地图。

这个国家的边界已经变窄了。如我们所见，第二次鸦片战争以后，俄国重新可以接触到日本海，边境线沿着黑龙江前行，就像今天这样。第二年，义和团运动爆发和对北京使馆区的围攻，以及从海岸线一直攻打到北京的国际和平力量的干预，标志着中国向外国势力的屈服进一步深化，中国不得不大量赔款和割地。

1907 年，由尤斯图斯·佩特兹（Justus Perthes）在哥达（Gotha）出版的斯蒂勒（Stieler）的《袖珍地图集》中，在有关中国的地图右边的空白处有三个方框，分别描绘了旅顺港、威海港和胶州港，即中国境内的主要租界（除香港以外）。这幅地图故意只描绘这个国家的心脏，即中国东部，而省去外部的附属领土——北部的蒙古、南部的西藏和西部的新疆。此外，这个国家被一道黄边围绕起来，就好像中国走到了它长达两千年的至尊的历史的尽头，不得不把自己关闭在更狭窄的疆界里以找到它失去的尊严。有关山脉和水道的描绘是非常细致的，显示了完整的内陆地图，而湖泊、河流和山脉曾长期被神秘地散落在地图中，现在终于被放在了正确的位置。

在 1920 年于伦敦出版的伦敦地理学研究所的《人民地图集》中，演化是完整的。亚洲总图首先描绘出臣服于国外势力的所有领土，不仅是欧洲的势力：印度、缅甸和马来西亚属于英国人，印度尼西亚属于荷兰人，印度支那属于法国人，菲律宾属于美国人（1898 年的战争之后他们从西班牙人手中得到了它），朝鲜和台湾属于日本。

非常奇怪的是，外蒙古被画成一个独立国家，而 1921 年 7 月 11 日它才在苏联的保护下宣布独立。然而，最有趣的事情是近距离航海、电报和铁路网络把中国和世界的其他部分联系了起来，因此去除了或强有力地降低了其孤立性。

在同年发表于伦敦教育书籍出版社的哈斯沃斯（Harmsworth）的《世界地图集》（参见图 83）中，中国总图用两个大区来描述：中国本身，即这个国家的中部和东部以及西部的新疆和西藏，北部的内蒙古和外蒙古，东北部的满洲；由于其1904—1905年间对沙皇俄国获胜而归属于日本的朝鲜和辽东半岛，整个印度支那属于法国。

最被强调的是航海线，其距离用英里表示，连接了中国的海港，特别是上海和香港与亚洲其他主要的停泊港。在右下角和左下角，我们分别找到了有特殊正方形状的北京地图，还有香港地图，就像是要绘出这个国家的政治和经济首都。

同时发生的最重要的事件是：帝国的衰落和共和国的兴起(1911年)，世界大战的爆发(1914年)，当时中国支持了三方条约但却没有获得任何领土上的好处，也没有重获那些原来臣服于中央帝国的地区的统治权；为中国革命打下基础的俄国革命，对很多邻国统治权的丧失——这些国家取得了(至少是形式上的)独立或臣服于其他势力。

没有了华丽词藻的中国

如我们所见，在这种情况下，在西方文化中，中国的图像经历了一次退化。在此前几百年里，自古典时代起，天朝之国就一直是欧洲最为羡慕的对象。甚至在18世纪启蒙时期，中国仍被颂扬为非凡的文明中心，比基督教文明优越并可以替代它。此外，欧洲总是强调中国人无论在何种情况下都显示出来的那种类似于斯多葛式的超然的镇静，以及他们对和平和宁静的渴望，将他们与日常的戏剧性事件、暴力、残酷特别是作为欧洲历史特征，并在拿破仑时代达到高潮的持续不断的战争相比。后者是以一系列几乎不间断的陆上和海上军事战役为特征的。如果说拿破仑的军队带来了正义的改革和法国革命的关键词(自由、平等和博爱)，那么，他们带来的是屠杀和无尽的破坏。16和17世纪的耶稣会士认为，基督教伦理的优越性是无可争议的；但从欧洲人的行为来看，它却正在动摇。

相比之下，中国人的行为(在旅行家和学者们描述的理想化的形势下)似乎建立在一种更优越、有教养、和平和精致的致力于艺术的文明基础之上。耶稣会士采纳了中国的行政考试体系以期改革欧洲的官僚训练方法，这个体系使中国能在数百年的时间里选拔能精明能干地运用权力的有教养的学者，而在欧洲则通常倾向于卖官鬻爵。产业革命给欧洲提供了极为强大的机器、武器和工具，在它的巨大影响及其支持下的殖民扩张不断增长之后，这种理想化的观点逐渐被重新加以评价。欧洲逐渐摒弃了市民和文化优越性的古老观点，开始只从经济和商业的角度看中国，把它作为一个潜在的殖民征服目标。中国不再被神话化，并且经历了一种“降低”，降到了其他欧洲以外的国家的水平上，被当作原材料供应地和工业产品的潜在市场。

此外，在19世纪初期，在欧洲制图中兴起了一种全新的风格。这种新风格建立在对自然地理学更为关注的基础上，是不同学科之间逐渐分化的结果。从实际的观点看，由于可获得的信息呈指数增长，而且新的雕版技术（例如平版印刷术）发展起来，可以对地图增加新的细节，这两点使之成为可能。没有精确的实地调查，就想把中国的山脉放在正确的位置上，这是不可能的。在此前几百年里绘制的地图中，与人类有关的方面压倒了一切：港口、道路、中国长城、帝国运河、大汗的首都、次要的城市、采珠中心、丝绸和瓷器生产中心等等。人文地理学无疑起了主要的作用。至于河流，他们只指出河口。如果他们想画出河流的流向，就只是大致画出来，以便给内陆的航运提供参考；并标明水道学的盆地，与货物生产和后勤学上的盆地相一致。

相反，在19世纪的地图中，对地理学中自然方面的兴趣占主要地位，其中有地球山岳志、水道分布、森林覆盖，以及自然土壤和下层土的物质等。这是由于科学知识的发展，在确定了总的法则以后，以深入分析和研究单个现象为目的；也由于实证主义哲学的传播，把技术进步看作改善人类生活的关键。所有使中国与世界上其他国家相比独一无二和特别的知识，都被以这种很显然无害的方式抹掉了。去掉了与人类有关的知识以后，他们把与居民的生产力、人口统计学、技术能力与文明有关的所有含义都去掉了。

例如，我们可以在凯斯·约翰斯顿（Keith Johnston）的自然学派的《地图集》（参见图66）所包括的亚洲地质图中看到这一现象，这部地图集在爱丁堡由布莱克伍德父子（Blackwood & Sons）出版公司发表于1880年。这幅地图中的地名极少，绘图只集中在山脉、山谷、平原和河流流向上，就如左下角的注解所表明的那样。

在一些地图中，中国和印度人口最稠密的地区是空白和荒芜的，就像西伯利亚或阿拉伯最遥远的地区一样。在地图后面所附的文本，给那些有时间和耐心阅读的人们提供了更多的说明。然而，在一个经历了面向未受过教育的公众、把广告性口号附在简单的图像后面这种效果的产业化世界里，这种图像的效果不应

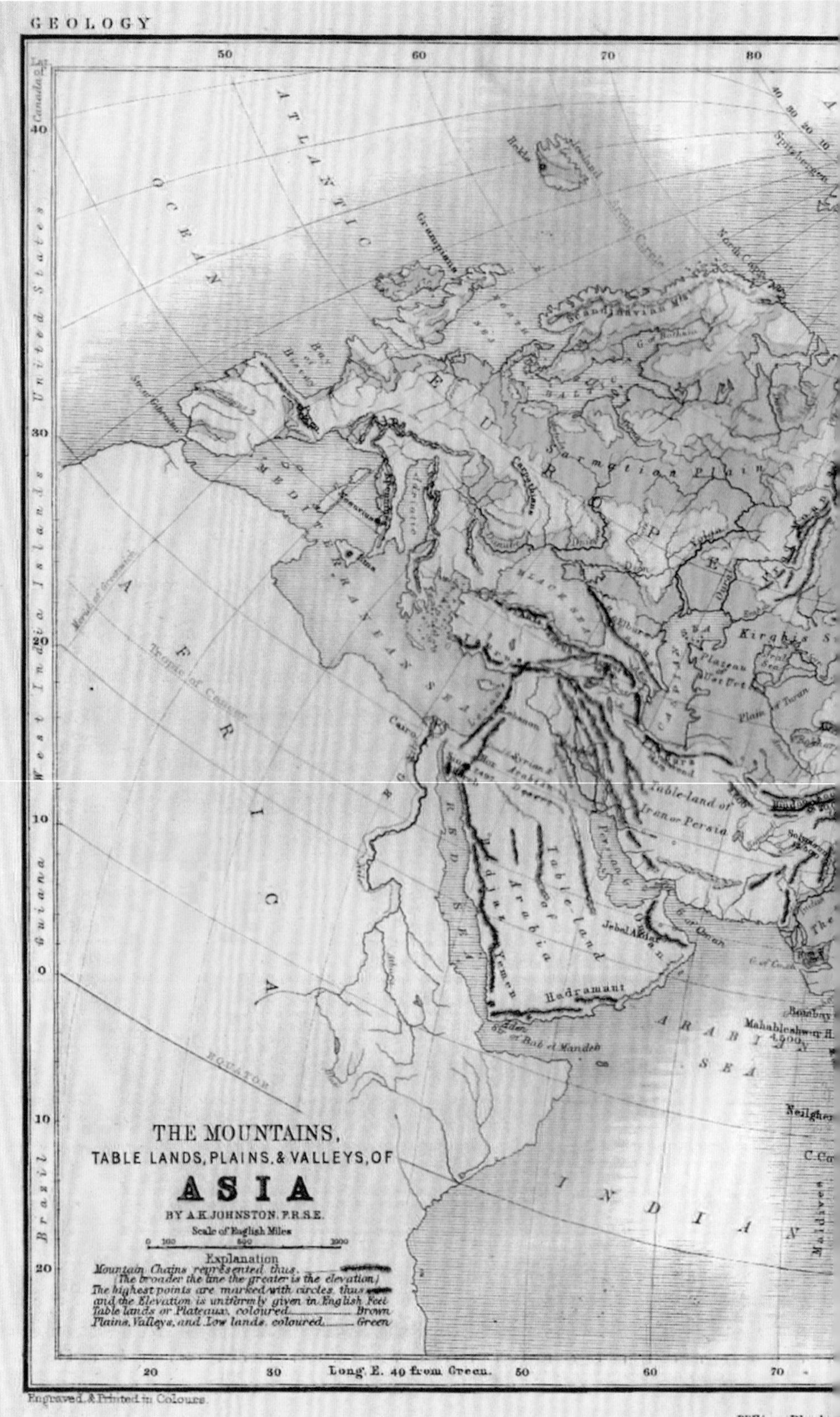

图 66　凯斯・约翰斯顿,《地图集》。亚洲山脉地理图,布莱克伍

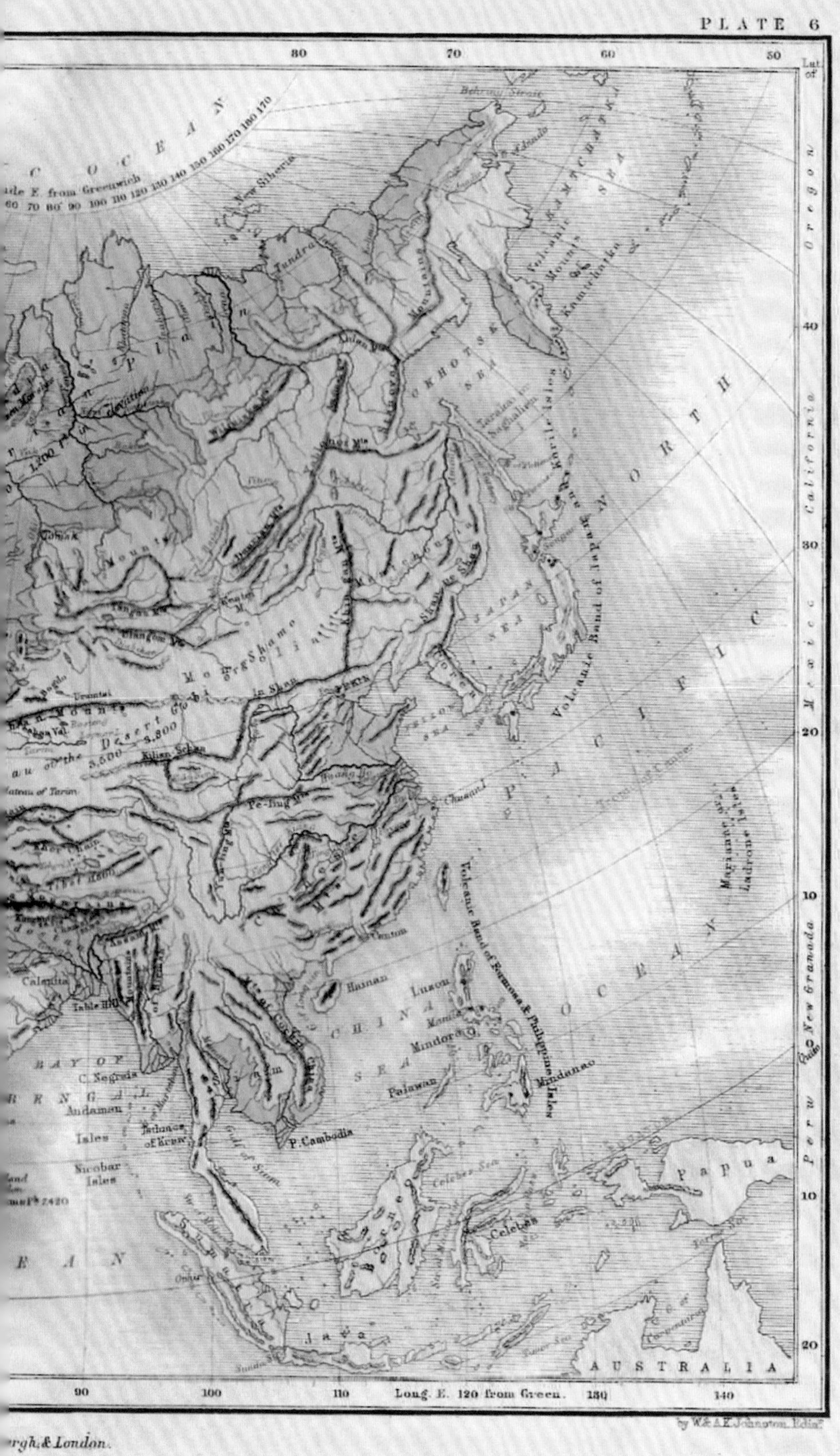

子出版公司，爱丁堡，1880 年，多彩石印版，伦敦，苏富比公司

该被低估。这也是使西方绘图师"修正"墨卡托的平面球形图(即把南半球最大的一部分排除在外)以获得一个强调大的工业强国(欧洲、美国和前苏联)的平面球形图,并把第三世界的面积和问题最小化的机制。

绘图师们以这种方式篡改世界的面貌,使之有利于西方国家。他们把数学上的动机作为借口。然而,我们必须记住:利用一些简单的传统绘画上的技巧,一幅现代的平面球形图至少能给出城市的面积。因此,即使是最漫不经心的读者,也不会忽视大量的城市中心,它们中的大多数拥有一百万(或五百万)以上的居民。相反,19 世纪的绘图用标准化的符号来表示城市,对大都市和小的中心不作区分。

如果 19 世纪的绘图师只关注河流和山脉,那么,什么阻碍了殖民者(战争部长和海军部长,还有私人公司的军官)在地图上看见有待于殖民的自由疆土呢?

中世纪制图的精美符号也令读者们想到被描述的地区被强大和可怕的帝王们所统治,这里还住着很多文明的人们(而不是"赤裸的野人",像在新世界里那样)。这个目标是通过强调著名可汗的 12 000 名保镖或狮子、龙、桥梁和城堡的存在,以及所有表明这个地区将难以征服的因素来达到的(可能以一种稍微天真的方式)。

另外一个显著的因素,存在于几乎所有的 19 世纪地图都不描绘中国长城这一事实之中。这并不意味着它不再是一个地理客体,而仅仅是由于有将之忘却的需要。欧洲的新式强大武器使长城变得毫无用处,因此没有必要记住一个没有用处的防御工事。它后来就蜕变成了一个单纯的有特色的古文物。新帝国主义靠巡洋舰和炮手前进。此外,他们的目标不再是有成百上千的步兵防守、难以征服的内陆首都。他们瞄准了贸易海港,欧洲列强一直想要获得权利、免税和特权。

例如,考虑一下一个著名的重要机构,即英国舰队司令的水文地理办公室。它成立于 1795 年法国革命期间,为皇家海军提供必要的绘图工具,以便其在世界各地进行军事战役。然而,他们花了几乎五年时间才画出第一幅海图。

直到 1829 年,在完全不同的国际形势下,新的水文地理学家弗朗西斯·波弗特爵士(Francis Beaufort,系爱尔兰人,但有法国胡格诺教徒的出身)获得进行一系列大范围绘图项目的机会,这些项目对英国海军在世界上的新地位来说是适当的。几十年以后,即 1855 年,这个研究所的目录搜集了 1 961 份航海图,其中 6 万多份副本被分发到皇家海军部队当中。在世界各地进行的海岸线调查,从加勒比到加拿大,从大西洋南部到印度洋,使得他们能够对整个地球的海洋有一个完整的绘图，并专门提到了海峡、岛屿、水路和主要的港口。

如果确实“知识就是力量”，最著名的英国哲学家之一的断言（弗朗西斯·培根，Francis Bacon）产生了一句在实用主义的盎格鲁—撒克逊文明中常用的格言，那么，绘图知识的传播确保了英国海军和同音异义的（homophonous）美国海军在海洋强国的地理征服中的明显优势。如此看来，中国失去了任何神秘或神圣的气氛，它和印度或中东成了英国外交大博弈中数目众多的工具之一。

新的绘图明显地显示出视角的变化。从 19 世纪制图家的观点来看，中国的海岸与非洲和澳大利亚的差别并不是很大。帝国主义把这些地区当作可以开发或殖民的潜在殖民地。土著人群的存在仅仅被看作一个并非完全不能克服的障碍，就像我们在美洲印第安人或澳大利亚的土著居民那里所见到的那样。新的绘图使人们认为，海岸是无人居住的，那里可以容纳来自欧洲的大量移民。当然，从未有绘图师试图劝说人们相信中国是无人居住的，但很多绘图师确实在描绘中国海岸时强调欧洲的港口（从澳门到香港）而尽量把中国的港口减到最少。

1897 年，在次数众多的势力范围的划分中的一次，中国政府把胶州港及周围 30 英里范围内的领土租借给（其中有现代的重镇青岛，它也是著名的中国啤酒的名字，这并非偶然）德国 99 年，以赔偿两位被谋杀的德国基督教传教士。然而，他们对当地的产品并不满意，德国公司派遣了工程师、地质学家和地理学家进行了多次的远征，试图找到新的矿藏和经济开发的新机会。几年之后，随着一系列与排他性采矿权和在满洲建造铁路的权利有关的政府让步，德国的势力范围在总体上延伸到了山东地区和黄河流域。

所有这些对制图有重要的影响。例如，考虑一下几乎所有西方地图集的术语，在其中使黄河流域的盆地变得肥沃的粘土被叫做黄土（loess）。首先，中国人早就知道他们的农业从这条混浊的河流反复泛滥中所获得的益处。它被称作“黄河”，因为其表面满是泥土，从而变得十分混浊。此外，英语（以及汉语）有很多其他的词（其中有“泥”这个词）来形容这种物质，因此它并不需要用“黄土”这个德语单词。

至于其他列强，俄国人把它们的贸易集中在旅顺港海湾，在日本人由于西方的压力撤离后获得了它。与他们到那时为止在太平洋的主要基地海参崴相比，旅顺港具有全年不结冰的优势。相反，法国人被吸引到广东和围绕着他们在北部湾（现代的越南、老挝和柬埔寨）的殖民地地区。最后，英国人在香港、云南和威海卫港和长江入海口进行贸易。所有这些势力范围都由各个国家的绘图作品清楚地证明：

在德国地图中，我们总能找到胶州；而在法国地图中，我们总能找到广州湾(今天的湛江湾)，它位于1898年获得的雷州半岛上。

1900年，所谓的“义和团运动”(以发动它的秘密团体“义和拳”的名字而命名)显然采用了一种恐外的和反西方的态度。义和团对清王朝在外敌入侵时表现出的无能十分不满，在这种情况下，清王朝则能把这种不满从不可救药的腐败和衰退的政权中转移开。对传教士和外交官的谋杀，引发了国际代表团的报复。此外，对北京使馆区的围攻改变了中国社会的传统形象，从和平的、静态的和对变化无动于衷的形象变成了暴力的、侵略性的和激怒的形象。接下来的政治阴谋，即对外国人的特权和领土的让步最终让中国人放弃了满清王朝，这个王朝被看作数千年汉文明的外来者。几年以后，民族主义者崛起导致了这个帝国的倒下，它被民族主义的共和国所取代，后者逐渐试图收复所失去的主权和领土。

20世纪20和30年代所发生的狂热事件，使中国人的世界变得既更加熟悉，也在文化上更加遥远，因为中国被看作罪行和丑行之窟。因此给19世纪末欧洲人观念中天朝之国的制图神话画上了句号。在对中国人的集体记忆中仍然鲜活的、最后的，并只有在最近才被抹去的图像，就是一个泥足巨人的形象，但各主要势力还试图从它那里获得新的经济剥削的机会。

然而，西方制图带着日益增加的忧虑记述了日本在领土上的巨大扩张(在1868年和1937年之间)。日本人占据了台湾、琉球列岛、朝鲜、辽东和满洲(1932年，在那里成立了由退位皇帝溥仪领导的满洲国傀儡政府)，以及中国内陆的大片地区，利用了由于清朝的垮台和共和国内部的社会骚乱而导致的权力真空。

战胜俄罗斯之后(1904—1905)，日出之国成了在中国划分势力范围的主要倡导者。此外，第一次世界大战以后，日本获得了德国的让步，因此激起了中国爱国者的怒火。无论如何，就毛泽东的共产主义始于1934年12月并于一年后结束的“长征”而言，后来的历史地图集常常按时间顺序画出其行进路线。当代西方制图家们则不那么精确，因为他们被欧洲的事件如意大利人征服埃塞俄比亚分散了注意力。

第二次世界大战的悲惨年头(这场战争在太平洋战区起始于1937年的卢沟桥事件)，迫使制图家们赶紧更新他们的著作，因为国家和帝国的边境线每个月都在变化。例如，1936年出版于图灵的罗伯特(Roberto Almagiá)的《图说普通地理学》

中，日本、朝鲜和满洲的地图中有如下的注解："这见鬼的边界线（在满洲和中国其余部分之间）依赖于1935年年初搜集的资料，而它必须被当作暂时的。"这表明，远东的领土形势正处于迅速的变化之中。

众所周知，1936年，为狂热的民族主义情绪所驱使，日本与德国签订了反共产国际的条约；1940年，它同意了意大利和德国的钢铁同盟，因此产生了三方条约。日本的主要目的是扩大它在亚洲的领土面积，并获得一个"重要的地方"使自己摆脱在原材料和能源产品上对西方强国的依赖。在这种背景下，东京政府编造了在东亚或"大亚洲"由日本领导的"共荣圈"神话，集合所有亚洲民族反对可憎的欧洲压迫者。

当然，中国加入了对立的联盟（包括美国、英国、法国、荷兰，还有在冲突最后期才加入的苏联），因为日本的扩张主义目标主要是针对中国富饶和人口稠密的内地。国民党部队在共产主义者的加入之下，战斗了漫长的八年，牵制了数百万日军，使之无法保卫太平洋中被美军袭击的岛屿。因此，中国对最终胜利的贡献是决定性的。所以，他们在和平谈判中承认了中国的特殊作用，并接受它作为联合国安理会有投票权的常任理事国。

1945年日本战败以后，中国成了一场可怕而血腥的内战的战场。这场战争结束于1949年，共产党取得了胜利，国民党逃到了台湾。同时，欧洲不得不面对新的迫切问题：在战后除了要清除（物质上和道德上的）瓦砾残堆和重建市民组织以外，欧洲失去了它的领袖地位并为美国和苏联所取代。这迫使欧洲国家改变它们的身份（两难的困境是：成为竞争的联盟的一部分或者试图建立一个新的政治实体，先是欧洲委员会，后是欧洲联盟），至于非欧洲民族，最主要的就是漫长的去殖民化过程。

朝鲜战争期间（1950—1953），中国很坚定地来到了前线，它有效地保卫了亚洲被压迫民族，反抗了美国的军事力量。当1960年中国声明放弃苏联保护的时候也是如此，为的是开始一项自给自足的政策，但这并没有改善中国人民的生活条件。1966年"文化大革命"以后，欧洲的左翼知识分子重新恢复了中国神话，他们相信中国能成为世界上所有卑微的弃儿的精神领袖。亲近第三世界国家的政策，在那些破除了西方枷锁、正在寻找一个可以依靠的国际支点的国家获得了广泛的成功。因此，毛泽东主义更是为人们所梦想而非被理解；为了赞美它，他们用了感情上的理由而非理性上的理由。

它的流行是由于钳住着西方日益增加的不自信，越南战争灾难性的结果和70年代的经济危机导致了这种不自信。中国文化的一些方面，从道家到风水，从军事艺术到烹饪，过去和现在都迷住了欧洲人，因此改变了我们的世界观。然而，从制图的观点来看，已经不再有可以与中世纪或文艺复兴时期相媲美的伟大综合，因为那时有不确定性、迷信以及他们对不同国家的真诚兴趣。最近几年发生的变化，例如最后两块西方殖民地——香港（1997年）和澳门（1999年）的回归，还有这个国家巨大的经济发展，重要的国际变化正是由此引入。所有这些变化，要求观察者更新他们的视角。今天，中国神话仍然通过不同的手段，如照相机、电视、报纸和广告，继续存在于西方的文化之中。

所有的增长指数都清楚地表明，中国在三十年内将成为（或将再次成为）世界主要的经济力量。既然中国也是一个具有出色的短期、中期和长期扩张潜力的伟大文化强国，我们的社会有可能越来越受远东的时尚和思想的影响，因此在地中海时代和大西洋时代之后开启了太平洋时代。在这一背景下，弥漫于中世纪绘制性和写作性的描述的惊讶和好奇将不再是我们制图视角的一部分，这种观点不可救药地简单化了。飞机和卫星技术已经取代了地形测量员和绘图师的实地工作。因此，为了提供仍被欧洲人看作“居中之国”的这个巨大谜题的更为完整和客观的答案，那些致力于此乃至献出生命的过去的英雄们也被放到了一边。

图书在版编目（CIP）数据

天朝大国的景象：西方地图中的中国/（意）奎尼（Quaini，M.），（意）卡斯特诺威（Castelnovi，M.）著；安金辉，苏卫国译.—上海：华东师范大学出版社，2012.6

ISBN 978-7-5617-9620-7

Ⅰ.①天… Ⅱ.①奎… ②卡… ③安… ④苏… Ⅲ.①中国历史—通俗读物 Ⅳ.①K209

中国版本图书馆 CIP 数据核字（2012）第 136248 号

天朝大国的景象

——西方地图中的中国

著　　者　［意］曼斯缪·奎尼　米歇尔·卡斯特诺威
译　　者　安金辉　苏卫国
项目编辑　曹利群　储德天
审读编辑　吴雅凌
责任校对　王　卫
装帧设计　卢晓红

出版发行　华东师范大学出版社
社　　址　上海市中山北路 3663 号　邮编 200062
网　　址　www.ecnupress.com.cn
电　　话　021-60821666　行政传真 021-62572105
客服电话　021-62865537　门市（邮购）电话　021-62869887
地　　址　上海市中山北路 3663 号华东师范大学校内先锋路口
网　　店　http://hdsdcbs.tmall.com

印 刷 者　上海昌鑫龙印务有限公司
开　　本　787×1092　16 开
印　　张　18.25
字　　数　228 千字
版　　次　2015 年 6 月第一版
印　　次　2015 年 12 月第二次
书　　号　ISBN 978-7-5617-9620-7/K·363
定　　价　78.00 元

出 版 人　王　焰

（如发现本版图书有印订质量问题，请寄回本社客服中心调换或电话 021-62865537 联系）